Theodor Storm als Schüler

Gerd Eversberg

Theodor Storm als Schüler

Mit vier Prosatexten und den Gedichten
von 1833 bis 1837 sowie sechs Briefen

Boyens

Meiner lieben Annette

BOYENS BUCHVERLAG

ISBN 3-8042-1191-7
ISBN 978-3-8042-1191-9

Herstellung: Boyens Buchverlag
Druck: Boyens Offset
Printed in Germany

Inhalt

Vorwort

Von der Poesie Theodor Storms weiß die literarische Öffentlichkeit im deutschsprachigen Kulturraum seit den frühen 1850er Jahren, als in Berlin die „Sommergeschichten und Lieder" (1851) und ein Jahr später in Kiel seine „Gedichte" als erste selbständige Veröffentlichungen erschienen. Damit begann die Karriere des 34-jährigen Juristen aus Schleswig-Holstein, der nach seiner Übersiedlung nach Potsdam Anschluss an die moderne Kulturszene der preußischen Metropole fand und mit bedeutenden Persönlichkeiten der literarischen Vereinigung „Tunnel über der Spree" Freundschaft schloss. Im Kreise um Theodor Fontane und Paul Heyse entfaltete sich in den Jahren nach der gescheiterten Revolution von 1848/49 eine neue literarische Bewegung, die als „poetischer Realismus" eine Sonderentwicklung der europäischen Literatur in der zweiten Hälfte des 19. Jahrhunderts darstellt. Storms lyrische Meisterschaft war bereits um das Jahr 1850 erkennbar; seine bedeutenden Novellen entstanden nach den Berliner Lehrjahren seit 1858, als der Poet seinen Lebensunterhalt im preußischen Justizdienst verdienen musste. In den folgenden drei Jahrzehnten entwickelte sich Storms Novellistik zur bedeutenden Erzählkunst, die ihm bis heute ein großes Leserpublikum sichert.

Über die Ursprünge dieser Poesie war bisher wenig bekannt. Zwar gab es einige regionale Veröffentlichungen aus den 1840er Jahren, so das „Liederbuch dreier Freunde" (1843) von Storm und den Brüdern Mommsen sowie Beiträge für die „Volksbücher" der Herzogtümer Schleswig, Holstein und Lauenburg der Jahre 1844 bis 1851, doch über die Anfänge von Storms Schreiben war nur wenig bekannt. Die Storm-Forschung konnte seit Beginn der 1990er Jahre immer mehr Belege und Dokumente identifizieren, die zeigen, dass Storms literarische Experimente bis in die Schulzeit zurückreichen und dass er damals bereits mehrfach Gedichte und Prosatexte veröffentlicht hat. Der Dichter bemühte sich später erfolgreich, sein eigentliches Werk von seinen frühen Versuchen abzugrenzen und ließ vor allem die mehr als 100 Jugendgedichte nicht mehr gelten. Ob zu Recht oder Unrecht, das konnten bisher nur wenige Fachleute beurteilen, die sich mit den Quellen selbst beschäftigt haben.

Mit dieser Edition werden sämtliche Texte vorgelegt, die Storm als Schüler in den Jahren 1833 bis 1837 geschrieben hat. Sie erlauben uns einen Einblick in die ersten Anfänge der Dichterwerkstatt und sie zeigen, dass der spätere Erfolgsschriftsteller vor allem durch die Schulen, die er besucht hat, zum Schreiben angeregt wurde. Die schon bekannten Dokumente aus Storms Schulzeit in Husum und in Lübeck werden durch eine Reihe bisher unbekannter Belege ergänzt, die uns eine differenzierte Beurteilung seiner frühen Schreibversuche ermöglichen. Vor allem die Tatsache, dass die Bibliothek der 1527 gegründeten Husumer Gelehrtenschule bis heute aktiv genutzt wird, ermöglichte es, Zusammenhänge zwischen den schulischen Lernprozessen und den ersten literarischen Texten Storms zu rekonstruieren. Dabei zeigt sich, dass der Unterricht in den Alten Sprachen und in der Muttersprache die Voraussetzungen dafür schuf, dass Storm und seine Schulkameraden in besonderer Weise über die deutsche Sprache verfügten und nicht nur in der Lage waren, Texte der Antike zu übersetzen und zu interpretieren, sondern auch in ihrer Muttersprache nachzuahmen. Der junge Poet hat sich zunächst in der Imitation unterschiedlicher Vorbilder geübt und dabei das Handwerkszeug erworben, das die Voraussetzung für seine späteren selbständigeren Dichtungen darstellt. Ein genauerer Blick auf die kulturellen Prozesse, die Storms Schulzeit begleitet haben, zeigt, dass seine Lehrzeit als exemplarisch für bürgerliche Bildungsprozesse gelten kann. Die Besonderheiten in der Entfaltung von Storms literarischen Fähigkeiten lassen sich in seinem weitgreifenden Interesse an geschichtlichen, ästhetischen, gesellschaftlichen und künstlerischen Phänomenen erkennen, das von der humanistischen Grundbildung durch Schule und Studium angeregt wurde und durch die aktive Teilnahme am kulturellen Leben in Husum, Lübeck, Kiel und Berlin weitere Anstöße erfuhr. Auch seine in religiösen Dingen unabhängige weltanschauliche Position und seine kritische Haltung zu politischen Umbrüchen seiner Zeit entfalteten sich in diesem Zeitraum. Storms literarische Sozialisation ermöglichte es ihm später, nicht nur gehaltvolle Novellen zu schreiben, sondern auch als kompetenter Kritiker in Erscheinung zu treten und sich in vielfältiger Weise aktiv am kulturellen Leben seiner jeweiligen Wirkungsbereiche zu beteiligen, nicht zuletzt als Leiter zweier gemischter Chöre, mit denen er ambitionierte Konzerte einübte und zur Aufführung brachte.

Für die Darstellung von Storms schulischer Sozialisation und die Kommentierung seiner frühen Texte habe ich folgende Archive benutzt: Schleswig-Holsteinische Landesbibliothek Kiel; Schleswig-Holsteinisches Landesarchiv Schleswig; Storm-Archiv Husum; Kreisarchiv Husum; Schularchiv der Hermann-Tast-Schule Husum (früher Husumer Gelehrtenschule); Stadtarchiv Friedrichstadt; Stadtarchiv Lübeck; Schularchiv des Katharineums Lübeck; Bibliothek der Hansestadt Lübeck. Ich danke allen Mitarbeitern dieser Institutionen für die freundliche Bereitstellung von Materialien und die kompetenten Auskünfte. Frau Elke Jacobsen vom Storm-Archiv hat mit großer Sachkenntnis viele Materialien bereitgestellt und das Manuskript kritisch durchgesehen; ihr gebührt ein besonderer Dank.

Die Drucklegung dieses Buches wurde durch das Engagement des Boyens-Verlages möglich, dessen Verlagsleiter, Herr Bernd Rachuth, seit vielen Jahren ein abwechslungsreiches Storm-Angebot pflegt. Dank seiner Mitarbeit entstand ein aufwendig illustrierter Band, der manches von der Atmosphäre jener vergangenen Zeit veranschaulicht, die für die Entwicklung von Storms Poesie entscheidend war.

Husum, im Sommer 2006 Gerd Eversberg

Theodor Storms Schulzeit

Erinnerungen an die „schlechte" Husumer Schule

> Gelernt habe ich niemals etwas Ordentliches; und auch das Arbeiten an sich habe ich erst als Poet gelernt. Dies ist buchstäblich wahr; mir fehlt ganz das Talent des Lernens.

So äußerte sich der berühmte Erfolgsschriftsteller im August 1873 gegenüber dem österreichischen Literaturhistoriker und Hebbel-Biographen Emil Kuh, der ihn um nähere Informationen über seine Jugendzeit gebeten hatte.[1] Nach der Gründung des Deutschen Reiches im Jahre 1871 kannte die literarische Öffentlichkeit den Husumer Dichter, und es mehrten sich die Anfragen von Kritikern, die etwas über seinen Lebensweg erfahren wollten. So hatte auch Emil Kuh Storm gebeten, ihm bei der Abfassung eines Essays behilflich zu sein. Storm nutzte die Gelegenheit, ihm von seiner Kindheit zu erzählen. Der Poet erinnerte sich in seinem 6. Lebensjahrzehnt gern an Jugend, Schulzeit und Studium, und er sah sich genötigt, diese Lebensphasen vor allem unter der Frage zu betrachten, wie er Schriftsteller geworden sei. Ähnliche Anfragen erhielt er auch von Bewunderern, wie z.B. der Schriftstellerin Ada Christen, der er im März 1873 folgende Auskunft gab[2]:

> Ich besuchte die Gelehrtenschule meiner Vaterstadt, wo von deutscher Literatur außer Schiller und den Dichtern des Hainbundes uns nicht viel bekannt wurde. Dennoch hielt ich als Primaner bei den jährlichen öffentlichen Reden auf dem Rathaus eine Rede in Jamben über Mattathias, den Befreier der Juden. Ich ging von hier zunächst noch 1½ Jahr auf das derzeit berühmte Lübecker Gymnasium, wo die Primaner in den ganzen Kreis der neuen Bildung eingeweiht waren. Hier lernte ich Goethes „Faust", Heines „Buch der Lieder", Eichendorffs „Dichter und ihre Gesellen" kennen, diese Bücher machten großen und nachhaltigen Eindruck auf mich; namentlich die beiden ersteren kamen nicht von meinem Tische.

---

1 Briefe, Bd. 2, S. 68. Die Kürzel verweisen auf die vollständigen bibliographischen Angaben im Abkürzungs- und Literaturverzeichnis.
2 Beilage zum Brief an Ada Christen vom 2.3.1873; Briefe, Bd. 2, S. 60.

Diese Erinnerungsarbeit setzte Storm in den nächsten fünfzehn Jahren fort; sie hat ihren Niederschlag in seinen „Kulturhistorischen Skizzen" sowie in anderen autobiographischen Texten gefunden. In seinem Rückblick auf die Begegnung mit Eduard Mörike im Jahre 1875 schrieb er[3]:

Auf der alten Gelehrtenschule meiner Vaterstadt wußten wir wenig von deutscher Poesie, außer etwa den Brocken, welche uns durch die Hildburghausensche „Miniaturbibliothek der deutschen Classiker" zugeführt wurden, deren Dichter aber fast sämtlich der Zopf- und Puderzeit angehörten. Zwar lasen wir auch unseren Schiller, dessen Dramen in der Stille eines Heubodens oder Dachwinkels von mir verschlungen wurden, und selbst ein altes Exemplar von Göthe's Gedichten kursierte einmal unter uns; daß es aber *lebende* deutsche Dichter gebe, und gar solche, welche noch ganz anders auf mich wirken würden als selbst Bürger und Hölty, davon hatte mein siebzehnjähriges Primanerherz keine Ahnung.

Und noch aus Anlass seines 70. Geburtstages 1887 war es dem greisen Dichter ein wichtiges Anliegen, seinen Gästen in Hademarschen von seiner Schulzeit zu erzählen[4]:

Meine verehrten Freunde! Man sagt von jungen Rossen, daß sie knappes Futter haben müssen, wenn sie werden sollen, was sie werden können. Gilt das auch von Menschen, so bin ich in der Kunst der Poesie glücklich daran gewesen. Die Gelehrtenschule meiner Vaterstadt Husum wußte nichts von dieser Kunst. In unserm Hause war zwar ein Schiller, von Göthe nur Hermann und Dorothea und dann, vom Großvater her<,> ein Chodowiecki<->Band des alten Wandsbecker Boten. [...][5]

Mein Vater hatte den glücklichen Gedanken, mich vor der Universität noch 1 1/2 Jahre auf die Lübecker Schule zu schicken, die unter Jacob und Classen in höchster Blüte stand. Hier war höhere Luft, bedeutendere Menschen, [...].

Es ließen sich weitere Beispiele derartiger Selbstdarstellungen zitieren, denn Storm hat sich mehrfach in ganz ähnlicher Weise über diese Zeit geäußert. Und es gibt solche kritischen Äußerungen nicht nur aus spä-

---

3 Meine Erinnerungen an Eduard Mörike; LL 4, S. 470.

4 Entwürfe einer Tischrede (1); LL 4, S. 487 f.

5 In Storms Bibliothek haben sich erhalten: Friedrich von Schiller: Der Geisterseher. Aus den Memoiren des Grafen O. Leipzig 1792 sowie: Sämmtliche Werke, Bd. 3–4, Stuttgart und Tübingen 1818. Außerdem hat Storm aus der Familie eine von Daniel Chodowiecki illustrierte Ausgabe von Matthias Claudius übernommen: Asmus omnia sua secum portans, oder sämmtliche Werke des Wandsbecker Bothen. 5 Theile, Wandsbeck 1774.

Abb. 1
Oben: Gebäude der Husumer Gelehrtenschule, östlich der Marienkirche, 1873 abgerissen.
Unten: alter Stein mit der Inschrift „Gelehrtenschule"; er ist heute im Neubau eingemauert.

teren Jahren, denn bereits 1846 klagte er gegenüber seiner Braut Constanze Esmarch über die „schlechte" Husumer Schule.[6] Betrachtet man die autobiographischen Beiträge im Zusammenhang, so lassen sich einige zentrale Aussagen erkennen, die Storm mehrfach wiederholt hat. Sie besagen erstens, dass ihm die Husumer Gelehrtenschule keine literarische Bildung vermittelt habe und zweitens, dass er erst durch den Besuch des Katharineums in Lübeck mit der Literatur der Klassik, Romantik und seiner Zeit in Kontakt gekommen sei.

Storms Kritik an der Schule wurde von seiner Tochter Gertrud aufgegriffen, als sie Anfang des 20. Jahrhunderts die Biographie ihres Vaters schrieb[7]; im IV. Kapitel des ersten Bandes, das sie „Schule" überschreibt, stützte sie sich neben den oben bereits zitierten Aussagen ihres Vaters vor allem auf fiktionale Texte wie die Novelle „Bötjer Basch" oder die „Zerstreute(n) Kapitel", in die Storm autobiographisches Material hat einfließen lassen, und schloss daraus auf wirkliche Erfahrungen des Dichters während seiner Jugend. Die Kernaussagen Gertrud Storms, die sie auf 17 Seiten vorträgt, sind folgende: Die Husumer Gelehrtenschule könne zwar auf eine ehrwürdige Tradition zurückblicken, sei aber zu Storms Zeiten dürftig ausgestattet gewesen, habe nur wenige unsaubere und dunkle Klassenzimmer aufgewiesen und könne den gesundheitlichen Bedürfnissen der Knaben nicht Rechnung tragen. Der Unterricht sei vom Gehalt und von der Durchführung her äußerst dürftig gewesen und habe nichts Wesentliches über die deutsche Poesie vermittelt. Damit verallgemeinert Gertrud Storm die Kritik ihres Vaters an der Gelehrtenschule, die von diesem allein auf den veralteten Unterricht über die deutsche Nationalliteratur gemünzt war. Als Kontrast dazu beschreibt Gertrud Storm im Kapitel „Lübeck" die Zeit ihres Vaters am dortigen Katharineum, „das vollständig auf dem Boden neuster Reformen stand, während der Unterricht auf der Husumer Gelehr-

6 „Als ich mit 17 Jahren von der schlechten Husumer Schule nach Lübeck kam, rief mein Freund Röse mir einmal zu: „Du bist noch geistig todt! Wach auf! Du *denkst nicht*!"" Br. Constanze, Brief vom 4.4.1846.

7 Gertrud Storm 1912, Bd. 1. Als Quellen dienten ihr neben Erinnerungen von Zeitgenossen ihres Vaters vor allem die erste Biographie Storms von Paul Schütze: Theodor Storm. Sein Leben und seine Dichtung. Berlin 1887.

tenschule noch ganz nach alter Art erteilt wurde."[8] Hier waren es nach ihrem Urteil vor allem die Lehrer, die ihren Vater für sein Leben geprägt haben, und die Freunde wie Emanuel Geibel und Ferdinand Röse, denen er sein eigentliches Bildungserlebnis verdankt, die Begegnung mit der Dichtung Goethes, Eichendorffs und Heines.

Dieses negative Bild haben die Biographen Storms nachgezeichnet; es wurde zusammen mit dem positiven Bild der Zeit in Lübeck[9] zu einer Standardaussage über Storms schulische Sozialisation. Hier ein paar Beispiele: Franz Stuckert schrieb 1952: „Storm, der später von sich bekannt hat, daß es ihm jederzeit am ‚Talent des Lernens' gefehlt habe, hat die klassische Bildung in sich aufgenommen, ohne daß sie ihm wirklich zum geistigen Besitz geworden wäre." Hartmut Vinçon behauptete 1972: „Man betrachtete die Poesie als Luxusartikel und überließ sie dem Privatgeschmack." Georg Bollenbeck (1988): „Genauer besehen erscheint die Schule mit dem anspruchsvollen Namen als ‚Klitsche' in einem abseits gelegenen Provinznest." Und noch im Jahre 2004 urteilte Horst Frank: „Was ihm dort an klassischer Bildung vermittelt werden konnte, ging an ihm vorüber. So ist ihm die Antike auch als Dichter – etwa im völligen Gegensatz zu seinem späteren Freund Mörike – niemals zum Bildungsbesitz geworden."[10]

Die Entdeckung eines bisher unbekannten Prosatextes, den der 17jährige Theodor Storm 1835 noch als Schüler der Husumer Gelehrtenschule veröffentlicht hat,[11] die Zuschreibung weiterer Zeitungsartikel sowie vier von Storm ebenfalls während der Schulzeit im „Husumer Wochenblatt" veröffentlichte Gedichte[12] lassen Zweifel aufkommen,

8 Ebenda, S. 130. Die Quelle für dieses Urteil sind Rochus Freiherr von Liliencrons „Lebenserinnerungen" sowie Johannes Classens Lebensbeschreibung von Rektor Friedrich Jacaob (Classen 1855); vergl. weiter unten im Abschnitt „In Lübeck".

9 Zur Lübecker Zeit vergl. Laage 1987 und Zimorski 2002.

10 Franz Stuckert: Theodor Storm. Der Dichter in seinem Werk. Tübingen 1952, S. 13. – Hartmut Vinçon: Theodor Storm in Selbstzeugnissen und Bilddokumenten. Reinbek 1972, S. 18. – Georg Bollenbeck: Theodor Storm. Eine Biographie. Frankfurt am Main 1988, S. 41. – Horst Joachim Frank: Theodor Storm. In: H. J. F.: Literatur in Schleswig-Holstein. Bd. 3.1. Neumünster 2004. S. 519.

11 Gerd Eversberg 2005, S. 27–63.

12 Gerd Eversberg 1992.

Abb. 2
Storms Elternhaus in der Hohlen Gasse 3 in Husum;
Blick nach Süden zum Hafen.

ob dieses Bild von Storms Schulzeit wirklich zutrifft und ob sein Urteil über die „schlechte Husumer Schule" überhaupt angemessen ist. Zwar handelt es sich bei den Anfang der 1830er Jahre gedruckten Gedichten – wie bei vielen seiner Jugendgedichte – nur um Nachahmungen der damals gängigen Wochenblattpoesie, denen aber im Zusammenhang mit den übrigen frühen poetischen Versuchen eine größere Beachtung geschenkt werden muss, als dies in der Storm-Forschung bisher geschehen ist. Diese Texte belegen nämlich, dass Storm bereits als Primaner der Husumer Gelehrtenschule über erstaunliche gestalterische Fähigkeiten verfügte. Was damals wirklich in der Schule vermittelt wurde und wie diese Erfahrungen die Entwicklung des jungen Storm beeinflusst haben, erhellen bisher wenig beachtete Dokumente im Husumer Storm-Archiv und im Archiv der Hermann-Tast-Schule, der früheren Gelehrtenschule. Es zeigt sich nämlich, dass unter der Leitung von Peter Friedrichsen (Rektor der Husumer Gelehrtenschule von 1821–1838) die Anstalt durch ein Schulregulativ neu organisiert und der Unterricht durchaus auf der Höhe der damaligen Gelehrtenschul-Pädagogik erteilt wurde.[13]

Erste Schreibversuche

> Mit 4 Jahren kam ich in eine Klippschule, welche von einer alten Hamburger Dame gehalten wurde. Ein widriges Geschick hatte sie zur Kinderlehrerin gemacht. Da ich große Abneigung dagegen empfand, wurde mir von einem Schreiber meines Vaters gesagt<,> ich sollte nur tüchtig schreien, wenn sie mich hinbringen wollten. Ich schrie denn auch nach Möglichkeit von unserm Hause den ganzen Weg bis in die Süderstraße und hinein in die Schulstube. „Pfui", sagte die alte Hamburger Dame, „Schrei nicht so. Das tun ja die Ochs und Eslein in dem Stalle."
>
> *Theodor Storm: „Aus der Jugendzeit".*
> *In: LL 4, S. 427 f.*

13 Ernst Möller: Geschichte des Hermann-Tast-Gymnasiums in Husum nebst Lehrer- und Schülerverzeichnissen, Husum 1927. Eine neue Geschichte der Husumer Gelehrtenschule wird z. Zt. erarbeitet.

Zu Beginn der politischen Auseinandersetzungen zwischen deutsch gesinnten Schleswig-Holsteinern und national eingestellten Dänen um die Zukunft der Herzogtümer gab es in Husum eine starke Bildungsschicht, die aus Beamten, Geistlichen, Lehrern, Advokaten sowie Ärzten und Apothekern bestand und die gemeinsam mit der an politischem und gesellschaftlichem Fortschritt interessierten Kaufmannschaft eine führende Rolle während der Erhebung von 1848–1851 spielte. In den Zeitraum vor diesen politischen Umwälzungen fallen Storms Schulzeit und sein Studium, an das sich eine Phase der beruflichen und familiären Orientierung anschloss. Eltern, die ihre Kinder auf die Gelehrtenschule schicken wollten, vermittelten ihnen die Elementarkenntnisse in Lesen, Schreiben und Rechnen entweder durch Hauslehrer oder – wie im Falle des 1817 geborenen Theodor Storm – durch den Besuch einer privaten Schule, die als Winkel-, Neben- oder Klippschule bezeichnet wurde. Storm schrieb später über seine damalige Lehrerin (LL 4, S. 427 f.):

> Sie wurde von allen Kindern *Mutter* Amberg genannt. So wollte sie es; und sie war eine mächtige schwerwandelnde Frau mit energischer Sprache und mit einer blauen Warze unter dem einen Auge; aber trotzdem wollte ich es nicht und habe sie während der mehreren Jahre meines dortigen Schulbesuchs stets nur Madame Amberg genannt. Des ungeachtet wurde ich ihr erklärter Liebling, und habe niemals einen Schlag von ihr erhalten. In einer Ecke der Schulstube lagen die gefürchteten Schimpfhüte; ein Bogen Pappe war einfach halb geknickt und auf der einen Seite ein großer Eselskopf skizziert; so war es ein Schimpfhut und der Sünder mußte damit entweder in der Ecke der Schulstube oder<,> war die Würde der Schule zu sehr beleidigt, sogar draußen vor der Straßentüre stehen. Auch solches ist mir niemals widerfahren. Das war der Beginn meiner literarischen Bildung.

Diese Schule bestand noch 1838 und war eine von sieben Privatlehrinstituten der Stadt. Als das Schulkollegium in Husum auf Betreiben der Königlich Schleswig-Holsteinischen Regierung eine Befragung vornahm, teilte Frau Amberg mit: „Die Zahl meiner Schüler beträgt 14 wovon der Aelteste 13 Jahr und der Jüngste 5 Jahre alt ist.“[14]

In der ersten Hälfte des 19. Jahrhunderts gab es in Husum neben der Gelehrtenschule vier Bürgerschulen und eine Armenschule.[15] Die Gelehrtenschule war eine von drei großen Lateinschulen des Herzog-

14 Kreisarchiv Nordfriesland D2/87.

tums Schleswig und wurde Anfang der 1820er Jahre von ca. vierzig Knaben besucht; die Schülerzahl stieg 1827 auf 72, fiel dann aber seit 1830 wieder auf unter 50, um schließlich im Jahr von Storms Abgang auf 35 zurückzugehen[16]. Die Bürgerschulen (für Jungen und Mädchen) besuchten in diesem Zeitraum ca. 600 Kinder. Die Husumer Gelehrtenschule konnte 1827 bereits auf eine dreihundertjährige Tradition zurückblicken; sie war als Reformationsgründung eine der humanistischen Bildungsanstalten im Herzogtum Schleswig. Auch im 19. Jahrhundert blieb es Aufgabe der Gelehrtenschulen, junge Menschen auf die Landesuniversität Kiel vorzubereiten, auf der man studieren musste, wenn man ein Amt als Arzt, Pastor, Lehrer oder Jurist in den Herzogtümern anstrebte; darüber hinaus vermittelte die Institution, in der seit Mitte des 17. Jahrhunderts dem muttersprachlichen Unterricht ein größerer Raum gegenüber dem herkömmlichen Lateinunterricht eingeräumt wurde, dem kaufmännischen Nachwuchs eine humanistische Grundbildung. Ende des 18. Jahrhunderts gewinnen neuhumanistische und philanthropische Reformansätze Einfluss auf die Umgestaltung des Unterrichts auch an den Gelehrtenschulen der Herzogtümer Schleswig und Holstein; schließlich wird Anfang des 19. Jahrhunderts im Zuge der Trennung von Gelehrten- und Bürgerbildung durch die Adlersche Schulreform die vierklassige Gelehrtenschule geschaffen, deren aufgeklärter Rationalismus Storms Bildungsweg fast ein Jahrzehnt lang wesentlich prägte.

Schon in der Familie hat es Schreibanlässe für Storm gegeben, die über bloße Übungen in der Schule hinausgingen. In der bürgerlichen Familie des 18. Jahrhunderts hatte sich eine Briefkultur entwickelt, die das schriftliche Gespräch kultivierte und ihm neue Funktionen im

15 Momsen 1969, S. 140–144; vergl. auch Walter Schöler: Die einheitliche Gestaltung des nordfriesischen Bildungswesens durch die Adlersche Schulreform um die Wende vom 18. zum 19. Jahrhundert. Phil. Diss. Hamburg 1977; besonders „Durchführung der Reform im Stadtgebiet von Husum", S. 145 ff.

16 Schularchiv der Hermann-Tast-Schule Husum, früher Husumer Gelehrtenschule. Das Archiv ist Teil der in der zweiten Hälfte des 18. Jahrhunderts gegründeten Schulbibliothek, deren umfangreiche Bestände (mehr als 20 000 Bände) bis auf das Jahr 1475 zurückgehen.

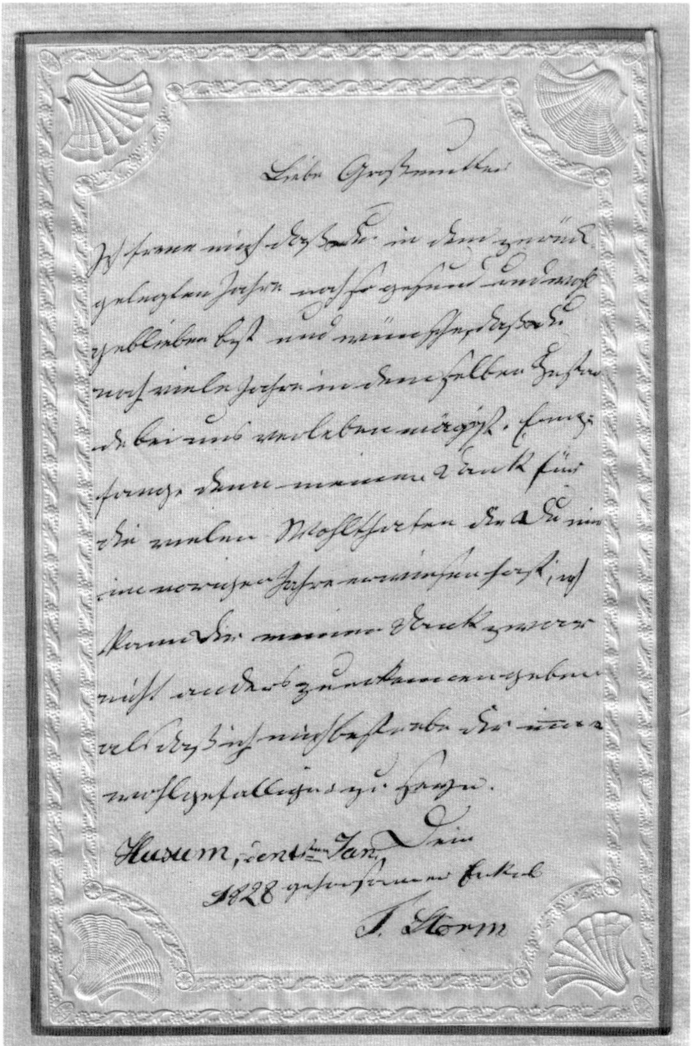

Liebe Großmutter

Husum, den 1sten Jan. 1828

Dein gehorsamer Enkel

T. Storm

Abb. 3
Storms Brief an seine Großmutter Magdalena Woldsen zur Jahreswende 1827/28.

Kontext der Familienbeziehungen zuwies. Kinder schrieben an die Eltern und Großeltern, Studenten legten ihren Vätern Rechenschaft über ihr Studium ab, ausführliche Reiseberichte wurden nach Hause geschickt, Liebende korrespondierten manchmal mehrere Jahre miteinander. Man spricht nicht zu Unrecht von einem „Zeitalter des Briefes", und es gehörte noch in der ersten Hälfte des 19. Jahrhunderts zu den wichtigsten Aufgaben, die man Kindern nach dem Erlernen der Schreib- und Lesetechnik stellte, formale Briefe an nahe Angehörige zu hohen Festtagen zu verschenken. Storm weist auf diese Tradition in einem Brief an seine Braut Constanze vom 19. September 1845 hin, indem er einen sorgfältig geschriebenen Brief als „accurat wie die Neujahrswünsche, die wir in der Schule für Vater und Mutter schrieben" bezeichnet. Das Verhältnis zu den Großeltern hatte eine neue Qualität bekommen; zu ihnen entwickelten die Enkel eine besondere Beziehung, die im Idealfall durch Höflichkeit, Wertschätzung und Aufmerksamkeit von Seiten der jungen und durch liebevolle Zuneigung der älteren Familienmitglieder geprägt war. Die Großeltern strebten im Gegensatz zu Mutter oder Vater eine eher wohlwollende Rolle an und vermittelten eine Atmosphäre der Geborgenheit, in der Elemente der Familientradition an die nächste Generation weitergegeben wurden. Storm zumindest hat dies nach eigenem Bekunden in seiner Familie so erfahren.

Es sind eine Reihe von Briefen erhalten, die von Theodor und seiner Schwester Helene Storm (geb. 1820) an die Großeltern geschrieben wurden und Auskunft über den Stand der damaligen Schreibkompetenz geben können.[17] Storms erster erhaltener Brief wurde zum Jahreswechsel 1826/27 geschrieben. Er war ein Geschenk des neunjährigen Knaben an seine Urgroßmutter Elsabe Feddersen (1741–1829) und enthält einen formelhaften Dank für die „Wohltathen", die er durch sie erfahren hat. Der Brief wurde wahrscheinlich nach einer Vorlage abgeschrieben, wohl einem Briefsteller, einer Anweisung zum Briefschreiben, und zeigt noch die unsichere Handschrift des Knaben. Dieses

17 Diese Briefe befinden sich in einem Album, das Casimir Storm (1865–1918), Sohn von Johannes Storm und Neffe des Dichters, im September 1877 aus alten Familiendokumenten zusammengestellt hat. Sie befinden sich in Privatbesitz.

Ritual wiederholte sich auch in den folgenden Jahren; die beiden anderen erhaltenen Briefe des jungen Storm sind an seine Großmutter mütterlicherseits, Magdalena Woldsen (1766–1854), gerichtet. Der zweite Brief des nun Zehnjährigen vom Jahreswechsel 1827/28 entspricht inhaltlich im Wesentlichen dem aus dem Vorjahr, weist aber bereits eine lebendigere Sprache auf; Storm besuchte jetzt die Tertia der Gelehrtenschule. Ein Jahr später entstand aus gleichem Anlass der dritte Brief; der nun elfjährige Storm unterschreibt erstmals mit seinem vollen Namen „Hans Theodor Woldsen Storm", den er auch in den nächsten Jahren führen wird.

Die Entwicklung Storms in diesen drei Jahren zeigt, dass die Fähigkeit zum Briefschreiben früh erworben und geübt wurde. Storm hat den Brief später in einer Weise kultiviert, der für die bürgerliche Lebensart des 19. Jahrhunderts typisch ist; neben seiner Lyrik und Novellistik sind die Briefe das dritte literarische Genre, in dem er Herausragendes geleistet hat. Es haben sich mehr als tausend Briefe aus der Storm-Familie erhalten, die meisten werden im Storm-Nachlass der Schleswig-Holsteinischen Landesbibliothek Kiel und im Storm-Archiv Husum aufbewahrt. Neben den geschäftlichen Korrespondenzen gibt es herausragende Briefwechsel mit Dichterkollegen und Freunden sowie eine Fülle von Familienbriefen, die drei Generationen umfassen; allerdings sind nur wenige aus Storms Schulzeit überliefert.

Auf der Gelehrtenschule

> Die Husumer Schule wußte so wenig von neuerer deutscher Literatur, daß mir Uhland, dessen Namen ich gehört hatte, derzeit als ein alter Minnesänger vorschwebte; […].
>
> *Theodor Storm: „Ferdinand Röse". In: LL 4, S. 442.*

Die Husumer Gelehrtenschule hatte im 19. Jahrhundert vier Klassen, die von vier Lehrern unterrichtet wurden. Diese waren philologisch und theologisch ausgebildet und gaben alle Fächer. Aus den Schulprogrammen geht hervor, dass Griechisch und Latein fast ein Drittel (Tertia) bis die Hälfte (Prima) des Unterrichts ausmachten; in den Klassen Quarta, Tertia und Sekunda wurden wöchentlich zwei und in Prima eine Stunde Deutsch erteilt. Dieser Unterricht stand in der Tradition der in der Spätantike wurzelnden humanistischen Bildung, die den sieben Freien Künsten verpflichtet war. Neben dem mathematischen Quadrivium (Geometrie, Arithmetik, Astronomie und Musik) war es das sprachliche Trivium mit den Disziplinen Grammatik, Rhetorik und Dialektik, das die Unterrichtsinhalte prägte.[18] Insgesamt entsprachen die Bildungsinhalte dem neuhumanistischen Konzept, das in der zweiten Hälfte des 18. Jahrhunderts als Wiederbelebung kultureller Werte verstanden wurde und das für die konkrete Unterweisung im Unterricht bedeutete:[19] „Vertraute Bekanntschaft mit der Klassik als allgemeine Bildung, Sinn für menschlich Großes und Schönes, Verwandtschaft des Griechischen mit dem jugendlichen Geiste, allseitiges Verstehen der Sprachmonumente, Verstehen der Alten als Grundlage für das Verstehen der eigenen Nationalität."

Noch in der ersten Hälfte des 19. Jahrhunderts galt die Grammatik als das Kernstück des Unterrichts. Der Grammatikunterricht in Griechisch und Latein machte den Schülern im Kontrast zur Muttersprache die abweichenden Strukturen bewusst. Der Rhetorikunterricht zeigte etwa am Beispiel der Reden Ciceros die Möglichkeiten der politischen Beredsamkeit; im Deutschunterricht wurde eine Reihe von Tropen und Figuren vermittelt und eine komplexe Satzverknüpfung eingeübt. Die Methode der Dialektik wurde an platonischen Dialogen erarbeitet und mit ihr Grundkenntnisse im philosophischen Denken erprobt. Der Lektürekanon berücksichtigte alle wichtigen Gattungen, die Lyrik, das Drama und die Epik, aber auch Geschichtsschreibung und Philosophie. Die Stoffe waren teils mythischer, teils historischer Herkunft; die Schüler erhielten Gelegenheit, sich diese Inhalte nicht nur aus Lehrbüchern, sondern vor allem durch die Beschäftigung mit den Quellen anzueignen.

---

18 Manfred Fuhrmann: Der europäische Bildungskanon des bürgerlichen Zeitalters. Frankfurt am Main 1999, S. 55 ff.

19 Wolfgang Weimar: Geschichte des Gymnasiums in Schleswig-Holstein. Rendsburg 1986, S. 46.

Das „Regulativ für die Gelehrtenschule der Stadt Husum" von 1827[20] setzte – mit mehr als zehnjähriger Verspätung – die Vorschriften der „Allgemeinen Schulordnung für die Herzogthümer Schleswig und Holstein" von 1814 in die Praxis um; im Wesentlichen hatte Rektor Friedrichsen aber bereits seit seinem Amtsantritt im Jahre 1821 die dort erhobenen Forderungen in die Praxis umgesetzt. Die Stundentafeln sahen neben dem dominierenden altsprachlichen Unterricht nun auch die Fächer Deutsch, Dänisch und Französisch vor; darüber hinaus gab es Stunden in Religion, Erdbeschreibung, Geschichte, Mathematik und Naturwissenschaften sowie speziellen Schreib- und Rechenunterricht für Quarta und Tertia; hinzu kam eine Wochenstunde Logik in Prima. Die speziellen Lektionstabellen für alle Klassen mussten halbjährlich konkretisiert und in den Klassenzimmern ausgehängt werden.

Die Schulaufsicht wurde von Amtmann, Bürgermeister, sowie zwei Kirchenbeamten wahrgenommen; die vier Lehrer hatten sich in Konferenzen über den Unterricht in allen Klassen abzustimmen; die Lektionen mussten der Schulaufsicht bekannt gegeben und den Eltern sowie Schülern angezeigt werden. Aufnahme, Prüfungen und Versetzungsverfahren wurden einheitlich geregelt. Eltern bekamen das Recht, über die Leistungen ihrer Söhne informiert zu werden. Abgangszeugnisse für Schüler, die zur Universität gehen wollten, wurden nur erteilt, wenn das Kollegium von der Studierfähigkeit überzeugt war. Der letzte Paragraph regelte die Zusammenarbeit zwischen Schule und Elternhaus und forderte regelmäßigen Schulbesuch, häuslichen Fleiß und gutes schulisches und öffentliches Betragen; die Schule fühlte sich also auch für die allgemeine Erziehung der Kinder zuständig und das in enger Kooperation mit den Eltern.

Storm wurde Ostern 1826 mit 9 Jahren in die Quarta aufgenommen. Nach einem Jahr wechselte er in die Tertia, die er wie die Sekunda drei Jahre besuchte, danach war er seit Ostern 1833 Primaner. Die Schüler stiegen nach einem Konferenzbeschluss in die nächsthöhere Klasse auf, wenn ihre Leistungen angemessen waren; dazu wurden öffentliche Prüfungen angesetzt, die mit einem schriftlichen und einem münd-

20 Gedrucktes Exemplar im Schularchiv der Hermann-Tast-Schule, Husum.

lichen Teil für alle Schüler in der Woche nach Ostern stattfanden; auch gab es Prüfungen zu Michaelis, nicht nur für neu eintretende Schüler, sondern auch für solche, die in eine höhere Klasse aufgenommen werden wollten.[21]

Insgesamt verbrachte Storm neun und ein halbes Jahr auf der Gelehrtenschule seiner Vaterstadt. Zusammen mit den vier Jahren Elementarschule und dem Aufenthalt in Lübeck hat er also 15 Jahre die Schulbank gedrückt, davon elf Jahre in einer höheren Lehranstalt. Storm wurde während seines Aufenthalts an der Husumer Schule vor allem von fünf Lehrern unterrichtet, dem Rektor Peter Friedrichsen (1790–1873), Rektor von 1821–1838; dem Konrektor Georg Heinrich Kuhlmann (1775–1851), Konrektor von 1811–1838; dem Subrektor Johann Christian Fabricius (1778–1849), Subrektor von 1811–1830; dem Kollaborator und späterem Subrektor Hans Heinrich Lohse (1798–1879) und dem Kollaborator Karl Heinrich August Wolff (1802–1851).

Storm erhielt auch zusätzlichen Privatunterricht; aus seinem Brief an den Vetter Fritz Stuhr vom 9. Dezember 1832 geht hervor, dass er gemeinsam mit seinem Klassenkameraden in der Sekunda, Christian Albrecht Klander, französische Konversation bei einer alten Dame in Privatstunden übte. Das „Regulativ für die Gelehrtenschule der Stadt Husum" von 1827 sieht zwar Französisch- und Dänischunterricht vor (in der Sekunda 2 bzw. 1 Wochenstunde), diese Stunden dienten aber nicht dem Sprachtraining, sondern nur dem Erwerb von Grundfertigkeiten im Übersetzen, wie es in § 16 der „Allgemeine(n) Schulordnung für die Herzogthümer Schleswig und Holstein" vom 24.8.1814 unter der Überschrift „Unterricht in lebenden Sprachen" vorgeschrieben wird:[22]

Von den lebenden Sprachen werden die Dänische und Französische gelehrt und es wird der Unterricht in der dänischen Sprache durch alle Classen fortgesetzt. In vorerwähnten Sprachen sind die Schüler wenigstens so weit zu bringen, daß sie mit Fertigkeit aus dem Dänischen ins Deutsche und aus dem Deutschen ins Dänische, auch aus dem Franzö-

21 Regulativ für die Gelehrtenschule der Stadt Husum 1827, §§ 8 und 9.
22 Chronologische Sammlung der im Jahre 1814 ergangenen Verordnungen und Verfügungen für die Herzogthümer Schleswig und Holstein. Kiel 1816, S. 119.

sischen ins Deutsche übersetzen können. Jedoch bleiben die Uebungen im Sprechen des Dänischen und des Französischen, wie auch das Erlernen der Englischen, Italiänischen oder anderen lebenden Sprachen dem Privatunterricht vorbehalten.

Storm hat seine „Privatstunden“ am Abend gehabt, wie aus seinen autobiographischen Erinnerungen „Aus der Jugendzeit“ hervorgeht:[23]

Aber in den Gassen war es, wenn nicht der Mond schien, finster; und größere und kleine Handlaternen irrlichterierten Abends darin umher; auch wir Knaben, wenn es Abends in die sogenannten Privatstunden ging, hatten fast alle unsre Leuchte, deren Griff einen Behälter für Reservelichter bildete.“

Außerdem brachte ihm der Husumer Organist Philipp Caspar Windt das Klavierspielen bei. Storm hatte während der gesamten Schulzeit Unterricht in Dänisch, so dass er in der Lage war, klassische und moderne Texte der dänischen Literatur in der Originalsprache zu lesen und später die erforderliche Sprachprüfung abzulegen, die Voraussetzung für eine Bestallung als Rechtsanwalt im Herzogtum Schleswig war. Storm redete mit seinen Klassenkameraden Plattdeutsch, im Unterricht aber wurde Hochdeutsch gesprochen und es gab Aufsatzunterricht und Deklamationsübungen. In der autobiographisch gefärbten kulturhistorischen Skizze „Der Amtschirurgus – Heimkehr“, die 1872 zum ersten Mal veröffentlicht wurde, erinnert sich der Erzähler an seine Schulzeit[24]:

Ich will zum Kirchhofe gehen; es stillt die Unruhe, in den Blättern dieses grünen Stammbuches zu lesen. Auf dem Wege dahin sieht hie und da ein übrig gebliebener Treppengiebel vertraut auf mich herab. Ob droben in der Tertia der nun abgesetzten „Gelehrtenschule“ das halbzerschnittene Pult noch steht, vor dem ich einst „Üb' immer Treu' und Redlichkeit“ so weltvertrauend deklamierte? Mir ahnte damals noch nicht, daß die Redlichkeit nur soweit geübt werden dürfe, als sie nicht verboten ist. Jetzt weiß ich es und begreife nur nicht, warum man die Kinder Dinge lernen läßt, die ihnen später so gefährlich werden können.

---

23 LL 4, S. 433.

24 „Der Amtschirurgus – Heimkehr“ in „Zerstreute Kapitel“, LL 4, S. 170. Die zitierte erste Zeile des Hölty-Gedichts wird von dem erfahrenen Erzähler Storm symbolisch als moralisches Memento des jungen Erzählers gedeutet, der die Schwächen eines Lehrers für kindliche Schulspäße ausgenutzt hat. Mit der Schlussbemerkung kommentiert Storm seine späteren negativen Erfahrungen mit der preußischen Bürokratie.

In der Bibliothek der Husumer Gelehrtenschule gibt es ein Buch von Ludwig Heinrich Christoph Hölty; darin fand Storm das Gedicht „Der alte Landmann“.[25] Die erste Strophe lautet:

Ueb' immer Treu und Redlichkeit
Bis an dein kühles Grab,
Und weiche keinen Finger breit
Von Gottes Wegen ab!
Dann wirst du, wie auf grünen Au'n,
Durchs Pilgerleben gehn;
Dann kannst du sonder Furcht und Graun
Dem Tod' ins Antlitz sehn.

Diese Deklamationsübung muss um 1829 stattgefunden haben, als Storm etwa 12 Jahre alt war und die Tertia der Gelehrtenschule besuchte. Sie zeigt uns einen der verschiedenen Wege, auf denen Schüler damals die literarische Tradition erarbeitet haben, und wie sie mit den moralischen Grundsätzen ihrer Zeit vertraut wurden. Neben solchen Deklamationsübungen nahmen schriftliche Arbeiten einen großen Raum ein, die zu einer aktiven Auseinandersetzung mit literarischen Vorbildern zwangen. In denselben Zeitraum fällt die erste Begegnung mit dem Theater; als er sich zu Beginn der Korrespondenz mit seiner Verlobten Constanze Esmarch Anfang Mai 1844 mit Goethes Bildungsroman „Wilhelm Meister“ beschäftigt, ruft diese Lektüre Erinnerungen an Ereignisse hervor, die etwa 15 Jahre zurückliegen:[26]

Die ganze Knabengeschichte, die Wilh<elm> M<eister> erzählt, enthält eine fast treue Spiegelung meiner Knabenzeit, ja fast in allen einzelnen Daten ist es mir ebenso ergangen. Es wird Dich nicht langweilen, wenn ich aus meinen Kinderjahren erzähle; nicht wahr, mein Liebling, Du schläfst nicht dabei ein? auch ruhst Du wahrscheinlich in diesem Augenblick nicht so bequem, wie Marianne bei den Kindergeschichten ihres Liebhabers.[27]

---

25 Gedichte von L. H. C. Hölty. Dritte Etui-Ausgabe. Aachen 1817. S. 116–119. (Etui-Bibliothek der deutschen Classiker, No. VI.), (Exemplar in der Bibliothek der Husumer Gelehrtenschule.)

26 Br. Constanze, Bd. 1, S. 48 f. Den entsprechenden Kommentar von Regina Fasold habe ich dankbar benutzt. Die von Storm beschriebenen Aktivitäten müssen vor 1829 stattgefunden haben, als Storm 11 oder 12 Jahre alt war, weil er seine 1829 verstorbene Schwester Lucie erwähnt.

27 In Goethes Roman „Wilhelm Meisters Lehrjahre“ erzählt der Titelheld der Schauspielerin Marianne von seinen Kindheitserlebnissen beim Puppenspiel, aber Marianne schläft in seinen Armen ein.

Die Geschichten sind freilich so sehr lange her, so alt; ich habe sie fast vergessen. – Auch einen großen Zeitraum von mehreren Jahren habe ich meine ganze Freizeit außer der Schule mit der Direction eines Puppentheaters ausgefüllt, Krebs[28] und anfänglich auch Ohlhues[29] waren dabei meine Gehülfen; den ersten Anstoß dazu gab eine alte Jungfer, bei der O. als Quartaner im Hause logirte; sie half uns die Puppen, die freilich nur von Papier waren, ausschneiden und eiserne Dräthe daran befestigen, ließ bei den Aufführungen in den Zwischenacten den Papageno tanzen und sang dazu mit einer schönen Fistelstimme „Der Vogelfänger bin ich ja! Hops heisa, lustig, hopsasa!“[30], was mir immer die ungemeinste Freude machte. Das Theater hatten wir anfänglich mitten in der Stube, späterhin zwischen zwei Stuben in der offnen Thür, doch immer so, daß wir dabei nicht zu sehen waren, alles verhangen; das Geheimnißvolle hatte den größten Reiz für uns; das Zimmer für die Zuschauer, die meist aus der lieben Nachbarschaft und den Dienstboten bestanden, war stets ohne jegliche Erleuchtung, damit das Aufrollen des Vorhanges einen noch zauberhafteren Eindruck machte. Das erste Stück, was wir aufführten, war aus einer Gedichtsammlung eines gewissen Petzels aus Tönning, und stellte, mein' ich, die Geburtstagsfeyer eines Grafen Rantzau vor.[31] Obgleich die Puppen steif waren, so erndtete doch eine jugendliche Figur, welche die junge Gräfin Sophie vorstellen mußte, besondern Beifall; und ich erinnere, daß sie mir besonders lieblich vorkam, so daß ich beinahe eine Art phantastischer Neigung für sie faßte; meine verstorbene Schwester Lucie, welche ich vor allen Geschwistern am meisten liebte, sprach nach dieser Vorstellung auch öfters von der niedlichen Gräfin Sophie. Mit Todtstechen haben wir niemals etwas zu thun gehabt, wie der Wilh. Meister, dagegen gelang uns der Donner und Blitz vortrefflich, was wir mit Kupferplatten und Hexenpulver[32] ins Werk setzten. Das zweite Stück, was zur Aufführung kam, war Schillers Semele; dadurch wurde die Beweglichkeit einiger Figuren erfor-

---

28 Karl Friedrich Emil Krebs (1815–1897) aus Bredstedt; Vater: Deichinspektor, Schüler an der Husumer Gelehrtenschule von Michaelis 1827 bis Herbst 1836, Klassenkamerad von Storm; seit Herbst 1836 Studium in Kiel, Advokat in Bredstedt.

29 Johannes Mathias Peter Ohlhues (1815–1883); Sohn des Pastors in Hattstedt; Schüler der Husumer Gelehrtenschule bis Herbst 1835, dann mit Storm auf dem Lübecker Katharineum, seit 1837 Studium der Theologie in Kiel, 1841 zweites Predigerexamen, seit 1847 Lehrer in Dockenhude, seit dem 23.3.1849 Prediger in Olderup; Mitunterzeichner der Erklärung schleswig-holsteinischer Geistlicher vom 29.8.1849, Entlassung aus politischen Gründen im Dezember 1850, seit 1851 Prediger in Duisburg.

30 Es handelte sich also um ein Papiertheater mit Ausschnittbögen, dessen Figuren auf Pappe aufgeklebt und an Drahtstäben geführt wurden; die Kästen enthielten neben populären Stücken wie Schillers „Wilhelm Tell“ und der Oper „Der Freischütz“ Personal und Kulissen zur Aufführung von Mozarts „Zauberflöte“.

31 Hinrich Georg Petzel: Gedichte. Tondern 1817. Darin enthalten: „Der Geburtstag. Ein vaterländisches Schauspiel in zwei Akten“, S. 114–134. „Personen: Otto, Graf von Ranzau; Adolph, dessen Sohn; Sophie, Fräulein von Ahlefeld, Adolphs Geliebte; Kuno, Adolphs Freund; Konrad, Adolphs Diener; Bauern und Bäuerinnen. Der Schauplatz ist auf einem der Güter des Grafen.“

32 Mit Kupferplatten wurde Donnergeräusch erzeugt; Pulver aus dem Samen des Bärlapp wurde auf der Bühne zum Blitzemachen verwendet.

dert; z.B. muß Jupiter den Arm ausstrecken, worauf der Regenbogen erscheint.[33] Das Armausstrecken ging vortrefflich; aber oweh, als der papierne bunte Regenbogen ganz zierlich an einem Zwirnsfaden herab gelassen wurde, so wellte der Zwirn sich und der Regenbogen zeigte die weiße Kehrseite. Bei dieser Vorstellung hatten wir auch noch das Malheur, daß sich einige ausgelassene Primaner einschlichen, in der dunkeln Zuschauerstube die Mädchen mit Nadeln prickelten und einigen Secundanern, die noch höchst andächtig zuschauten, durchaus unziemliche Producte aufzählten. Ein von einem der Primaner verfaßtes Gedicht beschrieb den ganzen Scandal auf eine unverschämte Weise. Indeß ließen wir uns durch dieß rohe Hineintappen in unsre phantastische Welt nicht im geringsten stören, nur daß wir in Zukunft unsre Mysterien vor den Profanen nur desto eifriger verbargen. – Bald darauf genügten uns die fremden Stücke nicht mehr; auch konnten wir so recht keine finden, die in unsern Kram paßten; Gellerts Schäferspiele, die ich zu dem Ende eifrig studirte, schienen mir schließlich doch viel zu altfrensch.[34] Es wurde daher beschlossen selbst die dramatischen Sachen zu liefern.[35]

Olhuus, Krebs und ich beschlossen daher, die dramatischen Sachen selbst zu liefern. Und wirklich, jeder lieferte sein Stück. In meinem spielte Kasperle die Hauptrolle. Er hatte zwei durch den Eigensinn des Vaters getrennte Liebende zu vereinen. Krebs dagegen ließ einen alten Mann auftreten, der voll Gram über seinen verwilderten, entwichenen Sohn war. Er machte eine Reise, um ihn aufzusuchen. In einem Walde wird er von einem Räuber überfallen und erkennt in ihm seinen Sohn. Nun folgten Reue, Verzweiflung, Versöhnung und – Tränen. Zur Aufführung dieser Stücke wurden große Vorkehrungen getroffen. Ich malte Felsdekorationen mit unzähligen Uhus, Fledermäusen und Teufeln mit roten Augen. Aber bald genügten mir die platten Papierpuppen nicht mehr. Ich wollte die Illusion erhöhen und nähte mir mit Baumwolle ausgestopfte Puppen von Batist mit kleinen Puppenangesichtern. Mutter und Schwester Helene, die schon einigermaßen nähen konnte, mußten für die Kleider sorgen. Der Räuber bekam einen grünseidenen Leibrock an. Als ich meinem Mitdirektor Krebs diese Verbesserung an den schon fertigen Puppen zeigte

---

33 In der anonym von Friedrich Schiller herausgegebenen „Anthologie auf das Jahr 1782“ ist auf den Seiten 199–243 abgedruckt: „Semele. Eine lyrische Operette in zwo Szenen“. Personen sind Juno; Semele, Prinzessin zu Theben; Zeus; Merkur. Den Stoff entnahm Schiller aus Ovids Metamorphosen. In der zweiten Szene zweifelt Semele, durch Junos Eifersucht angestiftet, an der Göttlichkeit des Zeus, worauf dieser zum Zeichen seiner Herrschaft einen Regenbogen erscheinen lässt.

34 Storm erschienen die Stücke Gellerts „altfränkisch“, also als veraltet; sie entsprachen den Forderungen der Gegenwart nicht mehr. Schülereinträge belegen, dass noch bis 1831 folgender Band ausgeliehen wurde: Christian Fürchtegott Gellert: Lustspiele. O.O. 1769. Darin: Sylvia. Ein Schäferspiel in einem Aufzuge, S. 259–289. (Exemplar in der Bibliothek der Husumer Gelehrtenschule.) In Storms Bibliothek ist Gellert mit vier Bänden vertreten, darunter hat sich aber keine Ausgabe mit Schäferspielen erhalten.

35 An dieser Stelle bricht der Brief mitten im Satz ab; wahrscheinlich hat Gertrud Storm in ihrem Buch „Mein Vater Theodor Storm“ (Berlin 1922, S. 15–18) aus dem damals noch erhaltenen Brief zitiert; er wird deshalb hier nach ihrer Edition ergänzt; vergl. den Kommentar von Regina Fasold in Br. Constanze, Bd. 1, S. 384 f.

Abb. 4
Proszenium eines Papiertheaters (19. Jahrhundert).

und mir für diese Erfindung ein großes Lob von ihm versprach, ward ich gewaltig enttäuscht. Er wollte von diesen dicken, dummen Puppen nichts wissen, die alle, wie er meinte, dasselbe ausdruckslose Gesicht mit einer Mädchenhaartracht hatten. Indessen war ich bei den Aufführungen Meister, und ich setzte meinen Willen durch. Über die Frauenhaare wurden Mützen genäht und Schnurrbärte ins Gesicht gemalt, wenn's ein Mann sein sollte. So ging die Aufführung mit großen Beifall vor sich. In den Zwischenakten feuerten wir jedesmal eine kleine messingene Kanone ab, was die Feierlichkeit auf das höchste steigerte. Nach diesem mechanischen und Garderobenvorbereitungen war mein Augenmerk darauf gerichtet, das Äußere des Theaters glänzend einzurichten. Wir verschafften uns einen neuen Vorhang aus rotem Zeug und beklebten das Proszenium mit goldpapiernen Sternen. Ich malte neue Walddekorationen, kaufte für jeden ersparten Schilling Bänder und Puppenangesichter und vermehrte auf diese Weise die kleine Puppentruppe um ein beträchtliches. Krebs war eifrig damit beschäftigt, neue Straßendekorationen anzufertigen. Nun ging es uns auf ein Haar wie dem Wilhelm Meister. Über diese Beschäftigung mit all den Mitteln vergaßen wir die Aufführung selbst. Wir konnten den großen Zuschnitt unseres neuen Theaters nicht durchführen. Alle diese Vorbereitungen sind niemals angewandt worden; mit unserem Puppentheater hatte es ein Ende erreicht. „Was nun kommt", fuhr mein Vater fort, „könnte ich beinah aus dem Meister abschreiben. Nicht lange währte es, da verfielen wir darauf, selbst die Schauspieler abzugeben. Olhues war inzwischen zu einer alten Bäckerswitwe gezogen, die uns ihren Saal für unsere Aufführungen einräumte. In ungefähr acht Tagen hatten wir mit unendlicher Freude aus eigener Erfindung aus Bettschirmen, die mit Bettüchern überspannt waren, ein höchst sonderbares Theater zusammengebaut. Es hatte freilich nur einen Eingang. Endlich kam der Tag, an dem die Komödie gespielt werden sollte. Eine Stunde vorher versammelten wir uns auf Olhues' Stube und berieten darüber, was denn eigentlich gespielt werden sollte, keiner hatte daran gedacht. Das gab viel Hin und Her und Streiten, und die verhängnisvolle Stunde rückte immer näher. Endlich entschloß man sich zu einem kleinen Gespräch zwischen Alexander von Mazedonien und einem Räuber, das wir in Campes Kinderbibliothek[36] fanden. Das ganze Ding war drei Seiten lang. Die Ausstaffierung der Spieler war die Hauptsache. Die Gesichter wurden bemalt, Röcke und Jacken verkehrt angezogen: endlich war Alexander und vorzüglich der Räuber fertig. Und nun war die Stunde da. Gelernt werden konnte nicht mehr; das Gespräch wurde daher ein paarmal gelesen. So ging's in den Saal hinein. Er war voll Zuschauer; mit klopfendem Herzen guckten wir durch ein Loch im Vorhang in den Zuschauerraum. Endlich ging der Vorhang hoch. Da stand der Kaiser Alexander auf der Bühne, und der Räuber wurde ihm von zwei Häschern vorgeführt. „Wer bist du?" rief der Kaiser befehlend. Er wartete eine Weile, der Räuber glotzte ihn an. Aber er hatte keine Antwort, es war unmöglich. Da standen nun die schönbemalten Burschen sich gegenüber und glotzten sich immer mehr an, so daß ihnen der Schweiß auf die Stirn trat, aber mit den königlichen Reden war's nun aus. Die Zuschauer kamen ins Lachen, und der Vorhang mußte hinuntergelassen werden. Nur hinter den Kulissen war helle Verzweiflung. „Ich weiß sehr wohl", sagte mein Vater, „daß ich mich, naß von Angstschweiß, zur Unterhal-

36 Joachim Heinrich Campe: Kleine Kinderbibliothek. 12 Bde, Braunschweig 1779–84. Eine Neuausgabe erschien in 6 Bänden 1805; Storm hat wahrscheinlich einen der Bände der Auflage von 1828–31 besessen.

tung der Zuschauer in der Bedrängnis entschloß, den ‚Riesen Goliath' von Claudius zu deklamieren. Meinen kläglichen Körperzustand versuchte ich durch einen Knittelvers zu verbergen, indem ich über die Erschöpfung von einer soeben zurückgelegten Reise klagte. Danach tat ich denselben Schwur, wie Wilhelm Meister, nie mehr ohne gehörige Vorbereitungen Komödie zu spielen."

Matthias Claudius: Die Geschichte von Goliath und David, in Reime gebracht[37]

1.
War einst ein Riese Goliath
Gar ein gefährlich Mann!
Er hatte Tressen auf dem Hut
Mit einem Klunker dran,
Und einen Rock von Drap d'argent
Und alles so nach advenant.

2.
An seinen Schnurrbart sah man nur
Mit Gräsen und mit Graus,
Und dabey sah er von Natur
Pur wie der – aus.
Sein Sarras war, man glaubt es kaum,
So groß schier als ein Weberbaum.

3.
Er hatte Knochen wie ein Gaul,
Und eine freche Stirn,
Und ein entsetzlich großes Maul,
Und nur ein kleines Hirn;
Gab jedem einen Rippenstoß,
Und flunkerte und prahlte groß.

4.
So kam er alle Tage her,
Und sprach Israel Hohn.
„Wer ist der Mann? Wer wagt's mit mir?
„Sey Vater oder Sohn,
„Er komme her der Lumpenhund,
„Ich bax 'n nieder auf den Grund."

5.
Da kam in seinem Schäferrock
Ein Jüngling zart und fein;
Er hatte nichts als seinen Stock,
Als Schleuder und den Stein;
Und sprach: „Du hast viel Stolz und Wehr,
„Ich komm' im Nahmen Gottes her."

6.
Und damit schleudert' er auf ihn,
Und traf die Stirne gar;
Da fiel der große Esel hin,
So lang und dick er war;
Und David haut' in guter Ruh
Ihm nun den Kopf noch ab dazu.

***

Trau nicht auf deinen Tressenhut,
Noch auf den Klunker dran!
Ein großes Maul es auch nicht thut:
Das lern vom langen Mann;
Und von dem kleinen lerne wohl,
Wie man mit Ehren fechten soll.

Dass Storm dieses Gedicht aus dem Stegreif aufsagen konnte, belegt, welche Bedeutung dem Auswendiglernen und Vortrag von Gedichten beigemessen wurde; dass es zugleich eine dem Anlass durchaus angemessene Aussage transportiert, mag wohl eher Zufall als von dem jungen „Theaterdirektor“ beabsichtigt gewesen sein.

Streiche, wie sie bei der von Storm erwähnten privaten Puppentheateraufführung eine Rolle spielten, hat es auch in der Schule gegeben. Im Herbst 1832 berichtete der 15-jährige Storm seinem Vetter Fritz Stuhr in einem Brief (vergl. S. 204) von einem neuen Lehrer und beschrieb dabei einige Eseleien, wie sie für Schüler der Sekunda typisch waren. So erzählte er stolz, wie er und seine Klassenkameraden den Unterricht ihres neuen Lehrers störten und damit dessen Autorität infrage stellten. Karl Heinrich August Wolff war zu diesem Zeitpunkt erst 32 Jahre alt und unterrichtete seit 1831 als Kollaborator, war also noch ein Anfänger im pädagogischen Geschäft. Er gab in der Sekunda Deutsch und Dänisch.

Mit dem aus Friedrichstadt stammenden Fritz Stuhr, dem Sohn der Schwester seiner Mutter, verband den Dichter aus Husum eine enge Freundschaft, die bereits während der gemeinsamen Schulzeit in Husum begonnen hatte. Der um einige Jahre ältere Freund hatte aber bereits die Gelehrtenschule verlassen und musste nach einer Handelslehre in Altona nach dem plötzlichen Tod seines Vaters 1834 die Geschäfte der Familie in Friedrichstadt übernehmen. In der Novelle „Späte Rosen“, mit der der Fritz Stuhr gewidmete Band „Drei Novellen“ (1861) eröffnet wird, berichtet ein Erzähler über den Besuch bei einem Jugendfreund, der deutliche Züge von Storms Vetter trägt. Die Freunde haben gemeinsam die Schule besucht und sind danach getrennte Wege gegangen. Nach zwanzig Jahren begegnen sie sich wieder im Landhause des Freundes, der ein Kaufmann geworden ist. Dort fragt der Erzäh-

37 Matthias Claudius: Werke. Erster Band. 4. Aufl. Hamburg 1829, S. 108–111. (Exemplar in Storms Bibliothek, StA) *Tressen:* dünne Seile, Litzen; *Klunker:* Troddel, Quaste; *Drap d'argent:* Brokat, Seidengewebe, dessen Grund und Muster ganz oder teilweise aus Silberfäden besteht; *advenant:* von lat. advena: Ankömmling, Fremdling, Reisende, fremd, ausländisch; *Gräsen:* Schaudern; *Sarras:* säbelartige Waffe mit schwerer Klinge; *Weberbaum:* Garn- oder Kettenbaum des Webstuhls; *bax:* veraltet für boxen.

ler: „[...] und Du – wo sind Deine Trauerspiele geblieben, die Du als Sekundaner schriebst?“ (LL 1, S. 428)

Diese autobiographische Reminiszenz führt uns zurück in die Schulzeit Storms, wo die jungen Leute in Husum ihre Zeit in einer locker gefügten Freundesgruppe verbrachten und gemeinsam allerlei Unternehmungen trieben. Dazu gehörten Kneipenbesuche, so trafen sich die Primaner häufig im Krug des nördlich von Husum gelegenen Hockensbüll[38], und unternahmen Ausflüge zu Jahrmärkten in benachbarten Städten und Gemeinden.

Frühe Gedichte

> Schon auf der Husumer Schule hatte ich mich in Versen versucht, aber es war eine inhaltslose Spielerei; in Lübeck wurde der Ton ein etwas anderer; aber es war immerhin nur noch ein schülerhaftes Flügelprüfen; auch aus der Universitätszeit ist nur Weniges stehn geblieben.
>
> *Theodor Storm: „Entwürfe einer Tischrede“ (2). In: LL 4, S. 491.*

Am 17. Juli 1833 trug Storm das erste Gedicht „An Emma“ in ein kleines Buch ein, auf dessen Rücken das Wort „Gedichte“ eingeprägt ist.[39] Diese Sammelhandschrift hat Storm bis ins erste Studienjahr dazu benutzt, seine Gedichte zumeist in Reinschrift einzutragen. Die meisten sind genau datiert und dokumentieren Storms lyrisches Schaffen der Schulzeit. Storm scheint aber schon vor diesem Datum Gedichte geschrieben zu haben, denn in einem Brief an seine Eltern erinnert er sich im Jahre 1862 an seine Schwester Lucie (1822–1829)[40]: „Ihr Tod gab mir

---

38 Der Hockensbüller Krug liegt ca. 1 km nördlich von Husum am alten Weg nach Hattstedt. „Bei ‚Trina von Hockensbüll‘ kehrte Storm schon als Primaner mit seinen Kameraden ein, [...].“ Theodor Storm. Briefe an seine Freunde Hartmuth Brinkmann und Wilhelm Petersen. Hg. von Gertrud Storm. Braunschweig 1917, S. 46, Anm.

39 „Meine Gedichte“, Storm-Archiv Husum. Storm trug in diese Sammelhandschrift von 1833 bis 1839 über hundert Gedichte ein.

40 Theodor Storm. Briefe in die Heimat, hg. von Gertrud Storm. Braunschweig 1907, S. 191 (Brief vom 7.12.1862). In einem vermutlich 1887 entstandenen autobiographischen Text „Wie wird man Schriftsteller von Beruf?“ bestätigt Storm dies: „Mit 10 oder 12 Jahren, als eine sehr geliebte Schwester mir gestorben war, machte ich meine ersten Verse, in einer Umgebung, wo an dergleichen niemand dachte.“ (LL 4, S. 470).

Veranlassung zu meinem ersten Gedicht. Ich lief weinend in der Gegend des Mühlenteichs umher, da ich es machte, und erinnere davon noch die beiden kindlichen Verse:

> Und der Totenkranz umwindet
> Jetzt ihr engelgleiches Haar.

Der Knabe hatte zu diesem Zeitpunkt sein zwölftes Lebensjahr noch nicht vollendet und es kann sein, dass bereits in den nächsten vier Jahren Verse entstanden sind, die er aber nicht aufbewahrt hat. Über seine frühen Gedichte hat sich Storm später in ähnlich negativer Weise wie über seine Schulzeit geäußert[41]:

> Ich hatte schon in Husum Verse gemacht; dann in etwas andrer Weise in Lübeck, dann auf der Universität; aber alles war ohne tieferen Inhalt; und meine Freunde Ferdinand Röse in Lübeck und Theodor Mommsen auf der Kieler Universität unterzogen sie einer vernichtenden Kritik; sie dachten freilich nicht daran, daß ich ein spät sich entwickelnder Mensch und daß dies alles noch ein Flügelprüfen war.
> Fertig wurde meine Lyrik erst, als mein Leben einen selbstständigen Inhalt gewonnen hatte, und als ich als junger Advokat überall für mich selber einstehen mußte.

Diese Selbsteinschätzung steht im Zusammenhang mit Storms bitterer Erfahrung, dass ihm zu Lebzeiten zwar die Anerkennung als Erzähler zuteil wurde, dass einige Kritiker seinen Rang als Lyriker aber nicht wahrhaben wollten. Dabei hat er immer wieder betont, dass er sich als den letzten bedeutenden Lyriker nach Goethe betrachtet, und er meinte damit jene Poesie, die später mit dem Terminus „Erlebnislyrik“ charakterisiert wurde. Dieser Begriff umfasst solche Gedichte, denen ein unmittelbares Erlebnis zugrunde liegt oder die zumindest die Fiktion erzeugen, ein Erlebnis habe den Poeten zu seinem Werk angeregt. Von diesem hohen Anspruch her wird deutlich, warum Storm im Alter seine Jugendlyrik sehr kritisch betrachtete und keine Gedichte in seine Gesammelten Werke aufnahm, die während seiner Schulzeit entstanden sind. Storm erklärte sich den großen Unterschied in der sprachlichen und künstlerischen Qualität seiner Gedichte dadurch, dass er einen langen Lernprozess benötigte, bis er um 1850 einige der bedeutendsten

---

41 Theodor Storm: Entwürfe einer Tischrede (1); LL 4, S. 489.

Gedichte des 19. Jahrhunderts zu schreiben imstande war. Als Kritiker und als Herausgeber von Lyrikanthologien legte er an die Poesie sehr hohe Maßstäbe an und glaubte, sich auch von seinen eigenen frühen Texten distanzieren zu müssen. Durch die Fokussierung auf das „lyrische" Gedicht hat Storm den Teil seines eigenen Œuvres, den er als hohe Kunst gelten lassen wollte, erheblich eingeschränkt. Erst vor diesem Hintergrund können wir verstehen, warum sein Urteil über die eigene Schulzeit so negativ ausfällt; er beklagte später zu Recht, dass er in Husum nicht mit der Gegenwartsliteratur seiner Zeit bekannt gemacht wurde und deshalb sein Wissen über die deutsche sowie von Teile der europäischen Literatur weitgehend selber erarbeiten musste, nachdem er in Lübeck die entsprechenden Anregungen erfahren hatte.

Ein Teil der während der in den 1830er Jahren entstandenen Gedichte wurde von der populären Poesie angeregt, die Storm im Husumer Wochenblatt fand und in dem er auch seine ersten lyrischen Texte veröffentlichte. Es gibt aber auch einige Gedichte, in denen Storm Themen aus dem Unterricht aufgegriffen hat. Von den ca. 100 Gedichten, die Storm zwischen Sommer 1833 und 1837 geschrieben hat, sind ein Drittel in der Nachfolge der Anakreontik des 18. Jahrhunderts gestaltet, darunter befinden sich 10 Scherzgedichte und 5 Rätsel. 15 Texte stehen in der Tradition der Nachahmung antiker Klassiker und lassen sich auf den Unterricht an der Gelehrtenschule zurückführen. Bei den übrigen Texten, die zumeist in Lübeck entstanden, folgt Storm seinen Vorbildern Goethe (10), Schiller (5) und Heine (25); etwa 10 gehören der Frühzeit von Storms Liebe zu Bertha von Buchan an. Bei Niederschrift der in der zweiten Hälfte des Jahres 1833 eingetragenen Gedichte „Das Leben. In verschiedenem Versmaße" (vergl. S. 139 f.) und „An einen ausgetretnen Strom" (vergl. S. 144 f.) hat Storm sich an den zwei Dispositionen orientiert, die er in einem Buch mit dem Titel „Stoff zu stylistischen Übungen in der Muttersprache" (Halle 1832; vgl. den Kommentar zu „Das Leben") fand.

Viel stärker als durch den Deutschunterricht mit zwei Stunden in Sekunda und nur einer Stunde in Prima wurde die Sprachkompetenz der Schüler im altsprachlichen Unterricht geprägt. In den beiden Oberklassen wurden 8 Wochenstunden Latein unterrichtet und 4 (Sekunda) bzw. 5 (Prima) Stunden Griechisch. Storm las während seiner Husumer Schulzeit folgende griechische und lateinische Autoren (in der Reihenfolge ihrer Behandlung, Lektüre teilweise in Auszügen); die Aufstellung erfolgt nach den erhaltenen Schulprogrammen in den dortigen Formulierungen:

Cornelius Nepos: Das Leben des Atticus, Thrasybul, Konon, Dion, Iphikrates, Chabrias, Thimotheus, Datames, Leben des Epaminondas, Pelopidas, Agesilaus, Eumenes, Phocion, Timoleon, Hamilcar und Leben des Hannibal

Phädrus: Äsopische Fabeln

Cicero: Rede für Milo, Rede für den M. Marcellus, Rede für den Q. Ligarius, Rede für den König Dejotarus, Rede für den Roscius aus Ameria, Rede für die Manilische Bill [De lege Manilia], Vier Catilinarische Reden, Rede für den Dichter Archias, Rede für den Milo, Über die Pflichten, Über das Alter, Gespräche in Tusculum; Das Wesen der Götter

Terenz: Andria, Phormio

Ovid: Metamorphosen

Cäsar: Über den Gallischen Krieg, Über den Bürgerkrieg, Über die Alexandrischen Kriege

Horaz: Episteln, Oden, Epoden

Livius: Geschichte seit der Gründung der Stadt Rom

Homer: Ilias, Odyssee

Lucian: Totengespräche, Göttergespräche

Plutarch: Leben des Agesilaus

Xenophon: Agesilaus

Sophokles: König Oedipus, Oedipus auf Colonos, Antigone, Philoktetes

Euripides: Phönizierinnen.

Am Lübecker Katharineum waren es folgende Autoren:

Horaz: Episteln, Oden, Styren, Ars poetica

Plautus: Epidicus

Cicero: das Wesen der Götter, Vom Redner, Brutus

Tacitus: Historiae, Annales, Agricola, Germania

Cäsar: Über den Bürgerkrieg

Plutarch: Perikles und Fabius Maximus, Demosthenes Rede gegen den Midias, Themistokles und Camillus, Thukydides

Sophokles: Ajas, Elektra

Platon: Menon, Kriton, Der erste Alkibiades.

Eine wichtige Quelle für solche Informationen sind die jährlich erschienenen Schulprogramme, im Heft von 1833 untersucht der Husumer Rektor Peter Friedrichsen den Sinn solcher Schulschriften und bestimmt drei Aufgaben: 1. die Geschichte der Schule und der Lehrer darzustellen, 2. Nachrichten über Vorzüge und Mängel der Schuleinrichtung zu geben und 3. Angabe der Methoden, nach welcher die einzelnen Lehrgegenstände behandelt werden. Er beschreibt die Methode, mit der er die Klassiker behandelt, also die Art und Weise, wie die Werke griechischer und lateinischer Autoren mit den Schülern erarbeitet werden sollen. Zum Problem der Übersetzung in die Muttersprache führt Friedrichsen aus[42]:

Die Uebersetzung dient zunächst mit zum Beweise, daß das Einzelne und das Ganze von dem Schüler richtig verstanden worden sei, und soll überhaupt einen möglichst treuen Abdruck des Originals in der Muttersprache enthalten. Daher schließt sie sich selbst in der Form und Darstellung so genau an das Original an, als der oft abweichende Geist der Muttersprache dieses verstattet. Nur bei Dichterwerken muß sie darauf Verzicht leisten, auch in derselben dichterischen Form den Dichter wiedergeben zu wollen. Wo aber der verschiedene Geist der Sprache eine Abweichung nothwendig macht, da muß die Schule dies natürlich auch erlauben, da sie die Gesetze der Muttersprache unter keiner Bedingung verletzen darf. Aufmerksam kann und soll sie auf diesen verschiedenen Geist der Sprachen machen; ja sie darf sich in besonders schwierigen Stellen vorläufig eine selbst auf Kosten der Muttersprache an das Original sich anschmiegende Uebersetzung geben lassen, läßt sich wol gar mit Fleiß eine solche Uebersetzung geben, um dadurch den Schülern das Verständniß einer schweren Stelle zu erleichtern; aber sie darf sich doch nicht damit begnügen, sie muß doch zuletzt das Ganze in eine Form gießen, wie sie der Geist unserer Muttersprache erfordert.

Auch wenn Friedrichsen der Übersetzung aus den Alten Sprachen das Primat einräumt und sich gegen eine Nachahmung der dichterischen Form ausspricht, belegen die damals im Unterricht verwendeten Grammatiken, dass es in der Unterrichtspraxis anders aussah. Der Nachahmung antiker Dichtung in der Muttersprache wurde in der Tradition von Rhetorikübungen eine herausragende Bedeutung zugemessen; dies wird auch in den Hinweisen auf die Unterrichtsmethodik in den jähr-

---

42 Peter Friedrichsen: Über Schulprogramme. In: Schulprogramm, Husum 1833, S. 3–12; hier S. 9 f. (Schularchiv der Hermann-Tast-Schule, früher Husumer Gelehrtenschule).

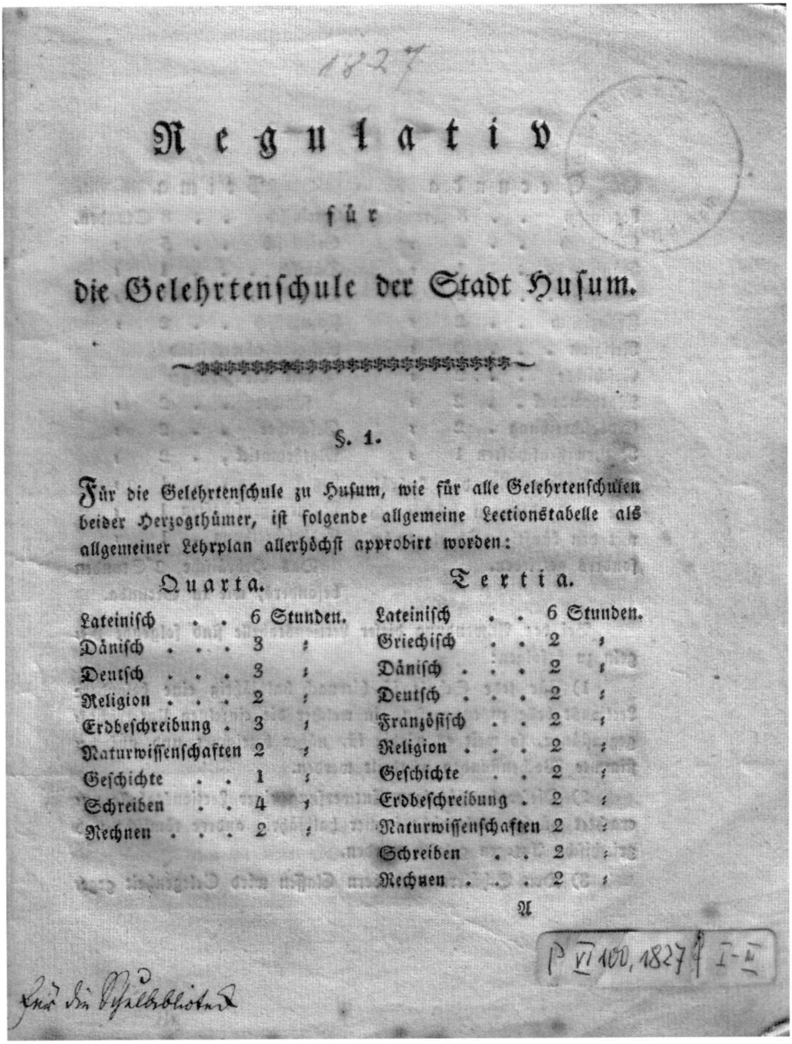

1827

Regulativ

für

die Gelehrtenschule der Stadt Husum.

§. 1.

Für die Gelehrtenschule zu Husum, wie für alle Gelehrtenschulen beider Herzogthümer, ist folgende allgemeine Lectionstabelle als allgemeiner Lehrplan allerhöchst approbirt worden:

Quarta.			Tertia.		
Lateinisch	6	Stunden.	Lateinisch	6	Stunden.
Dänisch	3	„	Griechisch	2	„
Deutsch	3	„	Dänisch	2	„
Religion	2	„	Deutsch	2	„
Erdbeschreibung	3	„	Französisch	2	„
Naturwissenschaften	2	„	Religion	2	„
Geschichte	1	„	Geschichte	2	„
Schreiben	4	„	Erdbeschreibung	2	„
Rechnen	2	„	Naturwissenschaften	2	„
			Schreiben	2	„
			Rechnen	2	„

A

Abb. 5
Regulativ der Husumer Gelehrtenschule von 1827.

lichen Schulprogrammen bestätigt. Friedrichsens methodische Ausführungen müssen vor dem Hintergrund des Bildungsauftrags gesehen werden, der in den Vorschriften der „Allgemeinen Schulordnung“ von 1814 im Kontext eines neuhumanistischen Bildungsideals formuliert wurde; der Hauptzweck der Gelehrtenschule bleibt „die Vorbereitung und Bildung der studirenden Jugend für die Universität“. Dies geschah vor allem durch den Unterricht in Religion, den gelehrten und lebenden Sprachen sowie der Künste und Wissenschaften und sollte nach § 18 durch „Uebungen der Schüler im Reden, Schreiben, Declamiren“ trainiert werden. Als Schülerarbeiten werden genannt: „Aufsätze in der Deutschen Sprache“, „lateinische Sprachübungen durch schriftliche Uebersetzungen ins Deutsche, Rückübersetzungen ins Lateinische, eigene lateinische Aufsätze“, durch die „Anwendung der Prosodie“ und durch Deklamationsübungen.[43]

Der Lateinunterricht hat Storm zu einer Reihe von Gedichten veranlasst, von denen sich einige als direkte Fortsetzung der schulischen Übersetzungs- und Gestaltungsaufgaben erweisen, darunter einer sehr gelungenen Versübertragung der äsopischen Fabel vom Fuchs und den Trauben (vergl. S. 162). Der junge Dichter paraphrasiert die bekannte Fabel des Äsop, die ihm aus dem Lateinunterricht in der Fassung des Phädrus bekannt war. Diese Fabel beginnt mit einer kurzen Exposition, es folgt die Erzählung, der eine Art Nachwort (Epimythion) angegliedert ist, das eine Lehre enthält. Die klassische Fabel besteht aus drei Teilen; Exposition und Handlungsbeginn sind durch ein Enjambement miteinander verbunden, der zweite Teil beschreibt als eigentliche Erzählung das Scheitern des Fuchses und der Schluss besteht nur aus seiner Rede, die dieser bereits im Weggehen spricht. Die davon abgesetzte Nachrede wäre eigentlich entbehrlich, da die Ausrede des Fuchses für den Leser bereits die Lehre der Fabel, das *fabula docet,* erkennen lässt. Wie alle Fabeln des Phaedrus ist der Text im jambischen Senar verfasst, einer Folge von kurzen und langen Silben, wobei kurze Silben gegen lange und lange gegen zwei kurze ausgetauscht werden können. Dieses

---

43 Chronologische Sammlung der im Jahre 1814 ergangenen Verordnungen und Verfügungen für die Hertzogthümer Schleswig und Holstein. Kiel 1816, S. 120.

Versmaß lässt sogar weitere Abweichungen zu und steht der Umgangssprache des gebildeten Roms *(sermo urbanus)* zur Zeit des Phaedrus (gestorben um 50 nach Christi Geburt) nahe.

Der Übersetzer steht vor dem Problem, dass er ein Versmaß nachahmen muss, das es nach den antiken Silben-Maß-Grundlagen von Quantität und Zahl so in der deutschen Sprache gar nicht gibt. Er muss sich von der Strenge des Vorbilds lösen, weshalb Lessing zum Beispiel in seiner Nachdichtung den Text rhythmisierte und ihn in drei- bis siebenhebige Zeilen anordnete, die unregelmäßig gereimt sind. Später übertrug er Fabeln in einfache Prosarede. Andere Übersetzer des späten 18. und frühen 19. Jahrhunderts wählten vier- bis achthebige Jamben, die sie unterschiedlich rhythmisierten. Bereits 1738 veröffentlichte Johann Nicolaus Funck eine zweisprachige Ausgabe und stellte neben den Originaltext eine „leichte Prosaparaphrase zum Gebrauch der Schulen“: Phaedri Augusti liberti Fabularum Aesopiarum libri V, recensuit et facili solutaque paraphrasi in usum scholarum exposuit I. N. Funccius Marburgensis. Rinteln 1738.

Eine gute Übersetzung ist auch deshalb schwierig, weil bei Phaedrus die Wortwahl und die rhythmisch passende Wortstellung Vorrang vor grammatischen oder syntaktischen Figuren haben und das eigentliche künstlerische Merkmal der Fabeln ausmachen. Storm wählt unbekümmert ein anderes Versmaß, den vierhebigen Trochäus, den er gleichmäßig einsetzt und so ein festes Betonungsgefüge schafft, das Endreime entbehrlich macht. Die Verkürzung des zehnten Verses um zwei Hebungen ergibt nicht nur eine Zäsur, sondern setzt durch das Enjambement einen Akzent, der gleich einem Wendepunkt Spannung erzeugt und durch eine geschickt gesetzte Pause die nächste Zeile betont. Diese Leerstelle erzeugt gleichsam ein retardierendes Moment, während dessen sich der Leser den vergeblich springenden Fuchs oder dessen resignierenden Blick vorstellen kann. Storms Übertragung schmückt die Fabel aus, wie das auch bei früheren Nachdichtungen üblich war. Er entfaltet die Exposition zu einem Naturbild und lässt den Fuchs durch die Wiese streifen; den Kontrast bildet dann die Traube, die „hoch“ am Rebenzweige winkt. Aus den sauren, unreifen Früchten macht Storm „bittre Trauben“. Die Nachrede lässt erkennen, dass der junge Dichter den Text nicht bloß übersetzt und durch poetische Bilder ausgeschmückt hat, darüber hinaus deutet er die Lehre der Fabel, vielleicht so, wie er es auch im Lateinunterricht erfahren hat. Storms Nachdichtung könnte ebenfalls auf das traditionelle Epimythion verzichten; die Handschrift zeigt, dass die letzten Zeilen des Gedichts später nachgetragen wurden. Statt die Aufforderung der Fabel, sich so wie der Fuchs zu verhalten, trifft nun „der Mund der Fabel", d.h. der Vortrag des didaktischen *exemplum* alle diejenigen mit Spott, die „mit Worten frech verhöhnen,/Was zu groß für ihre Kraft". Im Vergleich zu anderen Versübertragungen des 18. und 19. Jahrhunderts erweist sich das Gedicht Storms nicht nur als gleichwertig, sondern sogar als künstlerisch bedeutender.

In der Prima mussten die Schüler bei Rektor Friedrichsen, wie aus dem Schulprogramm von 1834 hervorgeht[44], vor allem aus den Reden Ciceros übersetzen.

> Außerdem hatte ich die Correctur der von den Schülern zu Hause gemachten lateinischen Uebersetzungen, die ihnen in einer dazu bestimmten Stunde mit meinen Bemerkungen und Berichtigungen zurückgegeben wurden. Uebersetzt wurden theils Stücke aus den Unterhaltungen aus dem griechischen Alterthume zu lateinischen Stilübungen von Schirlitz, die im zweiten Halbjahr mit Weber's Uebungsschule für den lateinischen Styl vertauscht wurden, theils dictirte Aufsätze über verschiedene Gegenstände aus der Alterthumskunde. Die sonst noch von den Schülern angestellten Uebungen im Uebersetzen aus dem Deutschen ins Lateinische wurden, wie im vorigen Jahre, regelmäßig fortgesetzt. Außerdem war eine Stunde wöchentlich für ein Extemporale im Lateinschreiben bestimmt.

Im Mittelpunkt des Lateinunterrichts von Konrektor Georg Heinrich Kuhlmann[45] standen die Werke des Horaz; es wurden neben den Episteln, Satiren und Epoden auch die Oden gelesen.[46] Im Herbst 1834 hat

---

44 Schulprogramm 1834, S. 34 f.; die von Friedrichsen benutzten Bücher sind: Samuel Christoph Schirlitz: Materialien zu lateinischen Stylübungen für mittlere und höhere Classen in Gelehrtenschulen. Mit grammatischen Nachweisen versehen. Frankfurt am Main 1831. – Wilhelm Ernst Weber: Uebungsschule für den lateinischen Styl in den obersten Classen der Gymnasien. Frankfurt am Main 1825; 2. vermehrte und verbesserte Aufl. 1834.

45 Georg Heinrich Kuhlmann unterrichtete von 1811 bis 1838 als Konrektor an der Husumer Gelehrtenschule; bei ihm erhielt Storm den meisten Lateinunterricht.

Storm einen Gedanken aus einer der Oden des Horaz nachgedichtet und in seine Sammlung eingetragen. Die Schüler lasen die Texte in lateinisch kommentierten Ausgaben, die ihnen ein komplexes Bild der antiken Politik und Kultur vermittelten. Die drei Bücher der „Carmina" des Horaz, die in den Jahren 33–23 vor Christi Geburt entstanden, gelten als seine bedeutendste dichterische Leistung. Sie handeln von unterschiedlichen Themen, von Freundschaft, Liebe, dem Leben und dem Staat. Das dritte Buch gehört zu den „Römeroden", in denen der Dichter zur römischen Jugend spricht und sie zu einem tugendhaften Leben ermahnt.

Der junge Storm paraphrasiert in seinem Vierzeiler „Den starken Mann" (vergl. S. 150) diese Verse in der Tradition der „Imitatio Horatiana", die in der anakreontischen Dichtung des 18. Jahrhunderts ihren Höhepunkt erreichte. Dichter wie Klopstock, Voss, Lessing, Herder, Ramler und andere haben sich an Nachdichtungen der Poesie des Horaz versucht und recht unterschiedliche Lösungen für die Übertragung in die anders akzentuierende deutsche Sprache gefunden. In der Gelehrtenschule wurde das Lesen und Übersetzen von klassischen Texten aus der griechischen und römischen Literatur nicht in schematischer Weise betrieben, sondern durch einen aus heutiger Sicht „modern" wirkenden produktiven Umgang mit der Literatur begleitet. Das Übersetzen wurde durch Gestaltungsaufgaben ergänzt, bei denen es darauf ankam, die sprachlichen Formen der Vorbilder in ein angemessenes Deutsch zu übertragen. Dies geschah in allen Gattungen der Literatur; die Schüler wurden angehalten, epische, lyrische und dramatische Texte zu übersetzen und nachzuahmen. Darüber hinaus waren Übungen zur Rhetorik selbstverständlicher Unterrichtsinhalt, wovon weiter unten

---

46 Die Schulprogramme der Jahre 1827 bis 1836 enthalten das Programm Kuhlmanns, der einen Großteil der Werke des Horaz in dreijährigem Turnus durchnahm. Storm übersetzte bei ihm im Schuljahr 1833/34 die „Episteln", für sein zweites Jahr in der Prima (für das Schuljahr 1834/35 ist kein Schulprogramm erhalten) wären nach Kuhlmanns Stoffplänen in den vorangegangenen Jahresberichten turnusgemäß die „Oden" an der Reihe gewesen, danach die „Epoden" und die „Sermonen".

die Rede sein wird. Rektor Friedrichsen schreibt über seinen Griechischunterricht in Prima[47]:

Von Sophokles Tragödien erklärte ich den letzten Act des Königs Oedipus und die Antigone. Obgleich sonst Sophokles derjenige von den griechischen Tragikern ist, der regelmäßig stehend bei uns gelesen wird, ließ ich doch dies Mal nach Beendigung der Antigone zur Abwechslung den Euripides eintreten. Erklärt wurden von seinen Phönizierinnen V. 1–509. Im Thucydides lasen wir vom 42ten Cap. des dritten Buches an bis zum 36sten des fünften Buches. Aus dem Griechischen ins Lateinische wurden übersetzt der Schluß von Plutarch's Leben des Agesilaus und Xenophon's Encomium auf den Agesilaus.

Später hat Storm sich darüber beklagt, dass er in der Husumer Gelehrtenschule nicht mit der zeitgenössischen Literatur bekannt gemacht worden sei; dennoch wurde den Schülern auch eine nationalliterarische Bildung vermittelt. In der Bibliothek der Schule haben sich einige Bände der Oktav-Ausgabe von Schillers Werken[48] sowie vier Supplement-Bände mit historischen Schriften erhalten. In den ersten beiden Bänden finden wir neben Gedichten auch Schillers Nachdichtungen antiker Epen. Die Bände 5 und 6 enthalten die Dramen „Don Karlos", „Wallenstein", in Band 9 sind „Macbeth", „Turandot" und „Phädra" versammelt. Während die Gedicht- und Dramenbände viele Namenseinträge aufweisen, haben sich nur wenige Schüler mit Schillers historischen Schriften beschäftigt.

In der Bibliothek standen außerdem aus der Reihe „Etui-Bibliothek der Deutschen Classiker" die Bände „Emilia Galotti", Trauerspiel von Gotthold Ephraim Lessing sowie Gedichte von Johann Gottfried Seume und von L. H. C. Hölty, alle Aachen 1817. Der schlechte Zustand der Bändchen und zahlreiche Namenseintragungen von Schülern zwischen 1828 und 1843 – es war üblich, dass die Schüler ihre Namen in entliehene Bücher eintrugen – belegen die rege Lektüre. Storms Name

47 Schulprogramm 1834, S, 35. Agesilaos, lat. Agesilaus war ein bedeutender spartanischer König (444–360/59 v. Chr.); der mit ihm befreundete Xenophon schildert ihn in seiner Schrift „Agesilaos" als Vorbild eines Herrschers.

48 Friedrich von Schillers sämmtliche Werke. Stuttgart 1822 ff. Vorhanden sind heute noch die Bände 1–3, 5, 9, 12–17. (Exemplare in der Bibliothek der Husumer Gelehrtenschule.)

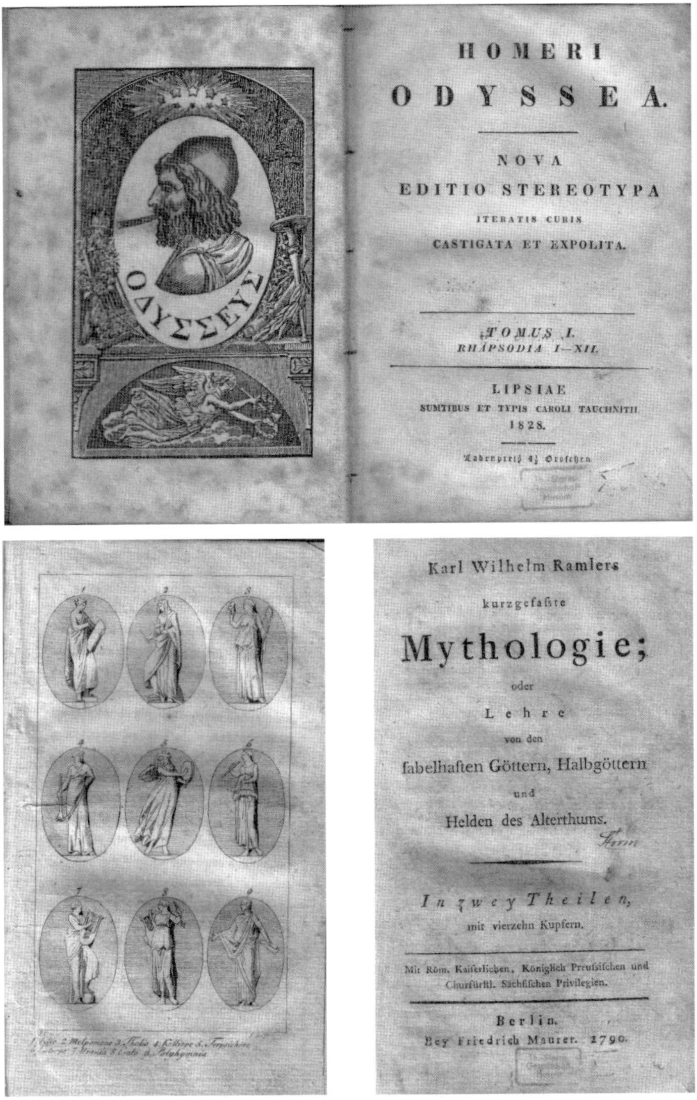

HOMERI
ODYSSEA.

NOVA
EDITIO STEREOTYPA
ITERATIS CURIS
CASTIGATA ET EXPOLITA.

TOMUS I.
RHAPSODIA I—XII.

LIPSIAE
SUMTIBUS ET TYPIS CAROLI TAUCHNITII
1828.

Ladenpreis 4½ Groschen.

Karl Wilhelm Ramlers
kurzgefaßte
Mythologie;
oder
Lehre
von den
fabelhaften Göttern, Halbgöttern
und
Helden des Alterthums.

In zwey Theilen,
mit vierzehn Kupfern.

Mit Röm. Kaiserlichen, Königlich Preußischen und Churfürstl. Sächsischen Privilegien.

Berlin,
Bey Friedrich Maurer. 1790.

Abb. 6
Homer: „Odyssee" und Ramler: „Griechische Mythologie".

findet sich in Bd. 5 von Gottfried August Bürgers „Sämtliche Werke in 6 Theilen“, Göttingen 1829.[49] Noch im Alter[50] erinnerte er sich an Bürgers „Lenore“[51] und an Wielands „Oberon“[52]. Storm selber hat diesen Befund in einer Handschrift seiner „Erinnerungen an Eduard Mörike“ bestätigt, als er im Jahre 1876 notierte (LL 4, S. 963 f):

> Auf der alten Husumer Gelehrtenschule lasen wir freilich unseren großen Schiller, dessen Dramen auf dem Heuboden und zwischen Dachwinkeln von mir verschlungen wurden; auch von Göthe kannten wir neben Herman u. Dorothea noch „Mahadö der Gott der Erde“ und andre einzelne Gedichte<;> sonst aber wußten wir wenig von deutschen Dichtern, [...].

Neben Werken aus dem Bereich der „Nationalliteratur“ konnten die Schüler aus der Bibliothek auch Werke anderer Wissensbereiche entleihen; Schwerpunkte des Schülerinteresses waren – wie die Nameneinträge aus der ersten Hälfte des 19. Jahrhunderts belegen – antike Texte, dänische Literatur des 18. Jahrhunderts sowie Geschichtsdarstellungen. Storm hat sich darüber hinaus mit Texten beschäftigt, die man heute in den Bereich der Volkskunde einordnen würde; so mit dem „Holsteinischen Idiotikon“ (vergl. den Kommentar zu „Etwas über die Süderstapler Marktnacht“). Diese Lektüre hat Storm nach seinem Studium fortgesetzt, als er 1843 in Husum eine Praxis als Rechtsanwalt

---

49 Der 5. Teil enthält Übersetzungen aus Ossian und Shakespeares „Macbeth“; in den übrigen Bänden finden wir die Namen seiner Mitschüler Klander, Koopmann und Setzer. (Exemplare in der Husumer Schulbibliothek.)

50 Theodor Storm: „Entwürfe einer Tischrede“ (1), in: LL 4, S. 488.

51 Die Schauerballade „Lenore“ ist in Bd. 1 von Bürgers Werken enthalten (S. 59–72).

52 C. M. Wielands sämmtliche Werke. Hg. von F. G. Gruber. 49 Bde, Leipzig 1824 ff. „Oberon. Ein romantisches Heldengedicht in zwölf Gesängen“ ist in zwei Teilen in den Bänden 23 und 24 (1825) enthalten. (Exemplare in der Husumer Schulbibliothek.) Wielands umfangreichste Verserzählung entfaltet eine romantische Welt von Kaiser, Rittern und Feen, eine Welt des farbkräftig Wunderbaren zwischen dem mittelalterlichen Abendland und dem Orient. Stoffliche und formale Anregungen flossen aus dem spätgriechischen Abenteuer- und Liebesroman, dem Epos des Vergil, dem mittelalterlichen französischen Heldenroman, dem er die Geschichte des Hüon von Bordeaux entnahm, der englischen Literatur (Chaucer, Shakespeare) und vor allem aus dem italienischen humoristisch-fabulösen Renaissanceepos von Ariost zusammen, der zugleich das Vorbild für das Versmaß, die kunstvollen, in der deutschen Sprache wegen ihrer melodiösen Reime besonders schwierigen Stanzen war. (Wilpert)

aufbaute, sich mit der Sammlung von Sagen, Märchen, Liedern und Versen aus Schleswig-Holstein beschäftigte und dafür erneut die Bibliothek der Gelehrtenschule benutzte.

Bereits als Schüler sammelte er Bücher und begann damit, eine eigene Bibliothek zusammenzustellen. Dort hat sich ein Werk erhalten, aus dem er Anregungen für weitere Gedichte entnommen hat, die „Mythologie" von Karl Wilhelm Ramler.[53] Mehrere dieser Gedichte hat er während seiner Husumer Schulzeit in seine Sammelhandschrift „Meine Gedichte" eingetragen.[54]

Mit einem seiner frühen Gedichte, das „An Klander" (vergl. S. 153 f.) überschrieben ist, reagierte Storm auf einen Brief von seinem Schulfreund Christian Albrecht Klander[55], der die Husumer Gelehrtenschule bereits im Frühjahr 1834 verlassen hatte und nun in Altona das Christianeum besuchte, und der in seinem Gedicht den Hexameter der Homerschen Verse nachgeahmt hatte. Im Altonaer Christianeum wurden – wie in allen Gelehrtenschulen – Homers Epen in der Originalsprache gelesen. In Storms Bibliothek hat sich eine Ausgabe der „Odyssee" erhalten, die sein Freund wohl bis 1834 benutzt hat. Storm besaß aber auch die Versübertragungen von Ilias und Odyssee von Johann Heinrich Voss (vergl. den Kommentar zu „An Klander"). Der Griechischunterricht wurde an der Husumer Gelehrtenschule in Prima vom Rektor Friedrichsen sowie vom Konrektor Kuhlmann erteilt. Zur seiner Methode schreibt Kuhlmann[56]: „Auch wurden in einer besonde-

53 Karl Wilhelm Ramlers kurzgefasste Mythologie; oder Lehre von den fabelhaften Göttern, Halbgöttern und Helden des Alterthums. In zwey Theilen, Berlin 1790. Der Namenseintrag „Storm" auf den Titelblättern ist nur für diese Zeit bezeugt; später brachte er seine Besitzervermerke immer auf dem Vorsatzpapier an. (Exemplar in Storms Bibliothek im Storm-Archiv Husum.)

54 Darunter „Elegie"; vergl. LL 1, S. 153; in „Meine Gedichte" 1836 auf S. 30 f. eingetragen; vergl. weiter unten.

55 Christian Albrecht Klander (1817–1874) stammt aus Husum; sein Vater war Gerber; die Husumer Gelehrtenschule besuchte er von Michaelis 1826 bis Ostern 1834, danach das Christianeum in Altona; seit Herbst 1835 studierte er in Kiel, gehörte dort zur „Clique" um Storm und Mommsen und wurde anschließend Lehrer an der Gelehrtenschule Plön (1841–1874). Diese Korrespondenz aus der Schulzeit ist nicht erhalten.

56 Schulprogramm 1833, S. 29.

ren Stundenfolge die Hauptregeln der griechischen Prosodien, in Rücksicht auf den Homerischen Vers, vorgetragen." „Prosodie" bedeutet die Lehre vom Akzent und den Silbenquantitäten; sowohl im Griechisch- wie im Lateinunterricht wurde zu Storms Zeiten nicht nur übersetzt, sondern es wurden Stilübungen aufgegeben, bei denen die Metrik in den Originalsprachen analysiert und nachgeahmt werden musste. Diese Methode wurde sowohl im altsprachlichen als auch im muttersprachlichen Unterricht angewendet, wie die entsprechenden didaktischen Werke in der Husumer Schulbibliothek belegen.[57]

Dieser Unterricht hat Spuren in dem Gedicht „Elegie" (vergl. S. 162) hinterlassen, für das Storm die klassische Form einer aus Distichen (Hexametern und Pentametern) gebildeten Elegie wählte. In ihr verbindet sich die metrische Form mit dem Ton der Trauer und Klage, der durch einen feierlichen Klang und die Hoffnung auf die Wiederkehr des Goldenen Zeitalters aufgehellt wird. Den Stoff für sein Gedicht fand Storm in Ramlers zweibändiger Mythologie, die er schon als Schüler besessen hat. Aus diesem Material formt der junge Poet eine Dichterklage, die deutlich in der Tradition der Klassik verwurzelt ist.

Storm hat erst zwanzig Jahre später (seit 1854) eine eigene Lyriktheorie entwickelt, in der er die für ihn bedeutsamen Gedichte explizit von der „Phrase" abgrenzte, und damit auf ein Verfahren hinwies, durch das er bereits kurz nach seiner Schulzeit das dort eingeübte Regelsystem der Rhetorik überwand.[58] Damals hatte er gelernt, dass bei jedem gesprochenen oder geschriebenen Text zwischen „res" und „verba" unterschieden werden muss, also zwischen der sachlichen Grund-

57 Ein Beispiel für den Lateinunterricht: Georg Friedrich Grotefend's größere lateinische Grammatik für Schulen, [...]. Zweiter Band, welcher die Verslehre und Orthographie nebst Anhange enthält. Vierte vermehrte und verbesserte Auflage. Frankfurt am Main 1824. (Exemplar in der Bibliothek der Husumer Gelehrtenschule.) Grotefend erläutert in drei Abschnitten ausführlich die Grundlehren der Prosodik, der Rhythmik und der Metrik an Beispielen aus der römischen Literatur.

58 Vergl. Boy Hinrichs: Zur Lyrik-Konzeption Theodor Storms. Emanzipation von der rhetorischen Phrase und intertextueller Dialog. In: Stormlektüren. Festschrift für Karl Ernst Laage zum 80. Geburtstag. Hg. von Gerd Eversberg, David Jackson und Eckart Pastor. Würzburg 2000, S. 281–299.

lage z.B. einer Rede und deren gedanklichen Aufarbeitung sowie ihrer sprachlichen Ausgestaltung. Der erste Schritt bedeute eine „inventio", nämlich das Finden eines Motivs, der zweite die „persuasio", also die effektive Darlegung des Themas. Der Kunst wurde immer eine besondere Funktion zugeordnet; im Dichter sah man eine Mittlerinstanz zwischen dem Ideal, das die Kunst als etwas Göttliches darzustellen hatte, und dem Leben, das sich als profan erweist.

Bis in die Zeit der Aufklärung hinein wurde dieser Gedanke durch die vereinfachte Formel aus der „ Ars poetica" des Horaz ausgedrückt, nach der das Ziel der Dichtung sei, zu „nützen" und zu „erfreuen": „aut prodesse volunt aut delectare poetae / aut simul et iucunda et idonea dicere vitae" („Entweder nützen oder erfreuen wollen die Dichter oder zugleich sagen, was erfreut und was nützlich fürs Leben ist"). Storms „Elegie" ist ein Gedicht über die Lyrik, enthält also eine poetologische Reflexion; es ist ein Dichtergedicht[59], in dem der Autor zunächst den griechischen Dichter Hesiod auftreten lässt und schließlich sich selbst in der Gestalt des lyrischen Ichs, das im Gedicht spricht, mit jenem vergleicht. Es steht in der Sammelhandschrift zwischen anderen Gedichten, die vom Unterricht in den klassischen Fächern angeregt wurden. Zwar wird in den Schulprogrammen der Husumer Gelehrtenschule Hesiods „Theogonie" nicht ausdrücklich als Lektüre aufgelistet, es hat sich aber in der Schulbibliothek ein Band erhalten, in dem die Schülereinträge aus den Jahren 1824 bis 1840 den Gebrauch für Unterrichtszwecke belegen (vergl. den Kommenar zu „Elegie"). Storm muss diese Dichtung gekannt haben, denn erst vor dem Hintergrund dieser poetologischen Überlegungen kann seine Dichterklage verstanden werden.

---

59 Storm hat diese Art von Gedichten auch später geschrieben; zwei gegen Geibels Lyrik gerichtete Texte sind sein „Oktoberlied" (vergl. Rolf Selbmann: Vergoldeter Herbst. Storms „Oktoberlied", Emanuel Geibel und der Realismus in der Lyrik. In: Schriften der Theodor-Storm-Gesellschaft 45 (1996), S. 117–126 und „Lyrische Form" (vergl. den Kommentar von Dieter Lohmeier in LL 1, S. 871–873 sowie Sandra Pott: Poetologische Reflexion. Lyrik als Gattung in poetologischer Lyrik, Poetik und Ästhetik des 19. Jahrhunderts. In: Steffen Martus, Stefan Scherer und Claudia Stockinger [Hg.]: Lyrik im 19. Jahrhundert. Gattungspoetik als Reflexionsmedium der Kultur. Bern 2005, S. 31–59; hier S. 52 f.).

Dass Hesiods Epos tatsächlich ein Subtext dieses Gedichts ist, lässt die Analyse des Textes erkennen.

Hesiods um 700 v. Chr. entstandene „Theogonie“ gilt nicht nur als das bedeutendste frühe Epos der griechischen Kultur nach Homer, sondern wird auch als erstes philosophisches Werk beschrieben, in dem nach der Wahrheit, dem Ursprung und dem Ganzen gefragt wird. In einem Proömium legitimiert Hesiod sein Dichtertum als Sendung durch die Musen. Im Anschluss daran lässt er sie von der Entstehung der Welt aus dem Chaos erzählen und berichtet von Göttergenealogien in der Abfolge von drei Dynastien (Sukzessionsmythos), deren letzte durch die sinnvolle Ordnung des Zeus bestimmt wird. Die „Dichterweihe Hesiods“ wird als göttliche Offenbarung dargestellt, in der ihm die Musen leibhaftig begegnen. Die Vornehmste von ihnen ist Kalliópe, die ihm im Bunde mit den Schwestern den Rhapsodenstab als Standeszeichen des wandernden Sängers übergibt (V. 25–30). Er trägt „den sprossenden Zweig eines Lorbeers“ (V. 30), der als Zeichen zu Apollon gehört und dessen Fähigkeit des Vorhersehens symbolisiert. So wie der König sein Zepter als Zeichen gottgegebener Vollmacht trägt, so wird der Dichter zum Verkünder des göttlichen Wissens. Auf diese Offenbarung spielt Storm in den letzten beiden Zeilen seines Gedichts an, in denen das lyrische Ich sich bei einem Freund darüber beklagt, dass im Dichterhain zwar Lorbeer genug sprieße, man aber kein gebrochenes Reis finden könne. Das „gebrochene Reis“ des Lorbeerbaums entspricht Hesiods „sprossendem Zweig“ und damit dem Rhapsodenstab als Zepter des Dichters. Dem zeitgenössischen Poeten wird also, so die Botschaft in Storms Gedicht, kein Zeichen und damit auch kein göttlicher Auftrag mehr verliehen. Diese Zeilen lassen sich auch so lesen, dass der junge Theodor Storm über die mangelnde Anerkennung seiner Poesie klagt, wo er doch weiß, dass seit der Renaissancezeit der Dichter als poeta laureatus, zu dem auch er sich stilisiert, mit einem Lorbeerkranz geehrt wurde. Diese Auszeichnung vor den Menschen verweist symbolisch auf den ursprünglichen mythischen Auftrag des Künstlers, der durch die Musen allegorisch veranschaulicht wurde.

Bei Hesiod heißt es über die Wirkung der Musen auf den Menschen:

> Und glücklich ist der, den die Musen
> lieben: denn süß entströmt aus seinem Munde die Stimme.
> Wenn auch ein Mensch mit Schmerz in frisch verwundetem Herzen
> tief in der Seele vor Kummer dürstet, aber ein Sänger,
> Diener der Musen, die ruhmreichen Taten früherer Menschen
> und des Olymps Bewohner besingt, die seligen Götter,
> dann vergißt er sofort sein Leid und gedenkt seines Kummers
> nimmer; der Göttinnen Gabe bewirkte so rasch diesen Wandel.[60]

In der Zeit der so genannten Weimarer Klassik wurde diese antike Vorstellung durch das Konzept der ästhetischen Autonomie ersetzt, das eine strenge Trennung von Kunst und Wirklichkeit fordert und alle zweckgerichteten Bestimmungen der Kunst ablehnt, ohne damit allerdings auf Wirkung zu verzichten. Diese Ideen wird sich Storm in den nächsten Jahren zu Eigen machen und ihnen bis ins Alter verpflichtet bleiben.

Storm wendet den emphatisch gefeierten Auftrag der Musen in sein Gegenteil, indem er Kalliópe sich vom Dichter abwenden lässt, so dass dieser klagen muss: „Wehe, den Sterblichen ist keine der Himmlischen hold". Er verabschiedet sich damit von der Vorstellung, dass lyrische Dichtung göttlichen Ursprungs sei und vollzieht programmatisch eine Hinwendung zur Subjektivierung des Lyrischen. Genau diese Akzentuierung der Lyrik wird Storm ein halbes Jahr später in Lübeck bei seiner Lektüre von Heines „Buch der Lieder" wieder finden.

Storms letztes in Husum entstandenes Gedicht weist also darauf hin, dass die hohe Form der Dichtung, wie sie aus der Antike bis in die Zeit des späten 18. Jahrhunderts hinein etwa bei Klopstock und Voss, aber auch in seinen eigenen Versuchen der „imitatio" antiker Formen noch einmal aufgegriffen wurde, nun nicht mehr trägt. Dieser Teil seiner Jugendlyrik besteht bloß aus der Nachahmung von vorgegebenen Mustern und lässt jede individuelle Eigenständigkeit vermissen. Später wird sich seine Lyrik völlig von solchen epigonalen Themen und Formen lösen und einem eigenen Konzept folgen, dem Idealtypus des rein

60 Hesiod: Werke in einem Band. Aus dem Griechischen von Luise und Klaus Hallof. Berlin, Weimar 1994. (Bibliothek der Antike) V. 96–103.

lyrischen Gedichts, das phrasenhaft-rhetorische Reflexionen vermeidet und ohne didaktischen Anspruch auf die Unmittelbarkeit sensueller Präsenz setzt.[61]

Erste Veröffentlichungen

> Um Ihnen eine Probe hiesiger d.h. der nordschleswigschen Wochenblattspoesie, zu der auch einige Primaner ihren Mist geben, zu liefern, will ich nur den Titel eines langen Gedichts aus dem Eiderstedter Boten anführen „An Laura (Stern im Dunkel)“. Das übrige war sehr gefühlvoll.
>
> *Storm an Mommsen, Brief vom 9. Januar 1843.*[62]

Als Storm diese vernichtende Kritik gegenüber Theodor Mommsen äußerte, seinem Freund und Mentor in künstlerischen Fragen, hätte er sich noch daran erinnern müssen, dass er nur achteinhalb Jahre zuvor selber einen Beitrag zur Wochenblattpoesie geliefert hatte. Am 27. Juli 1834 erschien im Husumer Wochenblatt sein Gedicht „Sängers Abendlied“ (vergl. S. 151), bei dem es sich nach dem heutigen Stand der Forschung um das erste gedruckte Gedicht Storms handelt. Storm war sechzehn Jahre alt und kannte sich in der Wochenblattpoesie bestens aus. Regelmäßig brachte der Buchdrucker Heinrich August Meyler, dessen Sohn ein Schulkamerad Storms war, in seinem „Königlich privilegirten Wochenblatt“ neben aktuellen Informationen aus aller Welt, historischen Aufsätzen und mancherlei Unterhaltendem auch lyrische Beiträge. Meyler besaß seit 1811 ein Druckerei-Privileg und gab das „Husumer Wochenblatt“ von 1813 an heraus; die regionalen Wochenblätter waren in der Regel auf einem Bogen gedruckt, hatten einen Umfang von 8 Seiten und enthielten neben amtlichen Bekanntgaben vor allem Kleinanzeigen der regionalen Wirtschaft. Die regelmäßigen ly-

---

61 Boy Hinrichs (wie Anm. 58), S. 299. Vgl. auch Heinrich Detering: „Der letzte Lyriker“. Erlebnis und Gedicht – zum Wandel einer poetologischen Kategorie bei Storm. In: STSG 53 (2004), S. 25–41.

62 Theodor Storms Briefwechsel mit Theodor Mommsen, hg. von Hans-Erich Teitge. Weimar 1966.

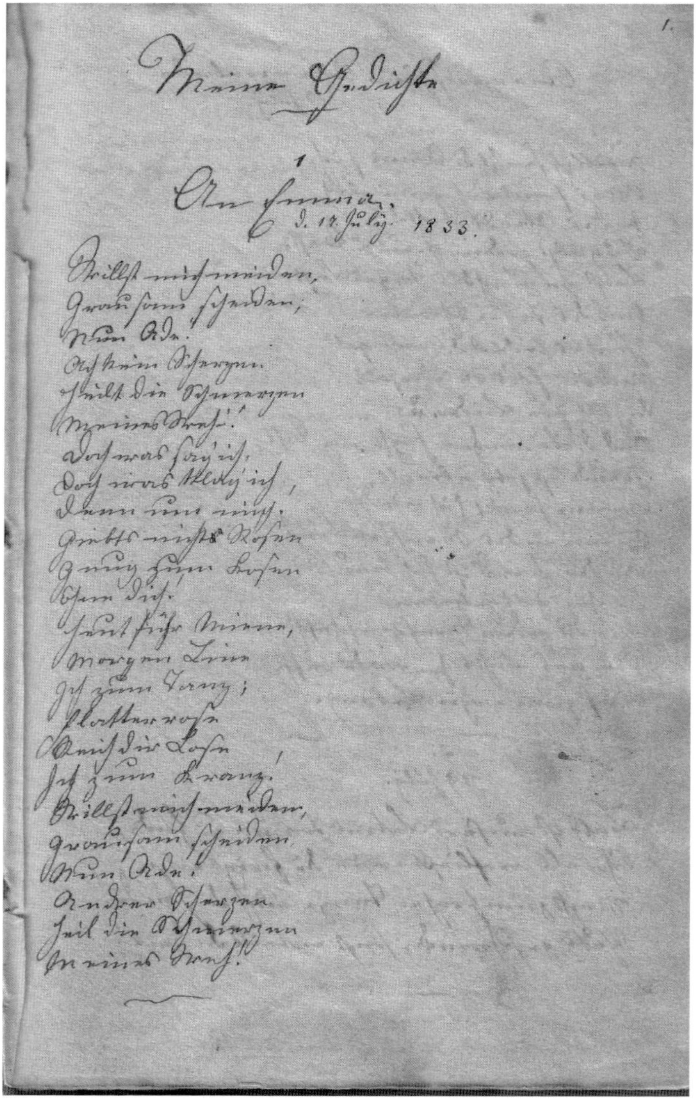

Abb. 7
Storms erstes erhaltenes Gedicht „An Emma".

rischen Beigaben setzten eine populäre Dichtungstradition des 18. Jahrhunderts fort und stehen mit ihren Themen wie Liebe, Geselligkeit, Wein, Gesang und Tanz größtenteils in der Nachfolge der Anakreontik. Sie verweisen auf ein sorgenfreies Leben, lassen allerdings auch einen eher scherzhaften Gedanken an den Tod zu. Auch Scherzgedichte und allerlei Rätsel stehen noch hoch in der Gunst der Leser; manche der Gedichte enthalten ritualisierte Anspielungen auf nur Eingeweihten bekannte Persönlichkeiten, ohne aber wirklich individualisierte Empfindungen zum Ausdruck zu bringen. Ihre Funktion besteht allein in der Beschwörung eines längst im Niedergang befindlichen Geselligkeitskultes.

Storm veröffentlichte dieses und weitere Gedichte mit dem Kürzel „St", wohl weil sein Vater regelmäßig Anzeigen schaltete, die im Zusammenhang mit seiner Tätigkeit als Advocat standen, und sein noch nicht erwachsener Sohn als Poet die Anonymität zu wahren hatte. Als Muster dienten ihm Gedichte von Christian Ulrich Beccau (1809–1867), einem jungen Advokaten in Husum, ebenfalls ein Schüler der Gelehrtenschule, mit dem er später Freundschaft schloss. Beccaus Gedichte erschienen regelmäßig im Wochenblatt und wurden 1836 von Meyler als Buch zusammengefasst.[63] Der Band enthält 105 meist längere Texte in konventioneller Manier zu den Themen Liebe, Lust und Leid, Abschied und Tod sowie einige Balladen. Beccau variiert formal durchaus gekonnt die populären Muster der Lyrik des Rokoko in oft scherzhafter Form mit immer denselben Bildern von Rosen, Täubchen, Sängern und Gräbern. Im Unterschied dazu hat Storm bei seinen nachahmenden Versuchen jeweils nur wenige Varianten einzelner Gedichttypen produziert, eine Zurückhaltung, die ihn auch später vor Serienproduktionen bewahrte. Es gab auch andere Vorbilder für den jungen Dichter, so den Heider Schulmeister H. J. Jacobsen, dessen 1828 in Altona gedruckte „Poesien" Storm 1834 aus der Husumer Schulbibliothek entlieh, wie der Eintrag seines Namens belegt. Das Buch enthält neben einem Trauerspiel aus der Zeit der französischen Revolution und

63 Christian Ulrich Beccau: Gedichte. Husum 1836.

einer historischen Skizze über Johannes Huß mehr als zwanzig zumeist lehrhafte Gedichte; den Band beschließen neun Rätselgedichte (Homonyme, Palindrome und Scharaden), also genau die Textsorte, an der sich Storm zu dieser Zeit erprobte.

Der junge Storm verehrte besonders Henriette Freese (1801–1855), eine mit der Hamburger Schriftstellerin Amalie Schoppe befreundete Dichterin, die ihre Poesie vor allem in Schleswig-Holsteinischen Wochenblättern veröffentlichte. Von ihr sind während der Schulzeit Storms in den Jahrgängen des „Husumer Wochenblatts" eine Reihe von Texten verschiedenster Gattungen erschienen; sie tragen Titel wie „Blumen auf Louisens Gruft" „An M. N..... H.........." oder „Der Komet". Ihr widmete Storm ein mit „An Henriette Freese" überschriebenes Gedicht (vergl. S. 142), das allerdings nicht zum Druck kam. In ihm übersandte der Jüngling seiner verehrten Meisterin symbolisch einen Lorbeerzweig, um die „Dichterin, berühmt in Deutschlands Gauen" damit zu bekränzen. Von Henriette Freese druckte Meyler regelmäßig Rätselgedichte ab, die Storm ebenfalls nachahmte.

Schon im nächsten Jahrgang des Blattes (1835) finden sich zwei dieser Rätselgedichte Storms, und zwar Scharaden, also Silbenrätsel, bei dem das zu erratende Wort in mehrere, für sich selbständige sinnvolle Silben zerlegt wird, deren Sinn wie auch den des Ganzen der Text durch Umschreibung andeutet. Die erste der beiden Scharaden „Bald wird die Ruh' der Ersten Drei entschwinden" (vergl. S. 153) im „Husumer Wochenblatt" vom 22. Februar 1835 hat die Lösung „Gewissensbiß"; sie ist mit dem Kürzel „St-" gezeichnet. Die zweite Scharade vom 26. Juli desselben Jahres ist „An Auguste" adressiert und mit „Theodor" unterschrieben. Die Lösung wird eine Woche später veröffentlicht: „Herzhaft." Es war damals üblich, derartige spielerische Tändeleien mit den Vornamen der beteiligten Personen zu zeichnen, um eine gewisse Pikanterie im Freundes- und Bekanntenkreis zu erzeugen. Wer mit „Auguste" gemeint war, wussten nur Eingeweihte. Vermutlich handelte es sich um Auguste von Krogh, die Tochter des Husumer Amtmanns, zu deren Familie die Storms eine sehr herzliche Beziehung hatten. Zu Auguste muss der junge Storm eine tiefe Zuneigung empfunden haben. Ob Storm sich später, als er 1870 seine autobiographische Skizze „Der

Amtschirurgus – Heimkehr“ für die „Zerstreuten Kapitel“ konzipierte, an diese Auguste erinnert hat, muss Vermutung bleiben, jedenfalls gedachte er einer jungen Dame anlässlich seines Auftritts als Redner bei den Schulfeierlichkeiten im Husumer Rathaus: „unter den Zuhörerinnen hatte ich ein Paar wohlbekannte vergißmeinnichtblaue Augen entdeckt, die mit dem Ausdruck zarter Fürsorge auf mich gerichtet waren.“ Neun Jahre später, am 5. Mai 1844, heiratete „Guste“, wie sie im Freundeskreis genannt wurde, den zweiten Stadtsekretär von Altona, Johann Christian Hilmers. Anlässlich dieser Hochzeit widmete Storm ihr das Gedicht „An Auguste von Krogh“, in dem es heißt[64]:

So löst du denn, was früher du verbunden,
Und schließt auf's Neu den innigsten Verein –
Nimm dies zum Abschied: alle guten Stunden,
Die ich dir danke, sollen mit dir sein!
Doch darfst du nicht so leicht von hinnen gehen,
So leicht erwerben nicht dein neues Glück;
Den Himmel mußt du erst durch Tränen sehen;
Denn viele Liebe läßt du hier zurück.

Allerdings war Auguste von Krogh sechs Jahre älter als Storm und wird die Zuneigung des siebzehnjährigen Primaners kaum erwidert haben. Denkbar als Adressantin ist auch Auguste Hedwig Rehder, die Tochter des Kaufmanns, Ratsherren und Abgeordneten der Schleswigschen Ständeversammlung Peter Heinrich Rehder. Auch dieses Mädchen gehörte zu seinem Bekanntenkreis, ihr Vater war mit Storms Vater befreundet und ihr Bruder Franz Heinrich Simon (1821–1908) besuchte die Husumer Gelehrtenschule. Wahrscheinlich kann aber mit der öffentlichen Ansprache im Wochenblatt nur eine reife Frau gemeint sein.

Storm schrieb eine Reihe weiterer Liebesgedichte, darunter mehrere, die vielleicht fiktiven, vielleicht auch wirklichen Geliebten gewidmet waren. Dass der junge Dichter zu diesem Zeitpunkt bereits versucht, seine Verliebtheit in konventionellen literarischen Gesell-

64 LL 1, S. 236.

schaftsspielen zu überhöhen, zeigen einige weitere Spuren im Husumer Wochenblatt. Im „Briefkasten", einer das Heft mit dem Impressum abschließenden Spalte mit oft nur für den entsprechenden Einsender von Gedichten und Erzählungen verständlichen Nachrichten, findet sich am 3. Mai 1835 folgender Hinweis: „‚Der Entfernten' soll nächstens das volle Herz des Sängers zu Füßen gelegt werden." Das Gedicht selber hat der Buchdrucker Heinrich August Meyler aber erst im November 1836 veröffentlicht (vergl. S. 160), als Storm bereits das Katharineum in Lübeck besuchte.

Joachim Rohweder, Oberlehrer am nun „Königlichen Gymnasium zu Husum" und mit Theodor Storm befreundet, schreibt in seiner Skizze „Aus der Jugendzeit Theodor Storms"[65]: „Dazumal wenigstens glaubte man z.B. durch Aussetzung der Schulstunden den Schülern die Gelegenheit bieten zu müssen, an Volksfesten, Aufzügen, Jahrmärkten usw. sich beteiligen zu können." Storm und seine Freunde müssen diese Unterhaltungsmöglichkeiten genutzt haben, denn am 30. April 1835 konnten die Abonnenten des in Friedrichstadt erscheinenden „Ditmarser und Eiderstedter Boten" eine Schilderung des Jahrmarkts in Süderstapel lesen, ohne dass sie wussten, dass es sich dabei um eine Arbeit des späteren Dichters Theodor Storm handelt („Etwas über die Süderstapler Marktnacht vom 22. April d. J.", vergl. S. 133 ff.). Von dieser Schilderung hat sich ein gewisser Peter Meyer beleidigt gefühlt, denn nur vierzehn Tage später veröffentlichte das Blatt unter der Überschrift „Expectorationen" einige „Herzensergießungen", in denen Meyer durch sein witziges Wortspiel mit dem „Sturm" unmissverständlich auf den Urheber verweist.

Überraschend an Storms Text ist die Frische der Schilderung und die sprachliche Qualität. Es gelingt dem Verfasser, das bunte Treiben des ländlichen Frühjahrsmarktes mit wenigen Sätzen anschaulich zu

65 Joachim Rohweder: Aus der Jugendzeit Theodor Storms. In der Gelehrtenschule. In: Schleswig-holsteinische Zeitschrift für Kunst und Literatur 1.1906, H. 18, S. 530–538; S. 535. Das „Regulativ für die Gelehrtenschule der Stadt Husum" von 1827 bestimmt unter anderem folgende Ferienzeit: „die Tage des Michaelis-Krammarktes". (Hermann-Tast-Schule Husum, Schularchiv.)

skizzieren und die besondere Situation des Abends mit dem Höhepunkt der pikanten Tänze eindringlich wiederzugeben. Dabei setzt er seine Mittel mit erstaunlicher Sicherheit ein und führt den Leser mitten in das volle Menschenleben hinein; in einem schnellen Blick über den Markttag, der gerade zu Ende geht, wird Wesentliches angedeutet, der Viehmarkt, der Krammarkt sowie das unterhaltende Element der Gaukler und Künstler, um dann das Treiben in einem der vielen Wirtshäuser zu skizzieren. Auch hier folgt einer knappen Situationsschilderung die konzentrierte Andeutung des eigentlich Interessanten, des „Weinens", eines Brauchs, den die jungen Männer aus der Stadt weidlich für ihre Unterhaltung nutzen, bis vier Uhr, wie es im Text heißt. Storm schließt diese Dokumentation des ländlichen Brauchtums mit Überlegungen zur Friedfertigkeit der Dorfbewohner sowie mit einer kulturhistorischen Anmerkung und empfiehlt sich seinen Lesern als Kenner der regionalen Kulturgeschichte. Wüsste er nichts über das Alter des Verfassers, würde der Leser ihn für bedeutend reifer halten, als er dies bei einem 17-jährigen Gymnasiasten vermuten könnte; einige Elemente der Schilderung, so auch der unvermittelte Gebrauch der wörtlichen Rede, verweisen auf stilistische Mittel, die der Erzähler Storm erst mehr als ein Jahrzehnt nach diesen Ereignissen entfalten wird. Gelernt hat er das Schreiben im Unterricht an der Husumer Gelehrtenschule. Im Deutschunterricht wurde, wie die Schulprogramme ausweisen, nach Johann Christoph August Heyses deutscher Schulgrammatik gearbeitet; es enthält ein Kapitel „Satzgefüge und Satzfolge", in dem vielfältige Hinweise auf die Gestaltung von Reden und schriftlichen Ausarbeitungen gegeben werden.[66] Neben den Arten der Satzgefüge wird ihre rhetorisch geschickte Verknüpfung zu Satzperioden gelehrt und durch Musterbeispiele veranschaulicht. Dabei legt der Verfasser großen Wert auf rhetorische Vollendung und rhythmische Gliederung der Konstruktionen. Eine Satzperiode, deren Teile einan-

66 Johann Christoph August Heyse's deutsche Schulgrammatik oder kurzgefasstes Lehrbuch der deutschen Sprache mit Beispielen und Übungsaufgaben. Seit 1828 neu bearbeitet von dem in Kiel lehrenden Sohn des Verfassers K. W. L. Heyse. (Exemplar in der Bibliothek der Husumer Gelehrtenschule.)

der grammatisch, logisch und rhythmisch wie die Glieder eines Organismus bedingen, ist nach Heyse die sprachliche Voraussetzung der Dichtung. Sie überzeugt nur dann, wenn ein Gedanke sie fest umspannt und wenn die Neben- und Unterordnungen ein zuverlässiges Abbild der durchdachten und in sich geordneten Ausschnitte aus einer geistigen Welt entwerfen. Alle in der Schule nach Dispositionen ausgeführten Aufsätze wurden nach diesen Mustern angelegt; dabei galt es, vom Lehrer gewählte Themen zu erörtern. So ist es durchaus wahrscheinlich, dass wir Storms erste Prosa-Veröffentlichung einem Schulaufsatz verdanken.

Die geharnischte Standpauke Meyers mag wegen des unziemlichen Verhaltens des angetrunkenen Pennälerhaufens verdient sein, die Kritik wird allerdings der literarischen Arbeit des angegriffenen Verfassers nicht gerecht. Dieser beweist nämlich zum Schluss seines Artikels, dass er seine punktuellen Beobachtungen mit einer besonderen kulturhistorischen Betrachtung zu würzen in der Lage ist und sie darüber hinaus mit erstaunlichem handwerklichen Geschick zu einer über das einmalige Ereignis hinausweisenden Darstellung verdichten kann. Seiner Erwähnung der friedfertigen Bauern in jener Nacht fügt er nämlich eine Betrachtung über unrühmliche Bräuche der Landbevölkerung hinzu, die ihm aus vielerlei Erzählungen und vielleicht auch mittelbaren Erfahrungen vertraut gewesen sein müssen. Besonders zwischen den Dorfbewohnern nördlich und südlich der Eider führten Rivalitäten bis ins 20. Jahrhundert hinein häufig zu handfesten Auseinandersetzungen, die nicht selten in Messerstechereien ausarteten. Dass dies im 17. und 18. Jahrhundert weitaus schlimmere Ausmaße gehabt haben muss und sogar zu Fällen von Totschlag geführt hat, war ihm aus einer seiner damaligen Lektüren vertraut, die er für die zunächst haarsträubend anmutende Schlusspassage seines Artikels verwendete, in der er von einem seltsamen Totenbrauch berichtet. Er fand eine Beschreibung dieses Brauchs in Schützes Holsteinischem Idiotikon, das er auch später immer wieder als Quelle für kulturhistorische Fragen seiner Nordfriesischen Heimat benutzte, so bei der Sammlung von Sagen in den 1840er Jahren und bei der Niederschrift seiner letzten Novelle „Der Schimmelreiter“ 1888.

Bereits eine Woche nach der Veröffentlichung Storms wurde in der 19. Botenreise des „Ditmarser und Eiderstedter Boten" folgende Erklärung abgedruckt: „Die Redaction des Boten erklärt hiedurch auf Verlangen, daß der Aufsatz in der vorigen Reise: ‚Etwas über die Süderstapeler Marktnacht', nicht von dem Herrn Stuhr in Friedrichstadt stammt."[67] Daraus können wir schließen, dass die Familie Stuhr durch die anonyme Jahrmarkt-Schilderung einigermaßen beunruhig war, denn der „Ditmarser und Eiderstedter Bote" wurde in Friedrichstadt gedruckt und als einziges regionales Wochenblatt der Kleinstadt auch genau gelesen. Fritz war zwar erst 22 Jahre alt, aber er hatte nach dem frühen Tod seines Vaters gerade die Leitung der Firma seiner Familie übernommen, und die von Storm geschilderte Frivolität passte nicht ins Bild eines bürgerlichen Fabrikanten, dessen Vater öffentliche Ämter in der Stadt an der Treene bekleidet hatte.

Im „Husumer Wochenblatt" des Jahres 1834 sind zwei Jahrmarktsberichte enthalten, die wahrscheinlich ebenfalls von Theodor Storm stammen. Es handelt sich zunächst um die Beschreibung des Pfingstmarktes, der vom 25. Mai bis 1. Juni des Jahres stattfand und aus dessen Anlass eine Gesellschaft von Kunstreitern die Stadt an der Nordsee besuchte.[68] Der zweite Marktbericht betrifft den Michaelismarkt, der im selben Jahr in der letzten Septemberwoche veranstaltet wurde.[69] Beide Texte unterscheiden sich in Sprache und Art der Berichterstattung von den sonst im Wochenblatt enthaltenen Nachrichten über regionale Ereignisse. Die erste Darstellung ist nicht gezeichnet, die zweite mit einem Stern, dem die Redaktion eine Erläuterung nachgestellt hat, in der über das schleppende Geschäft geklagt wird. In den folgenden drei Jahrgängen des Wochenblatts (1835–1837) lassen sich keine vergleichbaren Texte finden; die Berichte über die Märkte der Jahre 1835 und 1836 enthalten nur noch knappe Angaben zu dem mäßigen Warenumschlag. Obwohl in den Folgejahren Menagerien und Jongleure auftraten und Panoramen sowie andere Attrak-

67 Ditmarser und Eiderstedter Bote Nr. 19 vom 7.5.1835, Sp. 308.
68 Husumer Wochenblatt Nr. 22 vom 1. Juni 1834, S. 178.
69 Husumer Wochenblatt Nr. 39 vom 28. September 1834, S. 319.

Königlich privilegirtes Wochenblatt.

Nr. 30. Husum, den 27. Juli. 1834.

Redigirt, gedruckt und verlegt von H. A. Meyler.

Sängers Abendlied.

Meiner Leyer frohe Töne schweigen
Bald in stille Todesnacht gehüllt;
Dort, wo sich die Zweige trauernd neigen,
Find ich Ruh'; mein Sehnen ist gestillt.

Wenn des Lebens zarte Fäden reissen,
Streut Cypressen auf des Sängers Grab,
Singt noch einmal mir die alten Weisen,
Senkt mir meine Leyer mit hinab.

Dort entfliehen eitle Erdensorgen,
Unsre Seele strebt dem Höhern nach. —
Sieh' es dämmert schon im Ost der Morgen,
Doch mein Morgen ist erst jenseit wach.

St —

Abb. 8
Titel des Husumer Königlich privilegirten Wochenblatts mit Storms erstem gedruckten Gedicht „Sängers Abendlied" vom 27.7.1834.

tionen gezeigt wurden, werden nur einige Schausteller kurz erwähnt; im Ganzen bleiben diese Texte deutlich hinter der lebendigen Schilderung aus dem Jahre 1834 zurück. Stilistisch ähneln die beiden Berichte Storms Skizze vom Süderstapeler Markttreiben; die Syntax zeigt genau jene Komplexität, wie sie als Satzperioden zu dieser Zeit im Unterricht der Gelehrtenschule geübt und als wesentlich für eine lebendige Schilderung angeregt wurde. Beide Texte lassen als Grundlage für ihren verschachtelten Aufbau Gliederungen für Dispositionen erahnen, nach denen Schüler der Gelehrtenschulen im Deutschunterricht Schilderungen, Erörterungen und andere Aufsatzformen anzufertigen lernten.

Pfingst- und Michaelismarkt waren Krammärkte, die sich von dem dreimal abgehaltenen Wochenmarkt (Dienstag, Donnerstag und Sonnabend), der vor allem im Angebot von Lebensmitteln (Butter, Eier, Käse, Gemüse, Geflügel sowie Brennmaterial) bestand, durch den größeren Umfang des zulässigen Verkehrs und durch das Angebot von Fabrikaten aller Art unterschieden. Sie wurden nicht nur von Husumer Kaufleuten beschickt, sondern auch von auswärtigen Händlern, wie aus den Anzeigen im „Husumer Wochenblatt" während der Wochen vor den Märkten hervorgeht. Neben „Manufactur-Waaren" werden „Modewaaren", „Damenhüte", „Gewürz- und Farbenwaaren" sowie „Bücher, Musikalien, Landcharten u.s.w." angeboten. Die auswärtigen Händler stellten ihre Waren vor allem in den Häusern der Krämerstraße aus; der Buchhändler Koch aus Schleswig baute seinen Stand in den Räumen der Gelehrtenschule auf, die für diesen Zeitraum Ferien hatte.[70] Darüber hinaus wurden Buden aufgeschlagen, in denen Waren aller Art angeboten wurden.

Die wesentliche Grundlage für die Entwicklung des Marktverkehrs war ein besonderer Friede und Rechtsschutz, der dem Markt und seinen Besuchern zuteil wurde. Die öffentliche Gewalt hatte durch Erlass öffentlicher Anordnungen für Sicherheit, Regelmäßigkeit usw. zu sorgen. Die erste Husumer Marktordnung stammt aus dem Jahre

70 Entsprechende Anzeigen im Wochenblatt vom 25. Mai und vom 21. September 1834.

Abb. 9
Der Marktplatz und die Großstraße in Husum
(oben nach Osten, unten nach Westen).

1493.[71] Sie regelt, wann und in welchem Umfang fremde Kaufleute ihre Waren den Kunden in der Stadt anbieten durften. In der Folgezeit wurden Regelungen für die Wochenmärkte und die beiden Krammärkte erlassen, die jeweils eine Woche dauerten. 1582 verordnete Herzog August von Gottorf eine Gerichts- und Polizeiordnung. Seit 1607 gab es zweimal jährlich spezielle Pferde- und Viehmärkte, die Anfang Januar und Ende August abgehalten wurden und jeweils drei Tage dauerten.

Für die Einhaltung der Vorschriften während des Husumer Wochenmarktes war bis ins Jahr 1826 der „Griper" zuständig, ein Polizeidiener, der dem Bürgermeister unterstellt war. Storm charakterisiert ihn in seinem Schwank „Der Griper und sein Herr" als untergeordneten Menschen, „dessen Hauptfunktion darin bestand, auf dem Wochenmarkte den Verkauf an Auswärtige bis zum Schlage Eilf zu verhindern und nötigenfalls die etwanigen Contravenienten der gerechten Strafe entgegenzuführen." [72]

Während der Jahrmärkte mussten die Bürger Husums selbst für Ruhe und Ordnung einstehen, da es keine Marktpolizei gab. Der Bürgermeister und Stadtsekretär Philipp Christian Lüders (1784–1836) veröffentlichte daher mit Datum vom 23. Mai 1834 folgenden öffentlichen Aufruf[73]:

Bürgermeister und Rath intimiren hiedurch, daß während des bevorstehenden Pfingstmarktes die Bürgerpatrouille auf eben dem Fuß wie früher geschehen, vom 25. Mai bis den 1. Juni d. J., beides inclusive, herumgehen und mit vigiliren [wachen] solle, daher Jeder, dem dazu die Ansage geschieht, eine taugliche Mannsperson unausbleiblich zu stellen hat; übrigens haben nach dem Concluso [Beschluss] vom 29. Septbr. 1775 diejenigen, welche ihre Knechte oder sonst Jemand an ihrer Stelle schicken, für deren untadelhafte Aufführung einzustehen; sie haften daher und werden angesehen für die Vergehungen ihrer Stellvertreter, jedoch mit Vorbehalt ihrer Entschädigungsansprüche gegen letztere. Die angesagten Bürger sowohl als deren Stellvertreter haben sich ohne erst das Zeichen durch die Trommel abzuwarten, Abends präcise 9 Uhr auf dem Rathause einzufinden.

---

71 Jürgen Dietrich: Wochenmarkt. 500 Jahre schriftliche Marktordnung für Husum. In: Schleswig-Holstein 1993, H. 11, S. 12–16.

72 LL 4, S. 278.

73 Husumer Wochenblatt vom 25. Mai 1834, S. 172. Storm hat Lüders in seiner autobiographischen Skizze „Aus der Jugendzeit" (geschrieben 1887) ein Denkmal gesetzt; „Der Bürgermeister Lüders" in LL 4, S. 431 f. Dort finden wir auch einen Hinweis auf den Pfingst- und Michaelismarkt, S. 434.

Wieso der Husumer Markt durch ein Trommelzeichen „eingeläutet" werden musste, erklärt Storm in seinen autobiographischen Notizen „Aus der Jugendzeit", in der er einige wunderliche Gestalten aus seiner Knabenzeit beschreibt (LL 4, S. 434 f.):

Da war ferner „Peter Runtum", der den Pfingst- und Michaelisjahrmarkt eintrommelte<,> und „Jochum Pingel", der mit der Glocke, die in einem niedrigen Balkengerüst bei dem St. Jürgensstift, dem sogenannten „Kloster" hing, „bingeln" mußte, wozu sonst die großen schönen Glocken unserer ersten und alten Kirche dienten. Aber diese Kirche war, angeblich wegen Baufälligkeit, im Jahre 1807 abgebrochen worden – „De Tönninger Torn is hoch un spitz, de Husumer Herrn hemm Verstand in de Mütz", reimte derzeit der Volkswitz – und die zwei größten der drei schönen Glocken, nach denen auch die Kopenhagener, glücklicherweise doch vergebens, die Hand ausstreckten, harrten in einem kleinen Holzverschlage an der Außenmauer des Schloßgartens der Zeit, bis sie nach Dezennien in dem abscheulichen Turm der abscheulichen neuen Kirche wieder aufgehangen wurden. Deshalb aber mußte Peter Runtum trommeln und der Andere die „Bingel" ziehen, d. h. die kleinste der drei alten Kirchenglocken, die solcherweise in Gebrauch genommen war.

„Jochum Pingel
Treckt de Bingel
För en Kringel
Un en Snaps!"

[…] Dauerhafter waren „Holten Fite", auch „Holten Kiwiet" genannt, und „Jür'n (Jürgen) Mehlbüdel". Beide sah man wesentlich auf dem großen Marktplatz, wenn, was dreimal in der Woche geschah, dort Wochenmarkt gehalten wurde, zwischen den Korn<-> oder Strohwagen der Bauern oder den Butter- und Käsekörben ihrer Weiber oder ihres Gesindes; zwischen den städtischen Kunden lief dann sicher „Jürn Mehlbüdel" mit seinem runden bleichen Kindergesicht und roten Haaren, mit krummen Knieen und seinem unermeßlich langen Hosenspiegel, die Hände in der Taschen in kleinem Hundetrab umher, um sich nach, Gott weiß, welchem Gewerblein umzusehen, während sein Kamerad, der ebenso schmächtige kleine „Holten Kiwiet", seinem Übernamen gemäß mehr auf einem Fleck blieb und nur den kleinen blatternarbigen Kopf nach irgend was Erwünschtem langsam hin und wider drehte; zumal, wenn aus irgendeiner Jungenskehle ein „Holten Kiwiet" ihm um die Ohren flog.

Im Bericht über den Michaelismarkt, der seinen Namen vom Tag des heiligen Michael (29. September) hat und Ende September oft im Zusammenhang mit Erntedank veranstaltet wurde, geht es um das Problem der Verkehrssicherheit bei solchen Veranstaltungen, während derer große Menschenmassen die Stadt besuchten.

Beide Texte zeigen, dass der Verfasser weniger an den wirtschaftlichen Ergebnissen der Veranstaltungen interessiert ist als vielmehr an den Ereignissen selber, die regelmäßig Abwechslung in das eintönige Leben der Kleinstadt brachten. Auch wenn Storm nicht Verfasser dieser Berichte war, so dürften sie ihm mit Sicherheit als Vorlagen und Anregungen gedient haben, als er im Frühjahr 1835 seine Schilderung von der Marktnacht in Süderstapel schrieb. Als kulturhistorische Dokumente verweisen sie auf eine mögliche Perspektive, die Storm bei seinen frühen Schreibversuchen hätte weiterverfolgen können, auf das journalistische Feld. Der junge Dichter hat sich aber auf die Lyrik konzentriert und erst 1848 während der militärischen Auseinandersetzungen zwischen Schleswig-Holstein und Dänemark als Korrespondent der von seinem Studienfreund Theodor Mommsen redigierten „Schleswig-Holsteinische(n) Zeitung" erneut über Ereignisse in Nordfriesland berichtet.

Poetische Erzähltexte sind aus der Husumer Schulzeit bisher nicht bekannt geworden; später hat Storm mehrfach auf die Bedeutung des mündlichen Erzählens für die Entstehung seiner Erzählkunst hingewiesen. Als Knabe besuchte er an Herbst- und Winterabenden gerne die Bäckerstochter Lena Wies, die ihm Geschichten erzählte, nachdem die entsprechende gemütliche Atmosphäre in ihrem bescheidenen Haus geschaffen wurde:[74]

> Und dann – ja, dann erzählte Lena Wies; und wie erzählte sie! – Plattdeutsch, in gedämpftem Ton, mit einer andachtsvollen Feierlichkeit; und mochte es nun die Sage von dem gespenstischen Schimmelreiter sein, der bei Sturmfluten Nachts auf den Deichen gesehen wird und, wenn ein Unglück bevorsteht, mit seiner Mähre sich in den Bruch hinabstürzt, oder mochte es ein eignes Erlebnis oder eine aus dem Wochenblatt oder sonstwie aufgelesene Geschichte sein, Alles erhielt in ihrem Munde sein eigentümliches Gepräge und stieg, wie aus geheimnisvoller Tiefe, leibhaftig vor den Hörern auf. [...] Später, als ich

---

74 In der kulturhistorischen Skizze „Zerstreute Kapitel" hat er im Jahre 1870 der Sophia Magdalena Jürgens oder Jürgensen (1797–1868), die in der Nachbarschaft seines Elternhauses wohnte und später den Brennerknecht Johann Wies heiratete, ein Denkmal gesetzt (LL 4, S. 175–185; hier S. 179 f.); der Hinweis auf die Sage vom Schimmelreiter beruht auf einer Vermutung Storms, die sich aber als falsch erwiesen hat. Die Hauptquelle für seine letzte große Novelle war ein Zeitschriftenartikel, den er erst 1838 gelesen hat.

selbst dergleichen Dinge ersann und niederschrieb, sandte ich ihr wohl das eine oder andere Buch; und sie hat dann lächelnd geäußert, das hätte ich von ihr gelernt.

Eine ganz ähnliche Atmosphäre schufen sich Storms Freunde bei den Hinterhäusern von Theodors Elternhaus in der Hohlen Gasse; der Dichter hat dies 1844 im Rahmen seiner Erzählung „Geschichten aus der Tonne" geschildert[75], zu einer Zeit, als er in Husum und Umgebung nach mündlich überlieferten Sagen und Spukgeschichten suchte und sich von einer ähnlichen Stimmung motivieren ließ:

An den kurzen Herbstabenden nämlich, wo uns für die ausgelassenen Spiele nach der Schulzeit gar bald das Licht ausging, pflegten wir uns auf den breiten Steinen einer Haustreppe zusammen zu finden, und nun hieß es: „Stücken vertellen." Hier war nun Claas Räuber wieder der beste und beliebteste Kamerad, denn sein Reichtum an allen möglichen Arten von Döntjes und Schnurren war unerschöpflich. Je heimlicher aber und verborgner wir unseren Märchensaal aufgeschlagen hatten, desto schöner hörten sich die Geschichten an, desto lebendiger traten all' die wunderlichen und süßen Gestalten, die verwünschten Prinzen und Prinzessinnen, Schneewittchen und die Frau Holle vor unsere Phantasie; ja ich erinnere mich, daß wir einmal bei einer solchen Gelegenheit ganz deutlich den Niß-Puck aus einer Dachöffnung in meines Vaters Scheune herausgucken sahen, und in Folge dessen einen zwar vergeblichen Feldzug durch die sämtlichen Böden gegen den Kobold unternahmen. Mich vorzüglich trieb jene Vorliebe für heimliche Erzählungsplätzchen zur Entdeckung immer neuer Schlupfwinkel. So hatte ich unter andern eine große leere Tonne dazu ausersehen, welche in einem Packhause unweit meines Vaters Schreibstube stand. In dieser Tonne hab' ich die schönsten Geschichten meines Lebens gehört. Sie war das Allerheiligste, das nur von mir und Claas bezogen wurde. Hier kauerten wir Abends, wenn ich aus den Privatstunden kam, zusammen, nahmen meine kleine Laterne, die wir zuvor mit einigen Lichtendchen versehen hatten, auf den Schoß und schoben, nachdem wir hineingeklettert waren, ein großes, auf der Tonne liegendes Brett von innen wieder über die Öffnung derselben, so daß wir wie in einem kleinen Stübchen zusammen saßen. Wenn nun die Leute Abends nach meines Vaters Schreibstube gingen und ein dumpfes Gemurmel aus der alten Tonne aufsteigen hörten und einzelne verlorene Lichtstrahlen daraus hervorschimmern sahen, so konnte der alte Schreiber nicht genug die wunderliche Ursache davon berichten.

Der biographische Wert dieser Schilderungen muss insofern relativiert werden, als es sich um eine Stilisierung handelt, die zu den von Storm später mit Vorliebe künstlich geschaffenen behaglichen Erzählsituationen passt.[76] Als der junge Advokat Anfang der 1840er Jahre Sagen und

75 „Geschichten aus der Tonne", in LL 4, S. 268–278 ; hier S. 269 f.

76 In seiner Novelle „Von Jenseit des Meeres" hat er 1864 dieselbe Erzählatmosphäre in der „leeren Tonne" wieder aufgenommen.

34. Jahrgang. Königlich privilegirter 18. Reise.

Ditmarser und Eiderstedter Bote.

Eckhöller sc.

Donnerstag, den 30sten April 1835.

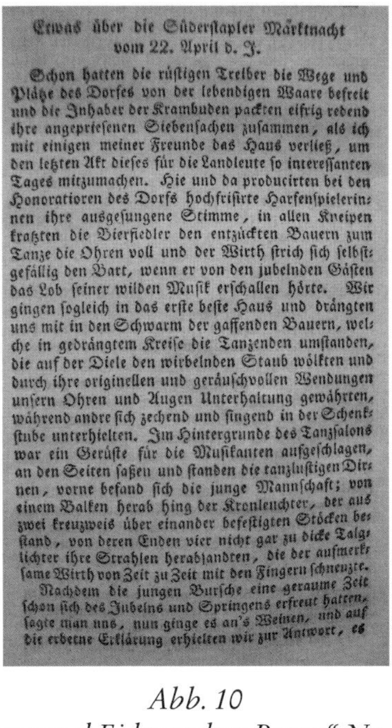

Etwas über die Süderstapler Märktnacht vom 22. April d. J.

Schon hatten die rüstigen Treiber die Wege und Plätze des Dorfes von der lebendigen Waare befreit und die Inhaber der Krambuden packten eifrig redend ihre angepriesenen Siebensachen zusammen, als ich mit einigen meiner Freunde das Haus verließ, um den letzten Akt dieses für die Landleute so interessanten Tages mitzumachen. Hie und da producirten bei den Honoratioren des Dorfs hochfrisirte Harfenspielerinnen ihre ausgesungene Stimme, in allen Kneipen kratzten die Bierfiedler den entzückten Bauern zum Tanze die Ohren voll und der Wirth strich sich selbstgefällig den Bart, wenn er von den jubelnden Gästen das Lob seiner wilden Musik erschallen hörte. Wir gingen sogleich in das erste beste Haus und drängten uns mit in den Schwarm der gaffenden Bauern, welche in gedrängtem Kreise die Tanzenden umstanden, die auf der Diele den wirbelnden Staub wölkten und durch ihre originellen und geräuschvollen Wendungen unsern Ohren und Augen Unterhaltung gewährten, während andre sich zechend und singend in der Schenkstube unterhielten. Im Hintergrunde des Tanzsalons war ein Gerüste für die Musikanten aufgeschlagen, an den Seiten saßen und standen die tanzlustigen Dirnen, vorne befand sich die junge Mannschaft; von einem Balken herab hing der Kronleuchter, der aus zwei kreuzweis über einander befestigten Stöcken bestand, von deren Enden vier nicht gar zu dicke Talglichter ihre Strahlen herabsandten, die der aufmerksame Wirth von Zeit zu Zeit mit den Fingern schneuzte.

Nachdem die jungen Bursche eine geraume Zeit schon sich des Jubelns und Springens erfreut hatten, sagte man uns, nun ginge es an's Weinen, und auf die erbetene Erklärung erhielten wir zur Antwort, es

Abb. 10
Titel des „Ditmarser und Eiderstedter Boten“ Nr. 18 vom 30.4.1835 mit dem Anfang von Storms Jahrmarkttext.

Spukgeschichten sammelte, stand er unter dem Eindruck der Märchen- und Sagensammlungen der Brüder Grimm, die Herders Idee von der Naturpoesie radikalisiert hatten und als Hauptquellen für ihre Sammlungen vor allem mündlich überlieferte volksläufige Erzählungen angaben. Der Anteil der aus mündlicher Tradition übernommenen Sagen, Märchen und Lieder ist in allen Sammlungen des 19. Jahrhunderts vergleichsweise gering, sowohl bei Grimms „Sagen“ als auch in den von Storm angeregten und von Karl Müllenhoff 1845 herausgegebenen „Märchen, Sagen und Liedern der Herzogthümer Schleswig, Holstein und Lauenburg“[77] dominieren gedruckte Quellen. Die Bedeutung mündlicher Erzähltraditionen wurde im 19. Jahrhundert allgemein überschätzt und auch Storm selbst hat in erster Linie als Leser Anregungen für das eigene Schreiben erfahren. Die Erinnerung an das mündliche Erzählen von Claas Räuber und Lena Wies passt in Storms später entwickelte Vorstellung von einer „natürlichen“ Anregung, die nicht auf einen intellektuellen Bildungsprozess zurückgeführt werden muss.

Redefeierlichkeiten

> Meine letzte poetische Festrede über den Israeliten Mathatias erhielt ich vom Rektor ohne Korrektur zurück: „er sei kein Sänger!“
>
> *Theodor Storm: „Entwürfe einer Tischrede“ (1). In: LL 4, S. 488.*

An der Husumer Gelehrtenschule war es Tradition, dass die Schüler öffentliche Reden hielten; ursprünglich waren sie Teil des Rhetorikunterrichts, zu dem die Übung im Vortrag gehörte, und wurden zweimal im Jahr öffentlich abgehalten. Die Schüler sollten vor Lehrern, Mitschülern, Eltern und Bekannten beweisen, dass sie in der Lage waren, ein Thema zu strukturieren und in angemessener sprachlicher Form vor-

77 Karl Müllenhoff (Hg.): Sagen, Märchen und Lieder der Herzogthümer Schleswig, Holstein und Lauenburg. Kiel 1845. Eine erweiterte Auflage besorgte Otto Mensing (Schleswig 1921), von der ein fotomechanischer Nachdruck (Kiel, 4. Aufl. 1985) vorliegt.

zutragen.[78] Solche Reden wurden zumeist in deutscher, manche aber auch in lateinischer Sprache gehalten; sie konnten auch in Verse gesetzt werden und behandelten Themen aus der Geschichte oder der Mythologie. Zwischen 1743 und 1850 wurden zu Ostern und zu Michaelis (29. September) 551 Reden gehalten, davon 464 in Deutsch, 73 Lateinisch, 10 Französisch und je eine in Griechisch, Italienisch, Dänisch, Hebräisch und Plattdeutsch. Im 19. Jahrhundert fanden sie nur noch einmal im Jahr statt; Storm hat ebenfalls an diesen Übungen teilgenommen; seine erste Rede, die er wohl 1834 hielt, trug den Titel „Über den Untergang der Staaten", die zweite aus dem Jahre 1835 beschäftigte sich mit dem jüdischen Priester Mattathias.[79]

Wie diese Redefeierlichkeiten abliefen, hat er in seiner 1870 geschriebenen kulturhistorischen Skizze „Der Amtschirurgus – Heimkehr" aus den „Zerstreuten Kapiteln" dargestellt.[80]

> Aber es gab noch andere Unterhaltungen für den alten Herrn. - Unter seinem ersten Bodenraum befand sich der große Rathaussaal, in welchem nicht nur unsere heimischen Komödianten zuweilen ihr Gerüste aufschlugen, sondern wo auch wir Primaner alljährlich um Michaelis von einem hohen Katheder herab mehr oder minder selbstverfertigte Reden hielten. [...]
>
> An jenem Tage standen die Häuser der Honoratioren wie der kleineren Bürgersleute leer; der Rattenfänger von Hameln hätte sie nicht leerer fegen können. Frauen und Töchter in Flor und Seide saßen dicht gereiht vor dem weißen Katheder mit der grünsamtenen goldbefranzten Bordüre; den Männern blieben nur die hintersten Bänke, oder sie standen an der Wand unter den großen Bildern vom jüngsten Gericht und vom Urteil Salomonis. Wer hätte auch zu Hause bleiben können, wenn wir Primaner uns nicht zu vornehm hielten, die gedruckten Einladungen in eigener Person von Haus zu Haus zu tragen! Freilich war auch diese Pflicht, besonders für die älteren Schüler, nicht ohne allen Reiz; denn die „Stellen", welche nach einem Maßstabe von Wein und Kuchen in „fette" und „magere"

---

78 Thematische Anregungen und Dispositionen dazu fanden die Schüler in einer Reihe von Büchern der Schulbibliothek, z. B. „Praktische Rhetorik für die obern Klassen der Schulen und zum Selbstunterrichte [...]" von Ch. F. Falkmann. Hannover ^{2}1831. (Exemplar in der Bibliothek der Husumer Gelehrtenschule.)

79 Ich, selbstverständlich: „besang". – „Mattathias, der Befreier der Juden", so hieß meine Dichtung, welche der Rektor mir ohne Korrektur und mit den lächelnd beigefügten Worten zurück gab, *er* sei kein Dichter. Ich will nicht leugnen, es überrieselte mich so etwas von einer exklusiven Lebensstellung, und ich mag in jenem Augenblick meinen Knabenkopf wohl um einige Linien höher getragen haben. LL 4, S. 165.

80 In: LL 4, S. 164 ff. Der Text dieser Rede ist nicht erhalten.

zerfielen, wurden von dem Primus Classis streng nach der Anciennität verteilt. Die Einladungen selbst enthielten nur unsere Namen und die Thematen unserer Vorträge; aber dessen ungeachtet waren es keine öden Listen, wovon es heutzutage an allen Ecken wimmelt; unser alter Rektor – möge der allverehrte Greis noch lange seiner fruchtbringenden Muße genießen! – wußte durch eine feine Abtönung auch diesen Dingen einen munteren Anstrich zu geben. Denn während der Erste nur „redete“, suchte der Zweite schon „auszuführen“, der Dritte „vertiefte sich in“, der Vierte „verbreitete sich über“; und so arbeitete Jeder in seinem eigenen Charakter.[81] [...]

Und endlich kam der große Tag. Während draußen vor der Kirche die Buden zum Michaelis-Jahrmarkte aufgeschlagen wurden, war oben in unserem Rathaussaale die Redefeierlichkeit schon in vollem Schwunge. Die an den Fenstern entlang postierte Liebhaberkapelle hatte schon einige Pausen mit entsprechenden Walzern und Ecossaisen ausgefüllt; nun aber begann ein feierlicher Marsch, und mir klopfte das Herz; denn ich hatte ihn bestellt, als Ouvertüre zum Matathias.

Für die Versrede über „Mattathias, der Befreier der Juden“ fand Storm Informationen in den zwei Büchern der Makkabäer, die der evangelischen Kirche als apokryphe, der katholischen als kanonische Bücher gelten. Mattathias (Mattatja, Mathitjahu) war Priester von Modeïn in Palästina, aus dem Geschlechte der Hasmonäer, und Stammvater der Makkabäer.[82] Mattathias wehrte sich gegen die Unterdrückung der Juden durch den Seleukiden-König Antiochus IV. Es haben sich nur vier Verse erhalten, die Storm in seiner autobiographischen Skizze zitiert:[83]

---

81 Storm zitiert die einleitenden Worte, mit denen Rektor Friedrichsen die Reden seiner Primaner ankündigte und in denen er sich bemühte, durch die Wahl verschienener Synonyme für „reden“ Wiederholungen zu vermeiden. Diese formelhaften Wendungen gehörten zu dem Variabilität fordernden Stil, der in der Gelehrtenschule vermittelt wurde.

82 Das erste Buch umfasst die Zeit von 175–135; sein Verfasser war ein palästinensischer Jude, die Abfassung wird mit Wahrscheinlichkeit bald nach dem Tode des Johann Hyrkan gesetzt (ca. 105 v. Chr.). Ursprünglich hebräisch geschrieben, ist das Buch frühzeitig ins Griechische übersetzt worden. Das zweite Buch umfasst den Zeitraum von 176–161, enthält aber viel Mythisches und ist später als das erste, doch noch vor 70 n. Chr., und zwar ursprünglich in griechischer Sprache geschrieben. Unter den theologischen Texten, die den älteren Kern der Husumer Schulbibliothek bilden, befindet sich auch eine Reihe von Bibeln. Die Apokryphen konnte Storm u.a. in folgender Ausgabe lesen: „Die Bibel oder die Ganze Heilige Schrift des alten und neuen Testaments nach der deutschen Übersetzung D. Martin Luthers“. Frankfurt am Mayn 1821.

83 LL 4, S. 166 f.

„O Söhne Juda's, rächt der Väter Schmach!"
„Dein Stern ging unter, Juda's Stern
Erglänzt in neuer Pracht und brennt
An Deiner Gruft die würd'ge Todesfackel."

Storm hat diesen Dichtversuch folgendermaßen kommentiert: „Zum Unglück für den Leser ist das Gedicht verloren gegangen, und mein Gedächtnis vermag dem Schaden nicht mehr abzuhelfen; doch kann ich versichern, daß es ohne Anstoß zu Ende gebracht wurde." Die Bruchstücke zeigen wie die übrigen Gedichte aus der Schulzeit, dass Storm die Formensprache antiker Dichtung beherrschte und sich damit Motive aus Mythologie, Religion und Geschichte auf eine produktive Weise aneignen konnte. Interessant ist auch, dass die vier Verse, an die sich der alte Schriftsteller noch erinnern kann, sein jugendliches Engagement für den Freiheitskampf der Juden spiegeln. Sie belegen damit ebenso wie zwei Anspielungen auf tagespolitische Vorkommnisse in dem Gedicht „Beim Scheiden des Jahres 1835" (vergl. S. 163), dass Storm sich früh für politische Ereignisse interessiert hat.

Auf diesem Wege nutzte er das Angebot seiner Lehrer, die ihm zunächst unbekannten und fremden Ereignis-, Gefühls- und Fantasiewelten in einer anderen Sprache aufzunehmen und sie durch die Übertragung in die Muttersprache erfahrbar und erlebbar zu machen und dadurch seine Selbst- und Welterfahrung zu vertiefen. Die Form der Aneignung literarischer Texte bildet die Voraussetzung für Storms spätere Entwicklung zum schöpferischen Künstler. Dass diese Fähigkeit nicht jedem seiner Mitschüler gegeben war, hat Storm in einem ironischen Gedicht dokumentiert, das er aus Anlass der Redefeierlichkeiten wohl 1833 geschrieben hat. Der Redner „Jakob" könnte sein Mitschüler Jacob Petersen Blumensaat (1811–1883) gewesen sein, der bereits am 3. Oktober 1831 öffentlich aufgetreten war, wie wir in dem entsprechenden Programm lesen können: „Jacob Petersen Blumensaat, aus Osterhusum, entwickelt den Werth der Klugheit"[84]. Er stammt aus einer Bauernfamilie, studierte nach seinem Abgang von der Gelehrten-

84 Einladung zur öffentlichen Redeübung, Husum 1831. (Hermann-Tast-Schule Husum, Schularchiv.)

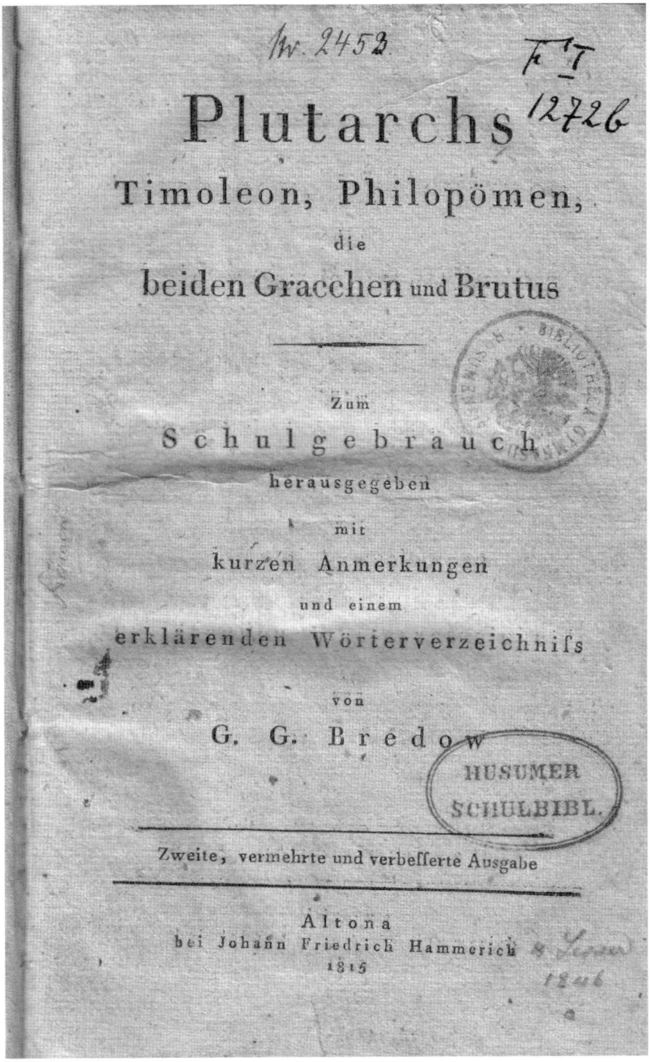

Abb. 11
Zu Storms Schulzeit benutzte Plutarch-Ausgabe aus der Husumer Schulbibliothek.

schule im Jahre 1834 Theologie und wurde Pastor. Über welches Thema Blumensaat dann im Jahre 1833 gesprochen hat, kann nur aus den Andeutungen in Storms Gedicht erschlossen werden, da das entsprechende Programm nicht mehr vorhanden ist; offenbar verstanden die meisten der Zuhörer den Inhalt aber nicht, weil der Schüler seine Rede in lateinischer Sprache vortrug. Dass auch Rektor Friedrichsen die Redefeierlichkeiten mit Humor betrachten konnte, belegt seine Ankündigung der ersten Rede des Jahres 1831: „Christian Ulrich Beccau, aus Friedrichstadt, snakt, um sich seiner eignen Worte zu bedienen, över Adam un Eva un't Paradies, un wat da passeret, as se darut verdreven word." Diese Haltung im Einladungsschreiben zu der „öffentlichen Redeübung" scheint Storm zwei Jahre später zu seinem ironischen Gedicht „Jakob als Redner auf dem Rathhause" angeregt zu haben. Im „Husumer Wochenblatt"[85] wird 1833 bloß sachlich berichtet: „Am 30. Septembr. fanden auf dem hiesigen Rathhaussaal die diesjährigen Redeübungen bei der hiesigen Gelehrtenschule statt; es traten dies Mal 10 Primaner mit kleinen von ihnen selbst ausgearbeiteten Reden auf."

Storm hat also, wie diese Beispiele seiner frühen Schreibversuche zeigen, in den über neun Jahren auf der Gelehrtenschule seiner Vaterstadt entgegen seiner eigenen Bekundungen doch einiges gelernt, vor allem im Bereich der Sprachen. Dennoch hielt es sein Vater für angebracht, seinen Sohn für einige Zeit auf das Lübecker Katharineum zu schicken, wo er noch weitere Kenntnisse für das spätere Studium erwerben sollte. 1876 notierte Storm in einem der Entwürfe für seine „Erinnerungen an Eduard Mörike" (LL 4, S. 964):

> Ich habe diesen Mangel poetischer Nahrung während meiner Knabenzeit freilich nie bereut; denn desto ungeschwächter war die Wirkung, als nun der Reichtum auch meiner eigenen Zeit mir plötzlich erschlossen wurde. Dies geschah zunächst auf dem Lübecker Gymnasium, in dessen Prima ich 1835 eintrat.

Der Rektor der Husumer Gelehrtenschule stellte Storm und seinem Freund Ohlhues folgendes Zeugnis aus:

---

85 Husumer Wochenblatt Nr. 39 vom 29. September 1833, S. 319.

Hans Theodor Woldsen Storm aus Husum und Johann Peter Ohlhues aus Hattstedt, die zur Vollendung ihrer Schulstudien das Gymnasium in Lübeck zu besuchen gedenken, haben vor ihrer Abreise mich um ein Zeugnis gebeten.

Ich bezeuge ihnen daher, daß sie sich, solange sie die hiesige Schule besucht haben, durch Fleiß und durch ihr sittliches Betragen meine volle Zufriedenheit erworben haben und daß ich für den glücklichen Fortgang ihrer ferneren Studien nicht nur die besten Wünsche hege, sondern auch zu guten Erwartungen mich berechtigt glaube.

Sie sind von Natur mit guten Anlagen ausgerüstet und haben sich durch ihren Fleiß gute Kenntnisse in den gewöhnlichen Schulwissenschaften, namentlich in den Alten Sprachen, erworben. Mögen Sie denn durch fortgesetzten Fleiß und ferneres gutes Betragen sich der Liebe ihrer künftigen Lehrer in eben dem Grade würdig zeigen, wie sie sich die meinige zu erwerben gewußt haben.

Husum, den 30. September 1835.
gez. P. Friedrichsen, Rektor.[86]

In Lübeck

Etwa 18 Jahre alt trat ich nach dem Willen meines Vaters aus der Gelehrtenschule meiner Vaterstadt Husum in die Prima des Lübecker Gymnasiums, wo damals Friedrich Jacob Direktor und Prof. Classen erster Lehrer war. Geibel war eben zur Universität gegangen; hinterließ mir aber seinen nächsten Freund unter den Zurückgebliebenen, Ferdinand Röse, von uns „Wanst", auch wohl „Magister Wanst" genannt, Sohn eines Lübecker Maklers; er war vom Gymnasium als Lehrling in eine, ich meine die Rohdesche, Buchhandlung getreten, aus dieser aber wieder in's Gymnasium und zu seinen Studien zurückgekehrt, und daher uns Übrigen im Alter etwas voraus.

Theodor Storm: „Ferdinand Röse".
In: LL 4, S. 441.

Im Herbst 1835 wechselte Storm auf das Lübecker Katharineum[87], das er bis Ostern 1837 besuchte; die Lübeckischen Anzeigen melden am 7. Oktober seine und Ohlhues' Ankunft in Begleitung von Storms Va-

86 Original verschollen; Text nach Gertrud Storm: Theodor Storm 1912, S. 101 f.

87 Eintrag im „Album gymnasii et scholae Lubecensis, Michaelis 1835": Theodor Storm, Geburtsort: Husum. J<ahr>. d<er>. Geb<urt>.: 1817, Vater: Advokat. (Stadtarchiv Lübeck)

ter.[88] Storm und Ohlhues wohnten zunächst bei der Witwe Luetjens an der Untertrave im Eckhaus Fischstraße Nr. 115 (heute Nr. 35). Später gab Storm als Adresse bei „Herrn Giffhorn, Balauerfohr“ an, dem Färbermeister Marcus Johann Giffhorn im Haus Nr. 192 nahe der St. Aegidien-Kirche (heute Nr. 11).[89] Der Aufenthalt in Lübeck und der Unterricht am dortigen Katharineum[90] eröffneten Storm neue Perspektiven; er traf in der bedeutenden Hansestadt auf Persönlichkeiten, die ihn aufgrund ihres geistigen Horizonts beeindruckten. Dies war neben dem Rektor Friedrich Jacob (1792–1854) in Griechisch, Latein und Religion vor allem der junge Pädagoge Johannes Classen (1805–1891) in Deutsch und Geschichte. Beide Lehrer Storms werden von einem Zeitgenossen folgendermaßen charakterisiert[91]:

An der Spitze stand Direktor Jacob, ein ausgezeichneter Philologe, namentlich auf dem Gebiete der Lateiner, und ebenso ein ausgezeichneter Pädagoge, stramm und strenge; ein freundliches Lächeln auf seinem gewöhnlich tief ernsten Gesicht war für den dem es galt die höchste Genugtuung. Dem Unfleißigen, Unaufmerksamen gegenüber ein sehr unbequemer Peiniger, dem eifrigen Schüler gegenüber aber immer gütig und auch gegen augenblickliche Schwächen nachsichtig; in beiden Fällen nach unser aller Bewußtsein der gerechte Richter. Es war nicht leicht, seinen kritisch-grammatischen Erörterungen, z. B. bei der Erklärung des von ihm sehr bevorzugten Tacitus, zu folgen; faßte und folgte man

88 „Angekommene Fremde. Vom 3. bis 5. Octbr.: [...] Hr. Adv. Storm, und die Herren Storm und Ohlhues, Particüliers, von Husum;“ Lübeckische Anzeigen No. 80 vom 7.10.1835 (Bibliothek der Hansestadt Lübeck). Laut „Lübecker Fremden- und Schiffs-Liste“ vom 4.10.1835 stiegen sie am Sonnabend, den 3. Oktober im Gasthof „Fünf Thürme“, Klingberg 929 ab. (Stadtarchiv Lübeck)

89 Im Schülerverzeichnis des Katharineums ist im Herbst 1835 als „Wohnung“ eine Familie „Luetjens“ eingetragen (Stadtarchiv Lübeck). Auf einer Gedichthandschrift im Nachlass von Bertha von Buchan hat Storm im ersten Halbjahr 1837 notiert: „Adr. Herrn Giffhorn, Balauerfohr in Lübeck.“ (StA) Die Angaben zu den Häusern und ihren Bewohnern laut Auskunft des Archivs der Hansestadt Lübeck.

90 In den „Lübeckische(n) Anzeigen“ vom 3.10.1835, Beylage zu No. 79, war zu lesen: „Zur Prüfung und Aufnahme derjenigen Knaben und Jünglinge, welche von Michaelis ab der Katharinenschule übergeben werden sollen, bin ich Montag und Dienstag den 5ten u 6ten Oktober in meiner Wohnung bereit. Fr. Jacob.“

91 Rochus Freiherr von Liliencron: Frohe Jugendtage. Lebenserinnerungen. Leipzig 1902; „In Lübeck. Ein Jahr des Übergangs“, S. 85–103; hier S. 86 und S. 87. Liliencron (1820–1912) war seit Ostern 1837, also unmittelbar nach Storms Abgang zur Kieler Universität, Schüler des Katharineums.

erst, dann empfand man auch den Gewinn, den er bei allem Unterricht als das oberste Ziel im Auge hatte: seine Schüler zu selbständigem Denken zu erziehen. [...]

Neben ihm, fast in allem ein Gegensatz zu ihm, stand der treffliche Johannes Classen [...]. Ein Mann von rastloser, sprudelnder Lebendigkeit, von feinster Geistesbildung, großer Herzensgüte, der sich auch persönlich seiner Schüler sehr wohlwollend annahm. Wir betrachteten es als eine große Auszeichnung, wenn wir an den Teetisch seiner liebenswürdigen Frau, einer ältern Schwester Wilhelm Wattenbachs, geladen waren. Classens Lehrfächer in Prima waren Griechisch, Geschichte, deutscher Aufsatz und Literatur, wobei wir Wackernagels Lehrbuch[92] benutzten. Hier zuerst erfuhr ich etwas von den Nibelungen und anderen altdeutschen Dichtungen. Deutsche Aufsätze schrieben wir nur höchstens alle vier Wochen; Classen pflegte eine Anzahl von Themen aufzugeben, aus denen jeder sich wählen mochte, und ließ sich gern mit uns über das gewählte Thema in ein Gespräch ein, um unsere Gedanken in richtige Bahnen zu lenken. Daß wir einem solchen Lehrer gern und freiwillig folgten, ist begreiflich; seine Persönlichkeit in ihrem feurigen, alles andere vergessenden Eifer war sonst keineswegs dazu angetan, strenge Zucht unter uns zu halten. Wir übten sie eben aus Anstandsgefühl von selbst. Wir fühlten uns hier nicht mehr als Schulbuben, sondern als strebende Jünglinge.

Jacob leitete das Katharineum seit 1831; er führte in der Schule mit den Primanern Komödien des Plautus und Terenz auf und organisierte im Winterhalbjahr in einem Lübecker Lokal Zusammenkünfte von Lehrern, Schülern und Eltern, bei denen von Schülern der oberen Klassen dramatische und musikalische Aufführungen gegeben wurden.[93] Storms Begeisterung, mit der er seinen Schulbesuch in Lübeck beschreibt, hat weniger mit dem Sprachunterricht zu tun, als vielmehr mit den Unterweisungen in alter Geschichte und in der deutschen Literatur. Im Griechisch- und Lateinunterricht, der auch am Katharineum von der Stundenzahl her dominierte (insgesamt 16 von 30 Wochenstunden![94]), wurden dieselben Texte gelesen, die Storm schon aus der Prima der Husumer Gelehrtenschule vertraut waren. Da ihm dieser Unterrichtsstoff nur wenige neue Anregungen zu geben vermochte,

92 Wilhelm Wackernagel: Deutsches Lesebuch. Theil 1. Poesie und Prosa vom IV.–XV. Jahrhundert. Basel 1835.

93 Classen 1855, S. 55.

94 Nach dem Schulprogramm 1836 wurden in Prima unterrichtet: Latein 10 Std., Griechisch 6 Std., Deutsch 2 Std., Französisch 2 Std., Englisch 2 Std., Religion 2 Std., Geschichte und Mathematik je 3 Std. (Katharineum Lübeck, Schularchiv.) Im Englischunterricht wurden gelesen: Byron: Childe Harold, Shakespeare: King Lear, Auszüge aus Lions Schauspielen sowie englische Literaturgeschichte.

Abb. 12
Oben: Außenansicht des Lübecker Katharineums.
Unten: Blick in ein Klassenzimmer.

spiegelt er sich kaum mehr in seinen Texten. Eine Ausnahme bilden allerdings zwei Gedichte, die sich mit einem spektakulären Kapitel römischer Geschichte auseinander setzen, „Brutus bei Sardes" und „Brutus Gespenst". Diese beiden Texte hat Storm nach Beginn seines Jura-Studiums im Sommersemester 1837 in seine Sammelhandschrift eingetragen. Sie markieren mit einigen anderen den Übergang von seiner Schulzeit zum Studium. Nach seiner Entlassung vom Katharineum in Lübeck am 20. März 1837[95] verbrachte er die Osterferien bei seinen Eltern in Husum und wurde am 22. April an der Kieler Universität immatrikuliert.[96] In dieser Zeit entstanden einige Gedichte und ein Prosatext, die eindeutig der Studentenzeit zugeordnet werden können; andere Texte, die in der Sammelhandschrift zwischen einigen nach Ostern 1835 datierten Texten stehen, gehen allerdings noch auf Schreibprozesse während der Zeit vor dem Schulabschluss zurück. An den beiden motivverwandten Brutus-Gedichten wird deutlich, dass diese Abgrenzung nicht in allen Fällen klar gelingt; den zuerst eingetragenen kürzeren Text „Brutus Gespenst" hat Storm mit dem Hinweis „Kiel, erstes Semester" versehen, und das sich direkt anschließende längere Gedicht „Brutus bei Sardes" mit der Angabe „Husum als Primaner" nach den ersten vier Strophen und „Lübeck" nach der fünften Strophe. Storm könnte diese beiden Texte zusammen mit einigen anderen Gedichten, die bereits vor Beginn seines Studiums entstanden sind, am Jahresende 1837 eingetragen haben. Dafür spricht, dass einige Gedichte, die vor diesen beiden stehen, chronologisch zwischen Mai und Dezember 1837 datiert sind, während danach nur Texte aus dem Jahr 1839 folgen.

Die Anregungen für beide Gedichte stammen bereits aus dem Griechischunterricht an der Husumer Gelehrtenschule, wo neben anderen Autoren auch Texte von Plutarch gelesen wurden. Der griechische Schriftsteller Plutarch wurde um 46 nach Chr. in Chaironeia (Boiotien) geboren; er starb nach 119. In den 46 „Bioi paralleloi" (Parallelbiographien) stellt er 23 Paare von je einem berühmten Griechen und einem

---

95 Schulprogramm, Lübeck 1837, S. 29. (Katharineum Lübeck, Schularchiv)

96 Immatrikulationsregister der Christian-Albrechts-Universität in Kiel 1827–1854. (Landesarchiv Schleswig-Holstein)

berühmten Römer zusammen; in der Regel schließt er ein Biographienpaar mit einer Synkrisis ab, einem zusammenfassenden Vergleich. Außerdem sind vier allein stehende Biographien überliefert.

Storm hat sich als Primaner in Husum seit dem Schuljahr 1834/35 mit Plutarch beschäftigt. Im Unterricht bei Rektor Friedrichsen[97] lernte er die Lebensbeschreibung des Spartanerkönigs Agesilaos (lat. Agesilaus) kennen, der von 444–360/59 v. Chr. lebte und seit 399 König war. Schon der ihm befreundete Xenophon schildert ihn in seiner Schrift „Agesilaos“ als Vorbild eines Herrschers. Das Schulprogramm für das Schuljahr 1834/35 ist nicht mehr vorhanden; dass die Schüler aber auch Auszüge aus Plutarchs Parallelbiographien gelesen haben, lässt sich an zwei Schulausgaben ablesen, die während Storms Schulzeit an der Gelehrtenschule in Gebrauch waren.[98] Diese Ausgaben enthalten den griechischen Originaltext mit einigen philologischen Erläuterungen und wurden laut Schulprogrammen im Unterricht sowohl ins Lateinische als auch ins Deutsche übertragen. Die Schüler fanden auch deutsche Übersetzungen von Plutarchs römischer Geschichte in der Schulbibliothek; die Bände mit den Lebensbildern von Cäsar[99] und Brutus sind im selben Zeitraum mehrfach entliehen worden. Storm hat 1834, wie sein Namenseintrag belegt, den Band mit der Schilderung des Lebens

---

97 Schulprogramm 1835/1836: Rektor Friedrichsen: „Plutarchi Agesilaus wurde ins Lateinische übersetzt, griechische Grammatik“. (Husumer Gelehrtenschule; Schularchiv.) In der Bibliothek der Hermann-Tast-Schule hat sich folgender Band erhalten: Plutarchi Agesilaus et Xenophontis encomium Agesilei. In scholarum usum edidit, notis et indice illustravit Detlev Car. Guil. Baumgarten-Crusius. Leipzig 1812. Der Band scheint von Rektor Friedrichsen benutzt worden zu sein, denn auf dem hinteren Umschlag ist eine Schülerliste der Prima von August 1835 eingetragen; bei Ohlhues und Storm ist notiert: „Michaelis 1835 nach Lübeck“.

98 Plutarchs Timoleon, Philopoemen, die beiden Gracchen und Brutus. Zum Schulgebrauch herausgegeben mit kurzen Anmerkungen und einem erklärenden Wörterverzeichniss von G. G. Bredow. Altona 1800. (Brutus S. 125 ff. mit Schülereinträgen von 1832–1836); Zweite, vermehrte und verbesserte Ausgabe. Altona 1815. (Brutus S. 133 ff. mit Schülereinträgen von 1820–1849.)

99 Des Plutarchus von Chäroneia vergleichende Lebensbeschreibungen. Aus dem Griechischen übersetzt mit Anmerkungen von Joh. Friedr. Sal. Kaltwasser. Siebenter Theil. Magdeburg 1803. Cajus Julius Cäsar S. 1 ff. Eintrag auf dem Vorsatzblatt: „Storm. 1834.“ Marcus Brutus S. 361 ff.

von Brutus gelesen. Dort fand er folgende Beschreibung der berühmten Szene, die er seinen Gedichten zugrunde legte[100]:

Als er nun in Begriff war, die Armee nach Europa zu überführen, wurde sein Zelt tief in der Nacht nur von einem schwachen Lichte erhellt, und im ganzen Lager herrschte eine allgemeine Stille. Brutus, der mancherley zu überlegen hatte und in Gedanken vertieft war, glaubte Jemanden herein treten zu hören. Er sah also nach dem Eingange hin und erblickte eine seltsame fürchterliche Gestalt von ungeheurer Größe, die schweigend neben ihm stand. Doch hatte er das Herz zu fragen: „Wer bist du? ein Mensch oder ein Gott? in welcher Absicht kommst du zu uns?“ Die Erscheinung antwortete: <„>Ich bin, Brutus, dein böser Genius, bei Philippi wirst du mich wieder sehen.“ Ohne sich zu entsetzen, erwiederte Brutus: „Gut ich werde dich sehen.“

Marcus Junius Brutus, geb. 85 v. Chr., gest. im Herbst 42, schloss sich der Verschwörung an, der Cäsar am 15. März 44 erlag, verhinderte aber die von den andern Verschworenen verlangte gleichzeitige Ermordung des Antonius, der bei der öffentlichen Leichenfeier zu Ehren Cäsars das Volk so sehr aufreizte, dass die Mörder Rom verlassen mussten. Nach mehrmonatiger Unentschlossenheit ging Brutus in die ihm noch von Cäsar zugesprochene Provinz Makedonien, gewann dort die Truppen für sich und vereinigte sich mit Cassius zum Kampf gegen die Triumvirn bei Sardes, der Hauptstadt des alten Lydien, im westlichen Kleinasien. Als dann Antonius und Oktavian gegen die vom Senat geächteten Republikaner im Osten auszogen, kehrten beide nach Makedonien zurück und sammelten ihr Heer in der Ebene von Philippi, wo auch die Triumvirn im Herbst 42 eintrafen. Während Brutus den Oktavian besiegte, wurde Cassius von Antonius geschlagen und tötete sich selbst, da er alles für verloren hielt. Etwa 20 Tage später zwang Antonius den Brutus zu einer zweiten Schlacht und schlug ihn; Brutus floh und stürzte sich in das Schwert seines Vertrauten Strato. Während der Kaiserzeit wurde er in den Rhetorenschulen als letzter Republikaner gefeiert und mit großen Tugenden ausgestattet. Plutarch schildert Brutus als Inbegriff des verantwortungsvollen römischen Familienvaters und Politikers. Sowohl in seiner Schrift „Brutus“ als auch in der „Vergleichung

100 Neunter Theil, Kapitel 63, S. 422. Ähnlich erzählt Plutarch im Lebensbild Cäsars, Siebenter Theil, Kapitel 69, S. 133.

Abb. 13
Dr. Friedrich Jacob (1792–1854).

des Dion mit dem Brutus"[101] entfaltet Plutarch Charakter und politisches Ethos des Cäsar-Mörders, den er als unbestechlichen Verteidiger der römischen Republik feiert. Dem griechischen Biographen ging es weniger um politische Ursachen und Zusammenhänge als vielmehr um die Schilderung großer Menschenbilder, die eine moralische und pädagogische Wirkung auf den Leser haben sollten.

Im Herbst 1835, nach dem Wechsel auf das Lübecker Katharineum, hatte Storm Griechischunterricht bei seinem Direktor Jacob, der aus Plutarchs Werken die Synkrisis Perikles-Fabius Maximus behandelte, deren Bindeglied die Neigung beider zu defensiver Kriegsführung ist.[102] Und im Sommer 1836 las er bei demselben Lehrer von Plutarch Themistokles-Camillus sowie vom selben Verfasser Demosthenes Rede gegen den Midias.[103]

Die im Griechischunterricht behandelten Stoffe sind aufschlussreich für die politische Orientierung des jungen Storm. Viele in der Husumer und Lübecker Schule thematisierten Gestalten aus der griechischen und römischen Geschichte repräsentieren gesellschaftliche Tugenden wie charakterliche Integrität im Umgang mit Familie und Freunden sowie politische Einstellungen, deren Grundlage republikanische und demokratische Überzeugungen waren. Über die athenische Demokratie wurden im Unterricht folgende Werte vermittelt, die bedeutende Staatsmänner und Philosophen verkörpert haben: Freiheitsliebe, Gesetzestreue und Seelenstärke. Diese Wertbegriffe werden in einem Teil der klassischen Texte des gymnasialen Literaturkanons mit folgenden Leitlinien verknüpft: Arbeit, Wettkämpfe, Feste, Weltoffenheit, Liebe zur Kunst und zum Geist, Reichtum im Dienst der rechten Tat, Überwindung der Armut durch Anspannung der eigenen Kräfte, Sorgfalt im Haus- wie im Staatswesen, Pflege uneigennütziger Freundschaft und ungezwungener Selbstverwirklichung.[104]

101 So die Überschrift in der Übersetzung von Kaltwasser, Neunter Theil, S. 453–459.
102 Schulprogramm, Lübeck 1836, S. 29. (Katharineum Lübeck, Schularchiv)
103 Schulprogramm, Lübeck 1837, S. 24. (Katharineum Lübeck, Schularchiv)
104 Vergl. Ernst R. Sandvoss: Geschichte der Philosophie. Wiesbaden 2004, S. 282 und S. 405 f.

Bereits als Knabe hat Storm eine Schiller-Ausgabe gelesen, die er in den Buchbeständen seiner Familie fand; dort sind u.a. die Dramen „Die Räuber“ und „Die Verschwörung des Fiesko zu Genua. Ein republikanisches Trauerspiel“ enthalten.[105] Diese Stücke konnte er in der Spielzeit 1835/36 auch im Lübecker Stadttheater sehen.

In diesen Kontext fügt sich auch die Lektüre der Platon-Dialoge „Menon“, „Kriton“ und „Alkibiades“ am Katharineum ein: Im ersten Teil des „Menon“ wird die Frage nach der areté des Menschen gestellt, es geht um das Problem, was den Menschen tauglich macht, sein Leben gut zu gestalten und seine Aufgaben im Gemeinwesen auf gerechte Weise zu ordnen. Sokrates Fragen richtet sich auf das richtige menschliche Verhalten, das am Guten orientiert sein muss. Um es zu verwirklichen, muss ein Wissen vom Guten vorausgesetzt werden. Die Hauptthemen der frühen Schriften Platons bilden Fragen nach dem Wesen der ethischen Vortrefflichkeit des Menschen und nach ihrer Lehrbarkeit. Zu einer positiven Beantwortung kommt es nicht; falsche Begriffsbestimmungen werden abgelehnt, die Gespräche enden in der Aporie (Ausweglosigkeit). Die Bestimmungsversuche erweisen sich jeweils als falsche Meinungen; sie werden widerlegt, sodass der Irrtum offenkundig wird. Das wiederholt sich immer wieder; das Ergebnis ist jeweils dasselbe: Keine Antwort hält einer kritischen Überprüfung stand. Hieraus ergibt sich für Sokrates, dass das praktische Wissen, das alle zu haben glauben, nicht vorhanden sein kann. Auch er selbst besitzt dieses Wissen nicht und kann es trotz fortwährenden Suchens und Fragens nie erlangen; deshalb gesteht er sein Nichtwissen ein. Dieses Eingeständnis ist aber kein Zeichen der Resignation, sondern ein Wissen seines Nichtwissens. Und dies ist die dem Philosophen angemessene Grundhaltung, die ihn immer wieder veranlasst, nach dem Guten und den Vortrefflichkeiten zu suchen und die vorläufigen Antworten kritisch zu überprüfen.[106] Im „Kriton“ gibt Platon eine Antwort auf die Frage, was

---

105 Friedrich von Schiller: Sämmtliche Werke, Bd. 3. Stuttgart u. Tübingen 1818. (Exemplar in Storms Bibliothek.)

106 Vergl. das Stichwort „Sokrates von Athen“ in: Handwörterbuch Philosophie. Herausgegeben von Wulff D. Rehfus. Göttingen 2005.

die Tugend sein kann, wenn er Sokrates nach seiner Verurteilung und kurz vor seiner Hinrichtung begründen lässt, warum er nicht aus dem Gefängnis fliehen will. Sein Bemühen um Selbsterkenntnis und darum, kein Unrecht zu begehen, verlangt von ihm, dass er sich weigerte, obwohl er die Möglichkeit zur Flucht hatte, denn sonst würde er gegen die Gesetze Athens verstoßen. Entscheidend ist für ihn die Sorge um die Seele, die der Mensch im eigentlichen Sinne ist; und diese Sorge verstand Sokrates anscheinend weniger im religiösen als vielmehr im philosophischen Sinne: Deshalb soll der Mensch nach Erkenntnis des Guten streben und entsprechend der persönlichen Überzeugung leben. Der „Alkibiades" schließlich thematisiert die Tauglichkeit des Staatsmannes in Athen und stellt die Frage, was der Politiker wissen muss und über welche Tugenden er verfügen sollte, um gerecht herrschen zu können.

Über dieses philosophische Grundwissen der platonischen Ethik hinaus vermittelten die lateinischen Klassiker ein Bild der römischen Republik, in der das Ethos der athenischen Demokratie weiterlebte und die hellenistische Gedankenwelt kontinuierlich fortwirken konnte. Griechen und Römer verband ein starker Freiheitswille, der sich in der Überwindung der auf Gewalt beruhenden Adelsherrschaft manifestierte und in Verbindung mit der Bereitschaft des Einzelnen, sich für das gemeinsame öffentliche Wohl aufzuopfern, zur Grundlage auch der *res publica* wurde. Folgende zentrale Wertbegriffe lassen sich in klassischen Texten der römischen Literatur finden: Freundschaft, Eintracht, Besonnenheit, Beständigkeit, Ruhm, Ehre, Fleiß, Unbestechlichkeit, Rechtschaffenheit, Sorgfalt, Einsicht, Bescheidenheit, Achtung und Würde.[107]

Die Funktion der Einstellungen und Handlungsweisen dieser Persönlichkeiten innerhalb des Rhetorikunterrichts war nicht bloßes Beispiel, sondern hat Vorbildcharakter und wurde von Storm sehr ernst genommen, wie seine Brutus-Gedichte zeigen. Unter den historischen

107 Der Rektor des Katharineums, Professor Jacob, war ein ausgewiesener Kenner der römischen Geschichte und Literatur und hat seinen Primanern die „römische Denk- und Redeweise" mit großer Intensität nahe gebracht. Vergl. Classen 1855, S. 61.

Persönlichkeiten, mit denen sich die Schüler zu dieser Zeit beschäftigten, waren unter anderen Perikles, Themistokles und Demosthenes.

Perikles (um 495–429 vor Chr.) war der bedeutendste Staatsmann Athens und gewann großen Einfluss in der Politik. Die Zeit seines Wirkens war die glänzendste Epoche in der Geschichte Athens (Pentekontaëtie). Thukidides beurteilte das perikleische Athen folgendermaßen: „Dem Namen nach eine Demokratie, in Wirklichkeit aber die Herrschaft des ersten Mannes." Themistokles (um 524–459 vor Chr.) vertrat als Demokrat die Interessen der großen Händler und setzte sich für eine Erweiterung des athenischen Absatzmarktes ein. Er erkannte die von Persien drohende Gefahr und ließ eine Flotte bauen und machte Athen zu einer führenden Seemacht. Als Stratege führte er 480 die griechische Flotte im Sund von Salamis zum vollständigen Sieg. Demosthenes (383–322 v. Chr.) gilt als der größte Redner des Altertums; seine Reden sind von glühender Vaterlandsliebe, Größe und Reinheit der Gesinnung, tiefer Wehmut über den Verfall der Zeit sowie Menschenkenntnis und Staatsklugheit geprägt. Er wollte überzeugen, nicht gefallen, stets war es die Sache selbst, die Wahrheit der Überzeugung, die ihn auf die Rednerbühne führte, wo er durch umsichtige Anordnung des Stoffes, Gewandtheit und Schärfe der Gedankenentwicklung und Festigkeit der Gesinnung große Wirkung entfaltete.

Auch weniger bekannte Persönlichkeiten lassen sich in diese Reihe einfügen. M. Furius Camillus z.B. erwarb 431 in den Kämpfen gegen die Aequer und Volsker militärischen Ruhm. 396 eroberte er nach 10jähriger Belagerung die etruskische Stadt Veji. Nach der Gallierkatastrophe 387 sorgte er für den Wiederaufbau Roms und erhielt den Ehrentitel Pater patriae (Vater des Vaterlandes).

Diese vielfältige Lektüre wird Storm dazu angeregt haben, sich erneut mit der Gestalt des Brutus auseinander zu setzen, der ihm nun noch stärker als Vorbild erschienen sein muss, als es die gerade ein Jahr zurückliegende Plutarch-Lektüre bereits vorbereitet hatte. Die in der klassischen Geschichtsschreibung greifbaren Tendenzen kann man auch in Storms Gedichten wiederfinden. Storm bezeichnet Brutus als den „großen Cäsariden" und nimmt damit ein legendäres Attribut auf, das von dem überlieferten Ausruf des sterbenden Cäsar „Auch du,

Abb. 14
Schüler vor dem Lübecker Katharineum.

mein Brutus!" (so bei Shakespeare, „Julius Cäsar") und das griechische Wort „Auch du, mein Kind?" (bei Sueton und Cassius Dio) abgeleitet wurde. Schon dieser Hinweis ruft bei Kennern der römischen Geschichte in Erinnerung, dass Cäsar den Brutus wegen seiner herausragenden moralischen Qualität und seiner politischen Fähigkeiten zum engsten Mitarbeiter erwählt hat. Mit dem Bild der nächtlichen Erscheinung und Warnung des Cäsarmörders nimmt Storm das dramatischste aller mit Brutus' Schicksal verbundenen Motive auf und stellt es in den Mittelpunkt eines Heldenepos, dessen Aussage durch die Gegensatzpaare *Freiheit – Sklaverei* und *Republik – Tyrannei* bestimmt wird. Das Gedicht gerät Storm zum Appell für die politische Freiheit. Der hohe Redeanteil – in drei der fünf Strophen rechtfertigt Brutus seine Tat als Pflicht, die ihn alle menschlichen Beziehungen zu Cäsar hinter die politische Notwendigkeit zurückzustellen zwang – führt ihn uns dennoch als von Gewissensqualen und -zweifeln heimgesuchten, verantwortungsvollen Menschen vor. Storm wählt fünfhebige Trochäen, um die Bedeutung und Schwere des Vorgangs darzustellen. Und er bedient sich eines komplexen Reimschemas mit dem Wechsel von Kreuzreim und Paarreim sowie einer Waise in der siebten Zeile, mit deren Hilfe er den jeweiligen Gedanken abschließt. Die fünfte Strophe fügte er erst in Lübeck hinzu. In ihr dominiert das Numinöse und verleiht dem Gedicht einen unheilschwangeren Ausgang, der in einen Gegensatz zu dem Bild in der ersten Strophe gerät, in dem der Held „der Freiheit letzte Säule" in seinem Herzen hält. In die zu Beginn konstatierte Dunkelheit des Herzens bricht nun am Schluss das drohende „Schreckgebilde" in „wache Träume ein" und mahnt an den bevorstehenden Tod.

Vielleicht war es dieser Gegensatz, der Storm anregte, zu diesem Text ein zweites Gedicht zu schreiben, „Brutus Gespenst". In diesem sechszeiligen Werk benutzt er nun den hochdramatischen Hexameter für einen reimlosen Dialog zwischen zwei ungenannten Sprechern. Der eine fragt, ob die „Larve", die dem Brutus erschien, sein eigenes Gespenst, also sein schlechtes Gewissen, oder „Cäsars Rachegestalt" war. Der andere weist energisch beide Möglichkeiten zurück und rechtfertigt den in der ersten Strophe als „herrlichen Brutus" bezeichneten noch einmal, indem er die Gespenstererscheinung nicht als Eingriff höherer

Mächte deutet, sondern als „schwindende(n) Schatten der Freiheit" bezeichnet. Dieses Motiv fand Storm bei Plutarch, der im 27. Kapitel seines „Brutus" das unmittelbar an die Erscheinung anschließende Gespräch mit Cassius wiedergibt, in dem dieser seinen erregten und deprimierten Freund u.a. mit folgenden Worten beruhigt:[108] „Daß es Genien gibt, ist eben nicht wahrscheinlich, noch wenn es welche gibt, daß sie menschliche Gestalt und Stimme haben, und sich ihre Macht bis auf uns erstrecke; wie ich wohl wünschen möchte, damit wir uns nicht bloß auf so viele Waffen, Pferde und Schiffe zu verlassen brauchen, sondern auch auf die Hilfe der Götter rechnen können, da wir bey der gerechtesten und rühmlichsten Unternehmung Anführer sind." In der letzten Zeile schließlich wird Brutus noch einmal als „Held" gefeiert, der gemeinsam mit dem Schatten der Freiheit „Roma", die Allegorie der Republik, verlässt.

Storm verdeutlicht dies nachdrücklich in einem Kommentar zu Lessings „Rettungen des Horaz"[109], in dem dieser ausführt: „Man weis, daß Horaz, als er sich in Athen, seine Studien fortzusetzen befand, unter der Armee des Brutus Dienste nahm. Die historischen Umstände davon sind zu bekannt, als daß ich mich dabey aufhalten dürfte. Man weis, wie unglücklich die Schlacht bey Philippis für den Brutus ausfiel. Sie ist es, an welche Horaz in der siebenden Ode des zweyten Buchs seinen Freund, dem Pompejus Varus, erinnert: Tecum Philippos, & celerem fugam/ Sensi, relicta non bene parmula,/ Cum fracta Virtus & minaces/ Turpe solum tetigere mento."[110] Storm merkt dazu an: „Vielleicht

108 Des Plutarchus von Chäroneia vergleichende Lebensbeschreibungen. Magdeburg 1803, S. 423.

109 Gotthold Ephraim Lessings Schriften. Dritter Theil. Berlin 1754 (Exemplar in Storms Bibliothek, StA); die Anmerkung in Storms Handschrift steht hinter dem von ihm handschriftlich angefertigten Inhaltsverzeichnis am Schluss des Buches. Der Namenseintrag Storms unten auf dem Titelblatt ist ausgeschnitten; ein Rest des ausgerissenen Besitzervermerks im „Zweiten Theil(s)" (Berlin 1756) lässt die Schriftzüge „TWStorm" erkennen, so dass dieser Eintrag in die Schulzeit datiert werden kann.

110 Horaz: Oden, Buch II, 7; dritte Strophe: Mit dir habe ich Philippi erlebt und die rasche Flucht, als wir so schändlich den Schild verloren, als unsere Kraft zerbrach und die drohend Blickenden mit dem Kinn schimpflich zu Boden gingen. (Übers. G.E.)

ist der Ausdruck ‚relicta non bene parmula' ganz einfach und allgemein vom ‚Aufgeben des Kampfes für die Freiheit der sinkenden Republik' zu verstehen, und wie die beiden nächstfolgenden Verse ein Seufzer, der sich ihm bei der Erinnerung an jene Zeit aufdrängt."[111]

Aus solchen Quellen speiste sich das keimende politische Bewusstsein Storms und seiner Freunde und entfaltete sich neben einem produktiven Verhältnis zu den schönen Künsten während der Studienzeit in Kiel vor allem durch den Kontakt zu Theodor Mommsen, dessen schulische Bildung auf dem gleichen Fundament ruht. Dass Storm „unpolitisch" sozialisiert wurde, wie von Stormforschern im 20. Jahrhundert immer wieder behauptet wurde, wird schon dadurch widerlegt, dass sein Vater Mitglied der schleswigschen Provinzial-Ständeversammlung war, die nach dem Gesetz vom 15. Mai 1834 in den Herzogtümern unter dem Eindruck der französischen Julirevolution durch Friedrich VI. eingerichtet wurde. Dass dies eine unwillige Konzession des dänischen Königs war, kann man in den Beiträgen des „Husumer Wochenblatts" aus diesem Zeitraum zwischen den Zeilen lesen. Diese Entwicklung wurde ganz sicher von Storm und seinen Freunden in der Prima der Gelehrtenschule aufmerksam verfolgt; die Frage nach der Gestaltung eines zukünftigen deutschen Nationalstaates bleibt von nun an auf der Tagesordnung. Aus einigen Dichtversuchen dieses Zeitraums lässt sich erkennen, woher Storm seine republikanischen und demokratischen Ideen bezogen hat, die mehr waren als bloße Schülerschwärmereien und die sein Denken und Handeln in den folgenden Jahrzehnten bestimmen sollten, denn sie regten ihn nicht nur zu gesellschaftskritischen Gedichten und Novellen an, sondern waren auch der Motor für sein politisches Engagement während der bürgerlichen Revolution von 1848/49. Einen unmittelbaren Ausdruck fanden diese Ansichten in seinem couragierten Verhalten während der Schleswig-Holsteinischen Erhebung, als er für die von Theodor Mommsen redigierte „Schleswig-Holsteinische Zeitung" kritische Korrespon-

111 „Was für ein Bekenntniß! rufen alle aus, die sich des Schimpfs erinnern, der sowohl bey den Griechen als Römern mit dem Verluste des Schildes verbunden war – –" (Lessings Schriften. Dritter Theil, S. 58 f.).

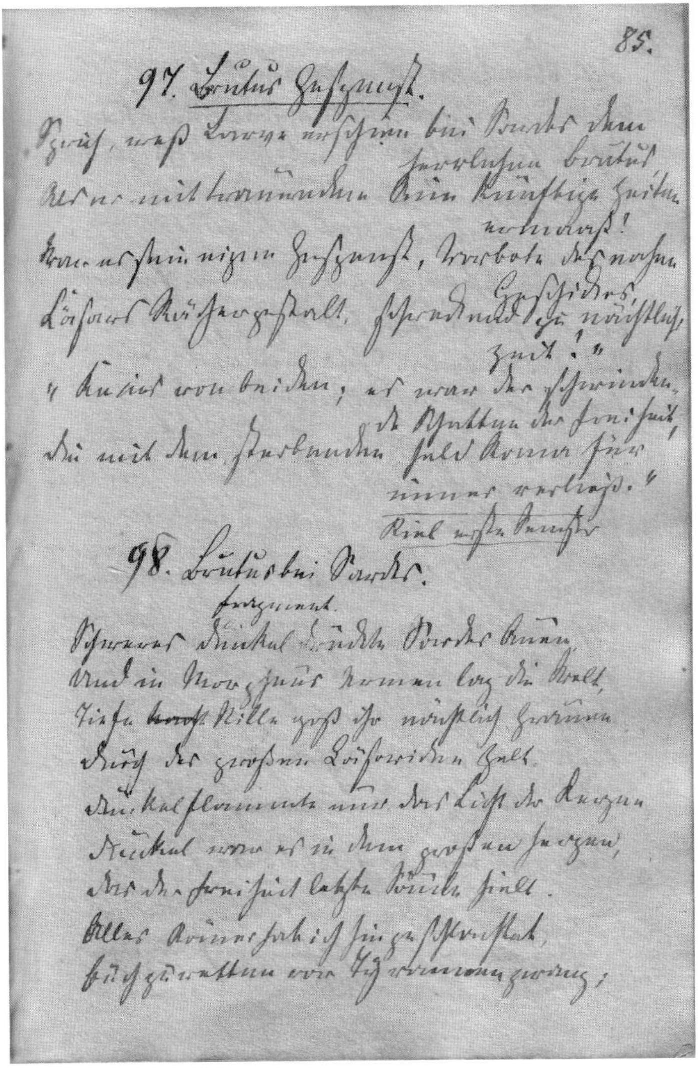

Abb. 15
Storms „Brutus"-Gedichte in der Sammelhandschrift „Meine Gedichte".

dentenberichte aus Husum verfasste, in denen er aus seiner adelskritischen und demokratischen Orientierung keinen Hehl machte. Nach der Niederlage der provisorischen Regierung nahm er dann – ganz in der Nachfolge seiner antiken Vorbilder – die persönlichen Konsequenzen auf sich und wählte mit seiner Familie für mehr als zehn Jahre das beschwerliche preußische Exil. Tragisch war, dass sich nach seiner Rückkehr in die Heimat im Jahre 1864 die Hoffnungen auf eine demokratische Umgestaltung der deutschen Gesellschaft und auf eine deutsche Republik wegen der preußischen Hegemonialpolitik endgültig zerschlugen; in dieser Hinsicht musste Storm drei Jahrzehnte nach seiner Schulzeit die Erfahrung vieler Dichter des Vormärz teilen.

Dass es bei Storms Lektüre antiker Autoren nicht nur um politische Probleme ging, zeigt ein Bericht von Gertrud Storm, nach dem Storm auch an dem privaten Lesekreis teilgenommen hat, die Friedrich Jacob im Winter einmal wöchentlich mit seinen Primanern abhielt; man las Theokrits „Idyllen" und disputierte in lateinischer Sprache.[112] Theokritos war ein griechischer Dichter des 3. vorchristlichen Jahrhunderts, der mit seinen Gedichten, die als „Eidyllia" (Idyllen) bezeichnet wurden, die Hirtendichtung begründete. In ihnen idealisierte er das Leben der Bauern und Hirten in seiner ländlichen Einfachheit und Natürlichkeit.[113]

Mit einer freiwilligen Prüfungsarbeit „Quibus causis Philippo II. regnante dilapsae sint Hispaniae opes auctoritasque" (Weshalb sank unter der Regierung Philipp II. Spaniens Macht und Ansehen?) schloss

---

112 Gertrud Storm 1912, S. 104.

113 In Gymnasien und Gelehrtenschulen wurde in diesem Zeitraum die Ausgabe: Theocriti, Bionis et Moschi Carmina Graece cum Commentariis Integris L. C. Valckenarii, R. F. P. Brunckii, I. Toupii. 2 Bde, Berlin 1810 benutzt; es handelt sich um eine Edition des griechischen Textes mit lateinischem Kommentar. Die „Idyllen" (von griech. ειδυλλιον = Bildchen, ein kleines, zierliches Gedicht, meist ländlichen Inhalts) sind im ersten Band enthalten; der ausführliche lateinische Kommentar weist auf die Methode der damaligen Textlektüre hin; die Schüler übersetzten den griechischen Text ins Lateinische; deshalb auch die Disputation in lateinischer Sprache im Lesekreis von Dr. Jacob, von der Gertrud Storm berichtet. Anfang des Jahrhunderts erschien Johann Heinrich Voss' Übersetzung: Theokritos, Bion und Moschos von Johann Heinrich Voss. Tübingen 1808.

er seine Schulzeit in Lübeck ab.[114] Es gab noch keine schriftlichen Abschlussexamina; die freiwilligen Arbeiten sollten einen Umfang von 40 bis 50 weit geschriebenen Seiten haben, und die Wahl des Themas blieb den Schülern überlassen, die sie zu Hause anfertigten[115]. Die Wahl des Themas kam bei Storm nicht von ungefähr; bereits in Husum hatte er sich der Dispositionen von Herzog: „Stoff zu stylistischen Übungen in der Muttersprache“[116] bedient. Hier fand er unter Nr. 80 (S. 193–198) eine differenzierte Gliederung und Stoffsammlung zum Thema „Was bewirkte unter Philipp II. Spaniens Herabsinken von seiner Höhe?“ Der Inhalt von Storms Arbeit lässt sich nur noch nach den Ausführungen von Friedrich Krüger[117] rekonstruieren. Vergleicht man diese Inhaltsangabe mit der Disposition von Herzog, so fallen die Parallelen deutlich ins Auge. Es scheint also, als ob Storm bei seiner Abschlussarbeit in Lübeck auf einen alten Aufsatz zurückgegriffen habe, den er bereits für den Deutsch- oder Geschichtsunterricht an der Husumer Gelehrtenschule entworfen oder ausgeführt haben könnte. Krüger bestätigt in seiner Rezension der Arbeit die Vermutung, dass Storms späteres politisches Engagement seine Wurzeln bereits in der Husumer Schulzeit hatte:

Zuerst entwickelt er in einer längeren Einleitung, wie übermächtig Spanien im Anfange von Philipps Regierung dastand, und dann, wie traurig es dort bei Philipps Tode aussah. Durch diesen überraschenden Gegensatz führt er schnell – man glaubt hier keinen Schüleraufsatz, sondern die Abhandlung eines Schriftstellers zu lesen – unsre Erwartung auf den Höhepunkt, da wir gespannt sind zu hören, wie sich dieser überraschende Umschwung erklärt. Dies entwickelt Storm im Hauptteile der Arbeit aus dem Charakter des Königs selbst. Nachdem er zuerst auch seinen guten Eigenschaften wie seiner Standhaftigkeit im Unglück hat Gerechtigkeit widerfahren lassen, schildert er die finstere Herrschsucht, die Grausamkeit und den religiösen Fanatismus des Königs. Die zeigt er an dem

114 Krüger 1911, hier S. 369. Die Arbeit ist heute im Stadtarchiv Lübeck nicht mehr vorhanden.

115 Im Schulprogramm 1837 sind die sechs „Probeschriften und Probezeichnungen“ des Jahrgangs verzeichnet; Storm wird als letzter Schüler erwähnt. Die Primaner wurden am 17. März öffentlich in Griechisch über Sophokles von Professor Classen und in Latein über Tacitus von Direktor Jacob geprüft.

116 Halle 1832; vergl. den Kommentar zu „Das Leben“.

117 Krüger 1911, S. 369 f. Nach Krüger macht das Heft „schon äußerlich einen sehr sauberen, sorgfältig geschriebenen Eindruck.“

niederländischen Aufstande; und wie er später für die Befreiung seines engeren Vaterlandes vom Dänenjoche eintrat, so verfolgt er hier eingehend mit innerer Wärme den Freiheitskampf der tapferen Niederländer. Mit derselben Teilnahme schildert er die Vergewaltigung der unglücklichen Mauren. Diese Kämpfe der beiden unterdrückten Völker scheinen den Schleswig-Holsteiner besonders gefesselt zu haben. Hatte doch auch sein engeres Vaterland damals schon unter dänischer Vergewaltigung zu leiden, und vielleicht ist es gerade dieser dem jugendlichen Alter so angemessene Tyrannenhaß und Freiheitsdurst gewesen, der ihn dies Thema wählen ließ. Denn die übrigen Fehler Philipps, seine finstere Unnahbarkeit, sein Mißtrauen, seine Treulosigkeit, die Grausamkeit gegen seine eigenen Verwandten, behandelt er kürzer; und nachdem er bis hierher alles aus dem Charakter des Königs abgeleitet, stellt er zum Schlusse seine ungeheuren Verluste bei diesen unglücklichen Unternehmungen übersichtlich zusammen.

In Herzogs Disposition lies sich das so:

Was bewirkte unter Philipp II. Spaniens Herabsinken von seiner Höhe?
I. Einleitung.
1) Philipp II., der mächtigste Monarch seiner Zeit. [...].
2) Die Spanier selbst waren das erste Volk der Erde [...].
3) Dennoch begann gegen Ende der Regierung Philipps die Zeit des Sinkens der spanischen Macht; [...].
II. Wie läßt sich das erklären?
Der Grund lag
1) in Philipps Persönlichkeit.
a) Er war nicht ohne einige Regententugenden.
α) Strenge Gerechtigkeitsliebe, besonders in Sachen des Volkes; Festigkeit des Willens und Beharrlichkeit; Standhaftigkeit im Unglücke; [...].
β) Aber auch diese Tugenden flossen zum Theil aus einer unlauteren Quelle, aus Stolz: [...].
b) Weit zahlreicher waren seine Fehler, [...].
α) Sein Despotismus, [...].
a) [...].Inquisition [...].
b) So sollten auch die Niederländer, [...].
c) Die betriebsamen Morisko's [...].
β) Stolzes Zurückziehen von seinen Unterthanen. [...].
γ) Mißtrauen und Argwohn. [...].
δ) Hinterlist und Verstellung in der Politik. [...].
ε) Kriegslust aus Stolz [...].
ζ) Undankbarkeit, Härte und Grausamkeit gegen die eigne Familie. [...].
2) Ereignisse während seiner Regierung, [...].
[Die Verluste an Menschenleben und Schiffen sowie die Kosten der Unternehmungen werden in fünf Unterpunkten aufgezählt.]

Das abschließende Urteil Krügers lautet: „Man kann nicht behaupten, daß das Thema besonders schwer ist, dennoch macht die einfache und gründliche Art, wie er den Gegenstand behandelt, einen sehr angenehmen Eindruck." Und weiter heißt es:

> In der Einfachheit des Ausdrucks lehnt er sich an Tacitus an, welchen auch Jacob bevorzugte. Der oft gehörte Vorwurf, daß der lateinische Aufsatz die Schüler zum Phrasenmachen erziehe, trifft bei diesem sicherlich nicht zu. Im Gegenteil zeigt sich hier schon die schlichte, allem Schein und allem Gemachten abholde Darstellungsweise des späteren Dichters. War ihm doch nichts mehr zuwider als die Phrase, welche er in der Einleitung zu seinem Hausbuche als eine „weltbeherrschende Krankheit" bezeichnet.

Gertrud Storm überliefert aus dem Halbjahreszeugnis vom Herbst 1836 die Beurteilung[118], dass „die Fortschritte im Lateinischen recht sichtbar seien; im Griechischen noch nicht sicher genug, wenig zusammenhängend in der Mathematik". In Storms heute ebenfalls verschollenen Abgangszeugnis findet sich die Bemerkung, dass „das Ergebnis seiner Leistungen zum Teil die Folge unzureichender Vorkenntnisse sei". Dies kann sich aber nur auf die Fächer Französisch und Mathematik bezogen haben, in denen Storms Leistungen als „mittelmäßig" beurteilt wurden, wohingegen die Leistungen in Deutsch und Latein mit „gut", in Griechisch und Geschichte mit „ziemlich gut" bewertet wurden, was unserem heutigen „befriedigend" entspricht. Die Schüler des Katharineums wurden in ihren Klassen in Leistungsgruppen eingeteilt, so genannte „Ordnungen". Storm und Ohlhues werden bei ihrem Eintritt im Oktober 1835 zunächst in Ordnung IV geführt, steigen dann Ostern 1836 in die Ordnung III und zu Michaelis in Ordnung II auf. Storm belegt hinter Ohlhues zunächst Platz 17 und dann Platz 12 der Klasse. Im letzten halben Jahr nach Ohlhues Abgang steigt er in der Ordnung II auf den 11. Platz von 27 Primanern. In der Klassenliste für das Schuljahr 1837/38 ist er noch aufgeführt, sein Abgang wird aber durch eine Klammer markiert; hier ist er in der Ordnung I an 5. Stelle notiert.[119] Storms Fleiß wurde als „regelmäßig und im ganzen angestrengt" bezeichnet.

Die Anregungen für die meisten Gedichte, die in und kurz nach der Lübecker Zeit entstanden sind, empfing Storm diesmal nicht aus dem

---

118 Gertrud Storm 1912, S. 130.
119 Stadtarchiv Lübeck, Katharineum, Klassenbestand 1806–1842.

Schulunterricht, sondern von neuen Freunden wie Ferdinand Röse (1815–1859) und Emanuel Geibel (1815–1884). Ähnlich wie schon zuvor in Husum pflegte Storm einen intensiven Austausch mit seinen Schulkameraden, unter denen sich auch Husumer Freunde wie Johann Peter Ohlhues und Lorenz Ludwig Setzer befanden; der Kreis wurde nun aber durch andere Primaner erweitert, unter denen Ferdinand Röse den stärksten Einfluss auf den Zugereisten aus Nordfriesland ausgeübt hat. In einer Notiz zu seinem Essay „Ferdinand Röse“ schrieb Storm 1885[120]: „Röse, von den derzeit Zurückgebliebenen G<eibel>s nächster Freund, wurde auch bald der meinige, das heißt, wie ein Älterer dem Jüngeren, wie ein in sich Fertiger dem noch Werdenden. Ich sah zu ihm hin auf und hatte ihn lieb; [...].“

Der Mediziner Carl Conrad Theodor Litzmann (1815–1890) hat in seiner Geibel-Biographie detailliert beschrieben, wie eng in den beiden Jahren, bevor Storm nach Lübeck kam, die kulturellen Beziehungen zwischen Primanern des Katharineums und ihren Lehrern waren; neben Geibel spielte Ferdinand Röse bei diesen Zusammenkünften eine tragende Rolle, so dass Litzmanns eigene literarische Sozialisation in vielerlei Hinsicht mit der Storms während der Lübecker Zeit verglichen werden kann.[121]

> Unter den deutschen Dichtern, deren Werke während der Schulzeit nächst den Classikern uns, den einen mehr, den anderen weniger, anzogen und welche daher oft den Stoff zu einem lebhafteren Meinungsaustausch gaben, standen die Romantiker oben an. Ich nenne nach der Erinnerung: E.T.A. Hoffmann („Serapionsbrüder“), Eichendorf (sic!) („Ahnung und Gegenwart“), Brentano („Ponce de Leon“), Achim von Arnim („Die Kronenwächter“, „Gräfin Dolores“). Einen mächtigen Eindruck empfingen wir von Grabbe's Dramen. Von fremden Dichtern war es namentlich Byron, dessen Dichtung, wie Leben unsere Phantasie gefangen nahm. Erst gegen das Ende unserer Schulzeit begannen wir uns für Platen zu erwärmen.

---

120 LL 4, S. 945 (Kommentar).

121 Carl C. T. Litzmann: Emanuel Geibel. Aus Erinnerungen, Briefen und Tagebüchern. Berlin 1887, S. 24. Auf Anregung Litzmanns schrieb Storm im Jahre 1885 seinen Essay „Ferdinand Röse“, aus dem dieser längere Abschnitte in seine Geibel-Biographie übernahm. Die von Litzmann erwähnten Autoren und Werke sind alle in Storms Bibliothek vertreten (StA).

Geibel hatte das Katharineum bereits Ostern 1835 verlassen und begann sein Studium in Bonn. Ein Jahr später ging er nach Berlin; er besuchte in den Semesterferien seine Heimatstadt Lübeck. Dort trat er auch in freundschaftliche Beziehung zu Storm, der inzwischen mit Geibels engstem Freund Röse auf vertrautem Fuße stand. Röse beendete im Herbst 1836 seine Schulzeit, nachdem er sie bereits einmal für eine Buchhändlerlehre unterbrochen hatte. Für Storm wurde der ältere Klassenkamerad während seines ersten Lübecker Jahres zur wichtigsten Bezugsperson. Der Sohn eines Lübecker Maklers war an Literatur und Philosophie interessiert und eröffnete ihm eine Fülle neuer geistiger und künstlerischer Perspektiven. Storm schreibt in seinen „Erinnerungen an Ferdinand Röse" (LL 4, S. 445):

> Vor seinem Abgang zur Universität schenkte Röse mir ein Exemplar der Uhlandschen Gedichte, in das er hineinschrieb: „Meinem Confident, obgleich's ein – ist, zur freundlichen Erinnerung". Der Gedankenstrich sollte „Schuckelmeyer" bedeuten, ein politischer Schimpfname für die Dänen, von denen wir Schleswiger derzeit nicht unterschieden wurden.

Storm fand Zugang zu literarischen Zirkeln, wurde unter anderem von seinem Deutschlehrer Classen nach Hause eingeladen und lernte weiter bedeutende Persönlichkeiten kennen. Wir erfahren aus seiner 1885 niedergeschriebenen Skizze „Ferdinand Röse" (LL 4, S. 441–447) eine Reihe von Details über diese Zeit. Man diskutierte Themen der Literatur und der Philosophie und nahm Anteil an der Entfaltung neuer Strömungen im deutschsprachigen Kulturraum. „In den Ferien kam Geibel, und wir gingen dann zusammen ins Theater, in den Weinkeller oder machten Ausflüchte auf die Dörfer." (LL 4, S. 444) Für Storm muss Geibel in gewisser Weise ein Vorbild gewesen sein; es hat gemeinsame Schreibprozesse gegeben und gegenseitige Kritik. Die jungen Leute wanderten in der Umgebung von Lübeck, besuchten Konzerte und Theateraufführungen und zechten gemeinsam im Ratskeller. Die drei duzten einander auch in ihren späteren Briefen; es kam auch zu persönlichen Besuchen. Storms Verhältnis zu dem damals gefeierten Geibel war später gespannt; Gertrud Storm überliefert, Geibel habe sich gegenüber gemeinsamen Freunden geringschätzig über Storms in Lübeck geschriebene Gedichte geäußert. (S. 125) Bei Storm lesen wir über diese Freundschaft (LL 4, S. 444 f.):

> Röse klagte, daß ihm das Talent der schönen Formgebung fehle, das, nach seiner Ansicht, Geibel in vollem Maße besaß; daher er denn auch, wo er in seiner Prosa Lieder bedurfte, seinen Mangel gern aus dessen Reichtum deckte; so in seinem Märchen „Das Sonnenkind", das im Pilger durch die Welt 1845 erschien. Einmal trafen wir diesen in seinem Zimmer ein Gedicht niederschreibend; „scht!" sagte Röse und hielt mich an der Tür zurück, und wir warteten ruhig, bis die heilige Handlung vollendet war.

Einmal hat Geibel auch für Storm ein Gedicht aufgeschrieben, das unter dem Titel „Sehnsucht" in den „Gedichte(n)" enthalten ist, die 1840 bei Duncker in Berlin im Druck erschienen. Die Handschrift hat Storm aufbewahrt und mit der Notiz „Dieß Gedicht schrieb Geibel in Lübeck in meinem Zimmer nieder, als ich dort Primaner war" in das „Album für Constanze" eingeklebt. Noch gleichen einige von Storms Gedichten, die er in Lübeck schrieb, der epigonalen Bildersprache Geibels, seinem gefälligen Stil; sie zeigen wenig substanzielle Erfahrung, sind vergangenheitsorientiert und nehmen den Volksliedton auf. Es dominieren tonmalerische Adjektive und Adverbien; erst allmählich wird sein Ton ein ganz anderer. Es scheint eine Art Dichterwettbewerb zwischen Storm und Geibel gegeben zu haben, die beiden sind sich aber dennoch wegen ihrer unterschiedlichen ästhetischen Auffassungen fremd geblieben. Das hinderte sie nicht, einander zu achten; beide haben sich später anerkennend über die Lyrik des anderen geäußert[122], Storm hat sogar fünf Gedichte Geibels in seine Lyrikanthologien aufgenommen und auch später freundschaftlich mit ihm korrespondiert. Geibels Jugendlyrik ist durch die Volksliedtradition und durch Dichter wie Uhland, Lenau, Platen, Eichendorff und Heine geprägt; bei aller Kritik an Geibels Epigonentum enthält sein Werk eine Reihe anspruchsvoller und bis heute lesbarer Gedichte. Sie wurden zum Teil aus den gleichen Quellen gespeist wie die frühen Gedichte Storms. Im Gegensatz zu Geibel, der sich ganz bewusst in die Tradition anerkannter Konventio-

---

122 Über das Verhältnis der beiden vergl. die Beiträge von Joseph Borst: Theodor Storms Beziehungen zu Emanuel Geibel, sowie Heinrich Schneider: Storm und Geibel. Ein Nachtrag. In: Die Heimat, Kiel 1832, S. 57–61 und 247–250.

nalität einfügte, hat Storm in unmittelbaren Naturgedichten seine eigene unverwechselbare Sprache gefunden. Er war sich bereits Anfang der 1850er Jahre darüber klar, dass er damit die an bloßer formaler Eleganz reichen Gedichte Geibels bei weitem übertraf. Dass dies von der Literaturkritik nicht gesehen wurde und man Geibel für bedeutender als Storm hielt, hat ihn bis zu seinem Tode verbittert.

Theodor Storm hat Geibels frühe Gedichte also nicht als Vorbilder angesehen, wie diejenigen Heinrich Heines; merkwürdig erscheint in diesem Zusammenhang, dass Geibel im Herbst 1836 auf einem Albumblatt vier Zeilen Heine für Storm niedergeschrieben hat. Das Blatt ist mit dem Datum „Lübeck den 19 Oct. 1836" versehen und wurde später ebenfalls in das „Album für Constanze" eingefügt.[123]

> – – Ich habe geliebt manch schönes Kind
> Und manchen guten Gesellen –
> Wo sind sie hin? – Es pfeift der Wind,
> Es schäumen und wandern die Wellen.
> H. Heine.

Es handelt sich um vier Zeilen des 14. Gedichts aus dem Zyklus „Seraphine", den Heine im ersten Band seines „Salon" 1834 veröffentlicht hatte. Diese Gedichte bilden seit 1844 einen Teil der „Neuen Gedichte".[124] Die Zyklen, aus denen sich das Buch „Neue Gedichte" zusammensetzt, sind literarische Antworten Heines auf politische und gesellschaftliche Zeitgeschichte im deutschen Kulturraum aus der Perspektive des Pariser Exils. Der „Seraphine"-Zyklus besteht aus 15 Gedichten, die wohl im August 1832 entstanden sind. Sie werden heute als „eine unmittelbare Antwort auf die polizeiliche Verfolgung und gerichtliche Verurteilung der saintsimonistischen Führer Barrault, Enfantin, Chevalier und Duveyrier seit Januar 1832" gelesen;[125] auf den politischen Hintergrund seiner Gedichte weist Heine im Vorwort ausdrücklich hin. Durch die

---

123 Storm hat es ebenfalls mit anderen Autographen und Zeichnungen in das „Album für Constanze" eingeklebt, das er seiner Frau am 5. Mai 1854 zu ihrem 29. Geburtstag schenkte. (StA)

124 Der Salon von H. Heine. Erster Band. Hamburg 1834, S. 168.

125 Heinrich Heine. Sämtliche Schriften, hg. von Klaus Briegleb, Bd. 4, S. 922 f.

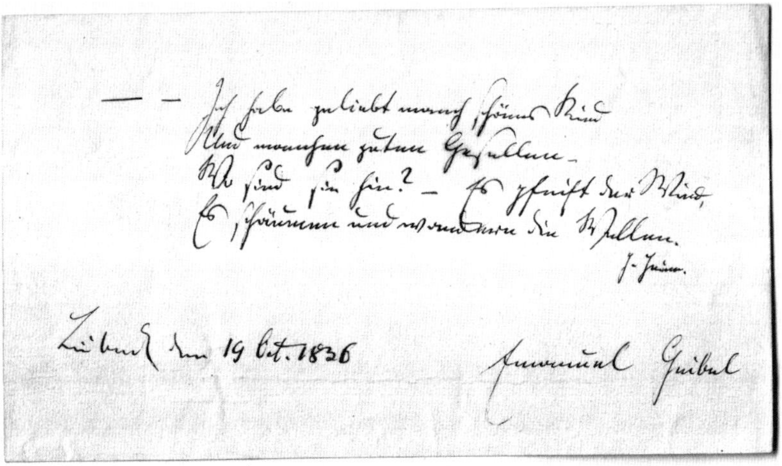

— — Ich habe geliebt manch schönes Kind
Und manchen guten Gesellen.
Wo sind sie hin? – Es pfeift der Wind,
Es schäumen und wandern die Wellen.
H. Heine.

Lübeck den 19 Oct. 1836 Emanuel Geibel

Abb. 16
Oben: Marienkirche und Rathaus von Lübeck.
Unten: Vier Zeilen des 14. Gedichts aus dem Zyklus „Seraphine" von Heinrich Heine.

Herauslösung der vier Zeilen zeigt Geibel seine einseitige Rezeption der poetischen Aspekte der Lyrik Heines, die auch von der zeitgenössischen Literaturkritik gegen die als „frivol“ empfundene politische Dimension Heines ausgespielt wurde. Damit schließt sich auch Geibel an die typische Heine-Rezeption an, die für Storm und Röse charakteristisch war und über die noch zu sprechen sein wird.[126]

Rückblickend schrieb Storm[127]:

Röse gehört zu denen, welchen ich es verdanke, Kritik ertragen zu können und sie an mir selbst zu üben; er schrieb quer über meine Gedichte sein „Denique sit, quid sit, simplex dumtaxat et unum“[128], und sagte mir mehr, als einmal: „Du bist geistig tot“; ob Letzteres mit Recht, ist mir später zweifelhaft geworden. In der Poesie freilich war es bei mir nur noch ein Flügelprüfen; über meine zuerst 1852 erschienenen Gedichte hat er mir später mit Begeisterung geschrieben, daß er sie morgens und abends lese.

Ende 1836 fasste Storm siebzehn Gedichte zusammen, die er in ein kleines Heft mit grünem Einband eintrug und mit der Widmung versah: „Gedichte. Seinen Eltern als ein Beweis seiner Liebe und Hochachtung gewidmet von ThWStorm. Zum Weihnachten 1836.“ Die Handschrift beginnt mit „In die Heimat“, danach folgt die Zeichnung einer Frau; es handelt sich um die einzige von Storm erhaltene größere Zeichnung, mit der er sein später „Geistesgruß“ überschriebenes Gedicht (vergl. Abb. 19, S. 188) illustriert und mit den Worten kennzeichnet: „Zur Schmidtschen Titelskizze“. Es zeigt eine junge Frau, die in einem biedermeierlichen Interieur sitzt und sehnsuchtsvoll aus dem Fenster in die Ferne schaut. Ob Storm eine populäre Vorlage kopiert hat, ist unbekannt. Die Komposition lässt darauf schließen; die Ausführung ist allerdings schülerhaft und die Proportionen sind ungenau. Der Titel verweist auf eine kulturhistorische Skizze, die der Arzt und Bankkaufmann „Schmidt von Lübeck“ 1827 veröffentlicht und in der er das unerfüllte

126 Dies bestätigt Litzmann in seiner Geibel-Biographie (Berlin 1887, S. 13): „Für die Heine'sche Ironie hatten wir allerdings Beide kein Verständniß, vielmehr bemühten wir uns in ihr überall nur die Hülle zu sehen, unter der sich eine tiefere wahre Empfindung verbärge, und suchten dadurch den Dichter, wo er unser Gefühl verletzte, gewissermaßen zu rechtfertigen.“

127 Ferdinand Röse, LL 4, S. 444.

128 „Denique sit, quod vis, simplex dumtaxat et unum.“ Horatius, De arte poetica (Epistula ad Pisones) 23: Was du schließlich auch willst, es sei schlicht und einfach.

Liebesverhältnis zwischen dem italienischen Renaissance-Dichter Petrarca und seiner Muse Laura beschrieben hat. Es folgen die Gedichte „Der alte Traum", „Mein schönes Wunderland", „Ständchen" (1) und (2), „Träumerei", „An meine Künftige", „Der Bau der Marienkirche zu Lübeck", „Auf den sich reckenden Pl –", „Goldne Lebensregel", „Liebe", „Lose Mädchen", „König und Herz", „In R.s Stammbuch (Ferdinand Röse)", „Neuer Frühling" und „Der Sänger beim Mahle". Es handelt sich bei diesen Texten ausschließlich um Gedichte, die in der zweiten Hälfte des Jahres 1836 entstanden sind und mit denen Storm das Niveau seiner lyrischen Entwicklung am Ende seiner Schulzeit dokumentiert und nach Hause geschickt hat.

Storm hat während der Lübecker Zeit erneut versucht, Gedichte zu veröffentlichen. Am 23. Januar 1837 wandte er sich an Adelbert von Chamisso, der den „Deutschen Musenalmanach" herausgab, in dem Emanuel Geibel und sein Freund Ferdinand Röse bereits publiziert hatten[129]:

> Unabgeschreckt durch die Gutzkowsche Rezension des diesjährigen „Musenalmanachs", wage ich es, Ew. Wohlgeboren einige meiner kleinen poetischen Arbeiten vorzulegen, mit der Bitte, falls selbige nicht unwert erachtet werden sollten, sie als Beitrag zum „Deutschen Musenalmanach" anzunehmen.

Unter den beigefügten Gedichten hat sich auch die Ballade „Der Bau der Marienkirche zu Lübeck" (vergl. S. 181 ff.) befunden. Die Sage hat Storm in der 1834 erschienenen Sammlung von Heinrich Asmus mit dem Titel „Leitfaden zur Lübeckischen Geschichte" gefunden. Seine Bearbeitung orientiert sich inhaltlich bis ins Detail an dem ebenfalls gereimten Vorbild, übertrifft dieses jedoch formal erheblich, da Storms Gedicht dem Niveau der damals blühenden Balladendichtung entspricht. Sein bereits in Husum erkennbares Interesse an geschichtlichen Quellen wird in Lübeck durch Ferdinand Röses Vorliebe für Sagen gewachsen sein, denn der Freund veröffentlichte eine Lübeckische Chronik[130], von der Storm in einem Entwurf für seine „Erinnerungen an Ferdinand Röse" schreibt (LL 4, S. 943 f.):

---

129 In dieser Edition S. 206; vergl. Lothar Müller 1992, S. 32.
130 Lübeckische Chronik. Lübeck 1842.

[…] und so hat er denn auch später eine „Lübeckische Chronik“ – ohne seinen Namen – mit dem Motto „Was willtu begehren mehr, als die alte lübische Ehr“ in der Fr. Aschenfeldtschen Buchhandlung daselbst 1842 erscheinen lassen, worin er wesentlich „der Väter Sinn u. Sitte“ darstellen wollte und wo er zu dem Ende auch der Sagenpoesie behaglich Rechung getragen hat. Ein handschriftlicher Theil eines nie gedruckten Romanes, der wesentlich das Leben der Geschlechter u. der Zünfte, ihre Aufzüge u. Festlichkeiten zum Gegenstande hat, ist noch in meinem Besitz.

Außerdem muss Storm privaten Kontakt mit Ernst Ludwig Heinrich Deecke (1805–1862)[131] gehabt haben, der als Lehrer vor allem an der Realschule unterrichtete und nur vertretungsweise in der Oberklasse des Katharineum tätig war, der aber freundschaftlichen Verkehr mit den Primanern pflegte.[132] Deecke sammelte seit Mitte der 1830er Jahre kulturhistorisches Material der Hansestadt und gab neben anderen Werken die „Lübische(n) Geschichten und Sagen“ heraus. Als Storm 1844 seine Sammlung von Sagen aus dem Herzogtum Schleswig zusammenstellte, die eine der wichtigsten Grundlagen für die 1845 von Karl Müllenhoff herausgegebene Sagensammlung der Herzogtümer Schleswig, Holstein und Lauenburg[133] wurde, trug er auch einige Sagen aus Lübeck bei. Unter seinen Veröffentlichungen im Volksbuch für die Herzogtümer auf das Jahr 1847 ist unter der Überschrift „Das Wunderkind“ ein Text enthalten, auf den er wahrscheinlich von Deecke aufmerksam gemacht wurde [134].

---

131 Ernst Ludwig Heinrich Deecke war seit 1829 als Kollaborator am Katharineum in Lübeck tätig und wurde 1847 zum Professor und Leiter der auch aus Beständen der Schulbibliothek begründeten Stadtbibliothek ernannt; er sammelte seit Mitte der 1830er Jahre kulturhistorisches Material der Hansestadt und gab u.a. 1852 die Sammlung „Lübische Geschichten und Sagen“ heraus. Eine spätere Auflage stand in Storms Bibliothek: Ernst Deecke: Lübische Geschichten und Sagen. Lübeck 1857. Über Deecke vergl. Hannelore Jeske: Sammler und Sammlungen von Volkserzählungen in Schleswig-Holstein. Neumünster 2002, S. 142 ff.

132 F. Magnus: Das Katharineum in der Zeit von 1763 bis 1854. In: Festschrift zur Vierhundertjahrfeier des Katharineums zu Lübeck 1531–1931. Lübeck 1931, S. 29–52; hier S. 50.

133 Karl Müllenhoff (Hg.): Sagen, Märchen und Lieder der Herzogthümer Schleswig, Holstein und Lauenburg. Kiel 1845.

134 Im „Volksbuch für das Jahr 1847 mit besonderer Rücksicht auf die Herzogthümer Schleswig, Holstein und Lauenburg“, herausgegeben von K(arl) L(eonhard) Bier-

Chamisso hat keines der Gedichte Storms angenommen; die Ballade vom Bau der Marienkirche konnte Storm erst im Volksbuch 1846 veröffentlichen[135]. Storms Hinweis auf „die Gutzkowsche Rezension" bezieht sich auf einen Beitrag im Kapitel „Dichter im Reime" in Gutzkows „Beiträge zur Geschichte der neuesten Literatur" (Bd. 1, Frankfurt am Main 1836, S. 143–146), in dem es heißt:

Ärmlicher als je fiel im letzten Jahre der von Schwab und Chamisso besorgte Musenalmanach aus. Vögel genug im deutschen Dichterwalde, aber diesmal so viel Spatzen, daß man auf die Vermuthung kömmt, die zählbaren Nachtigallen suchten nach einem mittelmäßigen Hintergrund für Klänge, welche auch an ihnen diesmal wie aus der Mause gekommen sind.

Storm war nicht gut beraten, als er sich ausgerechnet durch seinen unverblümten Hinweis auf die harsche Kritik des nur sechs Jahre älteren Gutzkow bei Chamisso empfahl, denn dessen Poesie wird von Gutzkow mit dem Satz abqualifiziert: „Chamisso rührt, wenn er sein Alter erwähnt; [...]." Karl Gutzkow (1811–1878) war einer der Vertreter des „Jungen Deutschland", einer literarischen Bewegung zwischen 1830

natzki. Altona: Verlag der Expedition des Altonaer Mercur's <1846>, hat Storm unter der Überschrift „Vaterländische Anekdoten, Sagen und Geschichten" auf den Seiten 139–144 den kulturhistorischen Text „Das Wunderkind" veröffentlicht, der aus einem ausführlichen Zitat aus der anonymen Schrift: „Des Berühmten Lübeckischen Säuglings, Christian Heinrich Heineken, An- und Abschieds-Reden, an Seine Königliche Majestät Zu Dänemarck und Norwegen, Friedrich des Vierdten, Bey der ihm zu Friedenburg Den 9. Septembr. 1724. Ertheilten allergnädigsten Audientz. Lübeck 1724" besteht. Vermutlich hat er solche Materialien durch den Kontakt zu Deecke kennen gelernt und in seine Sammlung kulturhistorischer Materialien aufgenommen. Vergl. dazu: Theodor Storm: Anekdoten, Märchen, Sagen, Sprichwörter und Reime aus Schleswig-Holstein. Texte, Entstehungsgeschichte, Quellen. Unter Berücksichtigung der von Theodor Mommsen beigetragenen Sagen nach den Handschriften und Erstdrucken herausgegeben von Gerd Eversberg. Heide 2005. Die Quellenstudien zu der hier vorgelegten Publikation haben ergeben, dass Storm auch weitere Sagen der Hansestadt Lübeck zu Müllenhoffs Sammlung beigetragen haben muss, die in meiner 2005 erschienenen Edition nicht berücksichtigt wurden.

135 Die Ballade ist in veränderter Fassung veröffentlicht im Volksbuch auf das Jahr 1846 für die Herzogthümer Schleswig, Holstein und Lauenburg. Mit Beiträgen von [...], Theodor Storm u.A., herausgegeben von K(arl) L(eonhard) Biernatzki. Altona: im Verlage der Expedition des Altonaer Mercur's <1845>, S. 111–113 mit der Datierung „Lübeck, 1837". Die Fassung des Erstdrucks ist abgedruckt in LL1, S. 171–173.

und 1840, zu der Heinrich Laube, Ludolf Wienbarg und Theodor Mundt gezählt werden. Ihr literarisches Vorbild war Ludwig Börne, dessen Werke ebenso wie die Heinrich Heines wegen ihres Protestes gegen die politische Restauration auf Antrag der preußischen Zensur vom deutschen Bundestag 1835 verboten wurden. Diese Autoren verband der Gedanke einer umfassenden Erneuerung der deutschen Gesellschaft und die Forderung nach einer natürlichen Religion und einer neuen Moral (Emanzipation der Frau, Propagierung der Liebesheirat) sowie eine Abwendung von der idealistischen Ästhetik. Gutzkow versuchte, Politik und Literatur in seinem journalistischen und publizistischen Schaffen zu vereinigen. Er war maßgeblich an der Entwicklung neuer Formen der Journalistik und der Entfaltung des Zeitschriftenwesens beteiligt und zählt zu den bedeutendsten Literaturkritikern der Zeit des Vormärz. In den 1836 in Frankfurt am Main erschienenen „Beiträge(n) zur Geschichte der neuesten Literatur“ sind Abrisse über deutsche Autoren wie Goethe, Tieck, Uhland, Fichte, Schleiermacher und Heine enthalten; außerdem widmete er den zweiten Band der Literatur Frankreichs, Englands, Italiens und Russlands. Sicher hat Storm mit Interesse den Beitrag über Heinrich Heine gelesen, den Gutzkow im ersten Band seiner Schrift veröffentlichte (S. 79–94).

Storm hat als Primaner in Lübeck nicht nur die bedeutenden schöngeistigen Werke von Goethe, Bürger, Heine und Eichendorff gelesen, sondern hat – wie seine Lektüre der Kritiken Gutzkows zeigt – auch am aktuellen literarischen Leben teilgenommen. Er nahm auf diese Weise bereits früh politische Auseinandersetzungen zur Kenntnis, die bis zur deutschen Revolution der Jahre 1848/49 neben den Fragen der Ästhetik Gesprächsstoff unter Schülern und Studenten waren. Dem jungen Dichter ist es erst ein Jahr später während seines Studiums in Kiel gelungen, erneut ein Publikationsorgan zu finden. Amalie Schoppe veröffentlichte 1838 in den von ihr redigierten „Neue(n) Pariser Modeblätter(n)“ fünf Gedichte aus den Jahren 1836 und 1837.

Storms kritische Einschätzung seiner Schüler-Gedichte erscheint von seiner späteren Lyrik aus gesehen durchaus richtig, sie hat aber in der Storm-Rezeption einen unvoreingenommenen Blick auf die Bedeutung dieser frühen Experimente für die Entwicklung seiner Poesie verstellt und sowohl zu einem einseitig negativen Bild der Husumer

Schule als auch zu einer Überschätzung der Lübecker Schulzeit geführt; in seinen „Erinnerungen an Eduard Mörike“[136] berichtet er über diese Zeit:

Erst auf dem Lübecker Gymnasium, das ich vor dem Abgang zur Universität noch eine Zeit lang besuchte, las ich Goethe's Faust und Heine's Buch der Lieder, und mir war dabei, als seien durch diese beiden Zauberbücher doch erst die Pforten der deutschen Dichtung vor mir aufgesprungen. Von den neueren schwäbischen Dichtern kam nur Uhland in meine Hände; aber trotz der schönen frühlingsklaren Lyrik blieb dessen dichterische Persönlichkeit mir ferner, vielleicht weil in der Sammlung der Gedichte die Balladenpoesie einen so breiten Raum einnimmt[137], die man damals ganz in den Vordergrund geschoben hatte, zu der, mit wenigen Ausnahmen, ich aber niemals ein Verhältnis finden konnte.

Die „Faust“-Lektüre mag in der Schule begonnen haben, wurde aber im privaten Kreise fortgesetzt und fand ihren Höhepunkt in szenischen Darstellungen im Salon der Familie Nölting. Das Werk regte Storm zu zwei Gedichten an: „Teufels error in calculo“ und „Walpurgisnacht“. Es entstanden Gedichte zu Theodor Körner und nach Goethes „Der Sänger beim Mahle“. Es ist wahrscheinlich, dass Storm sich einige Bände der „Ausgabe letzter Hand“ des 1832 verstorbenen Weimarer Dichters angeschafft hat, die im November 1835 von dem Buchhändler Friedrich Aschenfeldt und von der Rohden'schen Buchhandlung preiswert angeboten wurden, darunter die Gedichte.[138] Die Faustdichtung mit dem ersten Teil und dem noch unfertigen zweiten Teil mit dem Hinweis „(ist fortzusetzen.)“ ist im zwölften Band (1829) enthalten. 1834 erschien aber bereits eine vollständige Separat-Ausgabe beider Teile, die Storm vermutlich besessen hat,[139] denn der Fauststoff bildete für ihn und für seinen Freund Ferdinand Röse ein wichtiges Thema, mit

136 LL 4, S. 470 f.

137 Ludwig Uhland: Gedichte. Tübingen 1815; 6. Auflage 1834. Storm hat die 6. Auflage von Ferdinand Röse im Herbst 1836 geschenkt bekommen; die Balladen bilden den letzten Teil der Edition.

138 „Göthes Werke 55 Bände z. herabgesetzten Preise“. Beylage zu No. 95 der Lübeckischen Anzeigen vom 28. November 1835; es handelt sich um die Ausgabe, die der Verlag Cotta zwischen 1827 und 1830 auf den Markt brachte. Die Balladen fand Storm im ersten Band: Goethe's Werke. Vollständige Ausgabe letzter Hand. Erster Band. Stuttgart und Tübingen 1827.

139 Faust. Eine Tragödie von Goethe. Beide Theile in Einem Bande. Stuttgart und Tübingen 1834.

dem sich die beiden auch noch während ihres Studiums auseinandersetzten. Röse veröffentlichte 1838 in Berlin nach einem gemeinsamen Theaterbesuch eine Schrift mit dem Titel: „Ueber die scenische Darstellung des Göthe'schen Faust und Seydelmann's Auffassung des Mephistopheles."

Ein bisher kaum beachtetes Manuskript mit der Erzählung „Celeste" ist die einzige Prosaarbeit, von der ein Manuskript aus diesem Zeitraum bekannt ist.[140] Es handelt sich bei diesem Text um die erste poetische Erzählung des damals 19-Jährigen überhaupt, eine Liebesgeschichte, die durch einen Erzählrahmen als bloßer Traum erkennbar wird. Die Erzählsituation entspricht der damaligen Seelenverfassung des Primaners, der sich nach Zuneigung und Liebe sehnte. Storm gibt selbst durch das Motto einen Hinweis auf seine Quelle, Bürgers Gedicht „Die Königin von Golkonde", dessen erste Zeile er seiner Erzählung voranstellt. Er hatte Bürgers Werke bereits als Schüler in der Husumer Gelehrtenschule gelesen, aber eine intensivere Beschäftigung mit dem Autor datiert erst in die Lübecker Zeit. Zum Jahresende 1835 erschien in der Dieterichschen Buchhandlung Göttingen eine großformatige Prachtausgabe von Bürgers sämtlichen Werken.[141] Storm erwarb ein Exemplar in der Rohden'schen Buchhandlung und versah es mit dem Namenskürzel „HWStorm". Bürger dichtete seine Verse nach der Prosaerzählung: „Aline, reine de Golconde" (1761) des französischen Dichters Stanislas Chevalier de Boufflers (1738–1815) und erzählt in Ich-Form von den galanten Erlebnissen eines jungen Edelmannes, der bei einer Jagd in einer abgelegenen Gegend Halt macht und dort einem Bauernmädchen namens Aline begegnet. In einer spontanen Liebes-

140 Dieter Lohmeier hat die Erzählung 1988 zum ersten Mal in Band 4 der vierbändigen Storm-Ausgabe ediert und setzt ihre Niederschrift um 1840 an (S. 265–268; 748–750). Ihre motivische Verwandtschaft mit den im zweiten Halbjahr 1835 entstandenen Gedichten „Mein schönes Wunderland" und „Träumerei" verweist eindeutig in Storm Lübecker Zeit.

141 Bürger's sämmtliche Werke hg. von August Wilhelm Bohtz. Göttingen 1835, S. 104–111. (Storms Bibliothek, StA mit dem Eintrag „HWStorm.") Storm hat diesen Band in Lübeck Ende 1835 oder im folgenden Jahr erworben, wie ein eingeklebter Zettel in der Einband-Innenseite belegt: „Zu haben in der von Rohden'schen Buchhandlung in Lübeck, Breitestraße N°. 785."

situation schwängert der Jüngling das Mädchen, verlässt und vergisst es schon bald, wird aber nach einigen Jahren an das Erlebnis erinnert, als er Aline als reiche Dame in Paris wiedertrifft. Weitere fünfzehn Jahre später treffen die beiden erneut zusammen, diesmal in Ostindien, wo der nunmehr zum General der französischen Kolonialarmee aufgestiegene Erzähler Aline wieder begegnet, die nach dem Tod ihres Mannes bei einer Reise zunächst in Sklaverei geraten, dann aber vom König von Golkonde zur Geliebten erkoren wurde. In einer von ihr nachgebauten dörflichen Landschaft erleben beide die Begegnung ihrer Jugend noch einmal. Der Erzähler muss fliehen, verliert, nach Paris zurückgekehrt, sein Vermögen und trifft im Alter erneut mit Aline zusammen, die in einer Wüstenoase beider Alterswohnsitz vorbereitet hat. Das Epos endet mit der Einsicht des Erzählers, dass er sein Glück bisher vergebens gesucht hat: „Ich fand es erst am Abend meines Lebens."

Bürger gestaltet das Liebeserlebnis in einem Rokokogarten, in dem das unverbindliche erotische Spiel in einer verniedlichten Umgebung stattfindet; dieser Garten wird sogar Jahre später in Indien nachgebaut und die Kopie erfüllt ihre Funktion wie das Original beim ersten Mal. Storm übernimmt das Motiv der beiden Liebenden, die sich bei Bürger vor der Vereinigung ebenfalls mit „Bruder" und „Schwester" anreden, verändert es aber grundlegend, indem er aus der spielerisch-galanten und unverschlüsselt erotischen Episode ein ernst gemeintes Spannungsgefüge zwischen Seelenliebe und Sexualität konstruiert, das ähnlich wie später in seiner Novelle „Immensee" zu keiner Erfüllung gelangt. Das Geschehen wird auf eine einsame exotische Insel verlegt, auf der der Erzähler mit seiner Celeste ganz allein ist und zu ihrem Schutz eine Grotte zu einem Liebesnest ausgestaltet hat. Ihn hindern aber moralische Bedenken und die Scheu vor der Jungfräulichkeit des Mädchens, den Liebesakt zu vollziehen. Einen motivverwandten Paralleltext stellt das gleichzeitig entstandene Gedicht „Träumerei" dar. Storm übernimmt nur das Motiv der Liebenden, nicht aber die ironische Distanz, mit der Bürger das äußerst unwahrscheinliche Geschehen in seinem Versepos schildert, und die das Unglaubwürdige des Erzählten als deutlich erkennbare Erzählerfiktion erst erträglich macht. Das unaufhebbare Spannungsgefüge zwischen Hölle und Seligkeit, um das es

Storm geht, hat Bürger in seiner volkstümlichen Wiedergängerballade „Lenore" gestaltet.[142] In Storms Erzählung wird es aus seinem christlichen Kontext herausgenommen und in einen Seelenzustand transformiert; der Kampf zwischen Gut und Böse, der sich in der abendländischen Tradition als Überwindung des Todes durch Christi Auferstehung manifestiert, wird zur bloßen menschlichen Kategorie, zur intimen Angelegenheit zweier Liebenden.

Im Gegensatz zu Bürgers Behandlung des Stoffs, die auch den Schmerz des liebenden Mädchens vor dem Verlust des Geliebten andeutet, steht beim jungen Storm die Angst vor der Gewalt der Sinnlichkeit im Mittelpunkt der Erzählung. Sie bestimmt das Verhalten des Ich-Erzählers und wird in dem Bild der wilden Hyänen gespiegelt, die das Leben des hilflosen Mädchens gefährden, so wie sich der Erzähler als derjenige erfährt, der die Unschuld des Mädchens bedroht. In einer indirekten Kommunikation wird dieses Spannungsgefüge durch die Begriffe „Bruder" und „Schwester" ausgesprochen; die inneren Vorgänge des Mädchens werden durch ihre Tränen und ihre körperliche Nähe erkennbar, während der Erzähler die Gefühle des jungen Mannes unverschlüsselt in einem inneren Monolog thematisiert. Die Darstellung des Mädchens entspricht der späterer Frauengestalten Storms, die sich in ihrer ganzen Unschuld völlig dem geliebten Mann ergeben. Als das Mädchen sich aus Angst vor der drohenden Gefahr durch die wilden Tiere ganz in seinen Schutz ergibt, beginnt er seine Scheu in einem Kampf „zwischen Himmel und Hölle" zu überwinden. Der junge Mann entspricht in seiner zögerlichen Haltung Reinhardt in „Immensee"; im Gegensatz zu dieser späteren Novelle überwindet er seine Scheu, aber gerade als er zur Tat schreiten will, bricht der Erzähler die Szene ab und desillusioniert den Leser durch die Eröffnung, dass es sich nur um einen Traum gehandelt hat.

Das Motiv des Schiffbruchs und die schützende Höhle, die durch eine Schiffsplanke gesichert wird, hat Storm aus der Tradition der Abenteuererzählungen (Robinson Crusoe[143]) entnommen. Die Natur-

142 Storm hat diese Ballade Bürgers sehr geschätzt und sie später neben vier Gedichten in sein „Hausbuch" aufgenommen.

143 Als Knabe hat er wahrscheinlich Joachim Heinrich Campes erzieherische Bearbeitung von D. Defoes „Robinson Crusoe" gelesen, die seit 1779/80 unter dem Titel „Robinson der Jüngere" in vielen Auflagen erschien.

bilder zeigen den poetischen Gestaltungswillen ihres Verfassers, dem es aber noch nicht gelingt, ein harmonisches Maß in seiner übertriebenen Schilderung zu finden. Die üppige Natur wird mit derselben Emphase geschildert wie der Seelenzustand der beiden Liebenden. Der Erzähler bindet das Begehren des jungen Mannes in einen natürlichen Kontext ein, in dem „goldbeschwingte Vögel" „heimlich durch die blühenden Büsche" rauschen und „ihr süßverstecktes Nest" suchen; die ganze Umwelt ist ein großer Liebesgarten, in dem sogar aus dem Meer Blumen emporsteigen, nachdem sich Sonne und Meer symbolisch vermählt haben. Durch diese Einbettung der beiden Menschenkinder in einen überaus fruchtbaren Kosmos erscheint die Aussage des Jünglings „mein Blut stürmte durch die Adern" als Empörung gegen eine als widernatürlich empfundene Selbstbeschränkung, die in seinem inneren Kampf gegen die Scheu vor dem Liebesakt gipfelt. Die bürgerlichen Moralvorschriften stehen im Gegensatz zum natürlichen menschlichen Empfinden. Aber Storm vermag es noch nicht, den Konflikt zu lösen; dies passt zu seiner eigenen seelischen Verfassung in dieser Zeit. Sein unstillbares Liebessehnen schreckt vor der Überschreitung der Grenze des Schicklichen zurück; die Achtung vor der Jungfräulichkeit des Mädchens kann aber auch als Furcht vor der Sinnlichkeit Celestes gedeutet werden, die den Ich-Erzähler zugleich anzieht und als lebensbedrohende Gefahr erscheint, eine Situation, die für beide in der Angst vor den wilden Tieren sinnlich erfahrbar wird.

Storms erster Prosatext ist im poetisch gehobenen Stil des Biedermeier verfasst und reiht sich in die Nachahmung von lyrischen Vorbildern des späten 18. Jahrhunderts ein. Aber der Text zeigt, dass der junge Dichter die erotische Konvention des Rokoko durchbricht, indem er nach ihrer Verwirklichung verlangt und damit das nachvollzieht, was die Autoren des Sturm und Drang in den 1770er Jahren vorbereitet haben. In diesem Sinne befand sich auch Storm in einer Drangphase, die er erst mit dem Abschluss der unerfüllten Liebe zu Bertha von Buchan am Ende seiner Studienzeit überwinden konnte.

Storm besuchte während seiner Lübecker Zeit auch das Theater, dessen Leitung mit der Spielzeit 1834/35 Carl Schütze übernommen hatte, der zuvor Direktor des Altonaer Stadttheaters gewesen war.[144] Neben Unterhaltungsstücken im Zeitgeschmack konnten Storm und seine Freunde auch während dieser Direktion, die bis April 1837 dauerte, anspruchsvollere Inszenierungen sehen.[145] In der Spielzeit 1835/36 wurden 18 Opern gegeben; auf dem Spielplan standen 31 Dramen, darunter von Shakespeare: „Hamlet", von Goethe: „Faust" und „Egmont"; von Schiller: „Die Räuber", „Die Verschwörung des Fiesco zu Genua", „Wilhelm Tell" und „Die Jungfrau von Orleans" und von Kleist: „Das Käthchen von Heilbronn"; darüber hinaus gab man 37 Lustspiele und Rührstücke von Kotzebue, Birch-Pfeiffer usw. Über die Inszenierung von Goethes „Faust"[146] kam es zu einer kontroversen Diskussion, auf die in einem unter dem Titel „Gehört die Sage vom Faust auf's Theater, und paßt das Göthe'sche Drama darauf?" veröffentlichten Artikel mit einer ablehnenden Bemerkung am 28. Januar 1836 Bezug genommen wird. In der Spielzeit 1836–1837 hat Schütze dieses Niveau nicht gehalten; wiederholt wurde Goethes „Faust" (am 9. Februar 1837) und neu in den Spielplan aufgenommen Schillers „Kabale und Liebe" (am 24. Oktober 1836), aber es dominierte in dieser Spielzeit das leichte Unterhaltungstheater. Die Schüler des Katharineums nahmen auch an Maskenbällen teil, wie Storm es in seinem Gedichtzyklus „Maskerade" geschildert hat.

Neben dem Austausch im Freundeskreis erfuhr Storm weitere Anregungen im Salon der Familie von Christian Adolf Nölting (1794–1856), wo auch einige seiner Lehrer verkehrten. Über diesen Salon lesen wir in der Biographie Gertrud Storms:[147] „Alle schönen Küns-

---

144 Johann Carl Schütze war vom 1. September 1834 bis zum 1. Mai 1837 Direktor des Lübecker Schauspielhauses, wo auch „Masqueraden und Conzerte gegeben werden". (Lübeckisches Adreß-Buch 1836; S. 51.) Die Direktion wurde gemeinsam mit Adolph Friedrich Dreckmann bis 1838 verlängert. (Stadtarchiv Lübeck); vergl. Carl Stiehl: Geschichte des Theaters in Lübeck. Lübeck 1902, S. 135 ff.

145 Am 8. April 1836 wird in der „Lübecker Fremden- und Schiffs-Liste" in einem Artikel unter dem Titel „Einige Worte über unser Theater" eine Übersicht über die „Vorstellungen im Winterhalbjahr 1835–1836" gegeben. (Stadtarchiv Lübeck)

146 Die Aufführung am 22. Januar 1836 wurde in kurzen Rezensionen am 26. und 27.1.36 besprochen; eine Wiederholung fand am 26. Januar statt (Rezension in der „Lübecker Fremden- und Schiffs-Liste" vom 30.1.36). (Stadtarchiv Lübeck)

147 Gertrud Storm 1912, S. 128 f. Als Quelle verwendet sie neben ihren Erinnerungen an Erzählungen ihres Vaters die Lebenserinnerungen von Rochus von Liliencron (1820–1912), aus denen sie z.T. wörtlich zitiert.

te waren in diesem Hause heimisch und wurden mit Begeisterung gepflegt. Frau Nölting war vor allem sehr musikalisch, sie spielte viel und gerne Klavier, besonders Beethoven. [...] Wenn sich die jungen Leute im Nöltingschen Hause versammelten, so ging es lebhaft her; es wurde musiziert und gelesen." Und über das literarische Leben im Salon der Nöltings lesen wir: „Diejenigen, welche sich zum Dichten berufen fühlten, trugen ihre Gedichte vor. Die Frau des Hauses horchte still und gab dann ihr ungeschminktes Urteil über das Gehörte ab. Storms Gedichte fanden, wie er oft später erzählte, wenig Gnade vor ihrer Kritik, während Geibels jugendliche Dichtungen mit Wärme aufgenommen wurden."

Rochus von Liliencron bestätigt aus eigenem Erleben dieses Bild des Nöltingschen Salons; ihm verdanken wir auch eine detaillierte Schilderung des Musiklebens in der Stadt. Im Leben Storms spielte die Musik ebenfalls eine bedeutende Rolle.[148] Bereits in Husum hatte er nach mündlichen Äußerungen seines Sohnes Ernst privaten Musikunterricht bei dem Husumer Organisten Philipp Caspar Windt, bei dem er das Klavierspielen erlernte. An der Husumer Gelehrtenschule gab es keinen Musikunterricht, wohl aber am Katharineum in Lübeck, wo seit Michaelis 1835 der Collaborator Karl Mosche Singunterricht erteilte; das Schulprogramm 1835 enthält die Ankündigung von Rektor Jacobs mit dem Hinweis, dass in den drei oberen Klassen „der Gesang kunstmäßig behandelt" wird. Mosche hat selbst komponiert und neben seinem Gesangsunterricht die Schüler der oberen Klassen auch durch theoretische Vorträge unterwiesen. Die dort erworbenen Fähigkeiten konnte Storm bei den Nöltings gut anwenden; in ihrer Familienchronik schreibt Henriette Nölting[149]:

> Es kam zu uns auch viel junges Volk, unter anderem Rochus von Liliencron, hier Primaner auf der hohen Schule, Matthias Claudius (der Sohn des Senators Claudius), auch Emanuels Freund Röse, hoch begabt, aber leider charakterlos; es kamen die Kandidaten Lütge und Becher. Emanuel brachte gelegentlich auch einmal Storm und Kruse mit heraus. Kurz, es war ein reges Leben. Viel wurde musiziert, gesungen wurde mehrstimmig.

---

148 Die Lübecker Zeit wird ausführlich dargestellt bei Hermann Fey: Theodor Storm als Komponist. In: Schriften der Theodor-Storm-Gesellschaft 6 (1957), S. 38–53.
149 Zitiert nach Hermann Fey, S. 42.

Abb. 17
Ehemaliges Haus der Familie Nölting, Lübeck, Johannisstraße 20, heute Dr.-Julius-Leber-Straße.

Zunächst in Husum und dann in Lübeck erhielt Storm eine umfassende allgemein-musikalische Ausbildung, die es ihm ermöglichte, Zeit seines Lebens engagiert als Sänger und Chorleiter zu wirken. Einer von Storms musikbegeisterten Mitschülern war Wilhelm Becker (1818–1884), der ihn zwanzig Jahre später in Heiligenstadt besuchte; über ihn schrieb er am 15. Oktober 1857 an seinen Schwiegervater Ernst Esmarch[150]:

Du weißt, daß ich, in Lübeck, wo er als Gymnasiast im Hause seines nun auch verstorbenen Onkels, Dr. Steche, lebte, sehr intim mit ihm verkehrte. Er war damals ein ausgezeichneter Fortepianospieler, und ist auch jetzt einer der Hauptmusikmänner in Oldenburg. [...] Wir hatten uns übrigens in 20 Jahren nicht gesehen, aber Jugendfreundschaft ist so stark, die alte Vertrautheit war sofort zwischen uns, als wären wir gestern auseinander gegangen. Er ist ein Mensch, fein und edel bis in die Fingerspitzen, wie ich das Glück gehabt habe doch mehr als Einen in meinen jungen Jahren gefunden zu haben.

Unter Leitung von Gottfried Hermann (1807–1888), Organist an St. Marien und städtischen Musikdirektor, entfaltet sich in den Jahren von 1835 bis 1837 ein reges Musikleben in der Hansestadt. Hermann Fey führt dazu aus (S. 43): „Im Winter 1836, als Storm schon in Lübeck heimisch geworden war, veranstaltete Gottfried Herrmann mehr als 20 Konzerte, die sich verteilten auf Abonnementskonzerte, Abende des Musikvereins, Quartett- und Solistenabende. Hervorragend als Violinist (Schüler Spohrs), Pianist und Dirigent, mußte Herrmann auch den Organistendienst an St. Marien versehen. In seinem Oratorienchor sangen auch Schüler des Katharineums mit. Da Storm einen sehr schönen ‚silbernen Tenor' hatte und Tenöre bei uns in Norddeutschland selten sind, wird der Dirigent Gottfried Herrmann (aus dem Kreis des Hauses Nölting) sicher Storm und seine musikbegeisterten jungen Freunde zum Mitsingen aufgefordert haben. Werfen wir einen Blick in Storms spätere Husumer und Heiligenstädter Musikprogramme, so finden wir darin so manches Werk vertreten, das in den Jahren 1835 bis 1837 in Lübeck zur Aufführung kam. Auch Storm pflegte in Husum die Gymnasiasten zur Mitwirkung heranzuziehen, ja sie stellten bisweilen den größten Teil der Männerstimmen. In den Jahren, da Storm in Lübeck weilte, kamen unter

150 Arthur Tilo Alt (Hg.): Theodor Storm – Ernst Esmarch. Briefwechsel. Berlin 1979, S. 59 f. Becker war als Obergerichtsadvokat in Oldenburg in Oldenburg tätig.

Gottfried Herrmann und Hermann Jimmerthal, dem späteren Marienorganisten, u. a. folgende Werke zur Aufführung:

1835: Händels ‚Samson', dessen ‚Judas Makkabäus' und ‚Tedeum'. Rombergs Psalm 100 und Mosches Psalm 147;

1836: Händels ‚Messias', Haydns ‚Schöpfung' (2 mal), Palestrinas ‚Improperien', Beethovens ‚Meeresstille und glückliche Fahrt' und Cherubinis ‚Hymne';

1837: Grauns ‚Der Tod Jesu'; Loewes ‚Die Zerstörung Jerusalems'; Mendelssohns ‚Paulus' und Glucks ‚Iphigenie in Tauris'.

Die Aufführung dieser Werke muß Storm tief beeindruckt haben, denn er zehrte sein ganzes Leben davon und brachte sie fast alle später in Husum und Heiligenstadt ganz oder auszugsweise zur Aufführung, teils sogar in eigenen Bearbeitungen, wobei allerdings das zumeist vierhändig gespielte Klavier das fehlende Orchester ersetzen mußte."[151]

Ergänzt wurden diese Erfahrungen durch Besuchen der Oper im Städtischen Schauspielhaus, wo in der Spielzeit 1835/36 unter anderen folgende Werke aufgeführt wurden; von Mozart: „Don Juan", „Die Hochzeit des Figaro", „Die Entführung aus dem Serail"; von Weber: „Der Freischütz" und „Oberon"; von Auber: „Fra Diavolo", „Die Stumme" und „Gustav III. oder der Maskenball"; von Bellini: „Romeo und Julia"; von Rossini: „Tankred" und „Der Barbier von Sevilla". Einige klassische Opern wurden in der folgenden Spielzeit wiederholt, so Rossinis „Tankred" und Mozarts: „Don Juan", auch führte man am 21. Oktober 1836 sowie am 7. Februar 1837 von Mozart „Die Zauberflöte" auf.

Bertha von Buchan

> Und jetzt muß ich Dir das Manchen vielleicht Unbegreifliche sagen, ich habe schon damals das Kind geliebt. Aber Du darfst nicht darüber nachdenken. Liebe Friede, Du mußt mir blindlings glauben!
>
> *Theodor Storm an Friederike Scherff (März 1841); in: Eversberg 1995a, S. 124.*

---

151 Man findet einen Teil der aufgelisteten Kompositionen in den späteren Husumer Konzertprogrammen wieder; vergl. Gerd Eversberg: Chronologie. In: Theodor Storm und sein Chor. Eine Chronik. Husum 1993, S. 35–73.

Die meisten Gedichte aus der Lübecker Zeit thematisieren Natur- und Liebeserfahrungen, die mit Storms Zuneigung zu Bertha von Buchan (1826–1903) in Verbindung stehen[152]; Storm lernte das damals zehnjährige Mädchen zum Weihnachtsfest 1836 in Altona kennen, das er im Kreise der Familie von Jonas Heinrich Scherff (1798–1882) verbrachte, einem Kaufmann, dessen Frau Friederike (geborene Alsen, 1802–1876) mit Storms Mutter verwandt war. Bertha und ihre Pflegemutter aus Hamburg waren ebenfalls zum Fest eingeladen. Bereits am Weihnachtsmorgen begann er, ein Gedicht zu schreiben, in dem sich die erwachende Liebe zu dem noch kindlichen Mädchen ankündigt.
Bertha von Buchan entstammte einem böhmischen Adelsgeschlecht und wurde als Tochter des Kaufmanns Eduard von Buchan am 1. Februar 1826 in Rumburg (an der sächsischen Grenze) geboren. Ihr Vater stammte aus Böhmen und war nach vornehmer Erziehung und Reisen nach Italien und Frankreich als vermögender und erfolgreicher Geschäftsmann viele Jahre in Mexiko tätig; seine Frau war kurz nach der Geburt seiner Tochter Bertha gestorben, der Vater brachte das Kind 1830 nach Hamburg und gab es in die Obhut von Therese Rowohl (1782–1879), die unverheiratet war und mit ihrer Schwester zusammenlebte. Er führte seine Geschäfte von Dresden aus, bis er einen Großteil seines Vermögens durch die Unredlichkeit seines Geschäftsteilhabers in Mexiko verlor. Danach betrieb er bis zu seinem Tode (1876) einen Kunsthandel in Dresden.

Storm schickte auch einige bereits im Frühsommer 1836 entstandene Gedichte an Bertha und begann eine bis 1841 dauernde Korrespondenz. Einige der zwischen 1837 und 1841 entstandenen Texte zeigen, dass Storm zunächst nur durch Berthas Kindlichkeit und frühreife Religiosität fasziniert war; nach und nach keimte eine Sinnlichkeit auf, die sich dann, weil Bertha nun auch zur Frau heranreifte, zu heftiger Liebe entwickelte. Storm bemühte sich um ein engeres Verhältnis zu Bertha,

---

152 Vergl. Eversberg 1995a. Da der Anfang von Storms Beziehung zu Bertha noch in die Schulzeit fällt und auch die erste Fassung von „Lockenköpfchen“ bereits Anfang Januar 1837 geschrieben wurde, gehören die folgenden Überlegungen in den hier dargestellten Zeitraum.

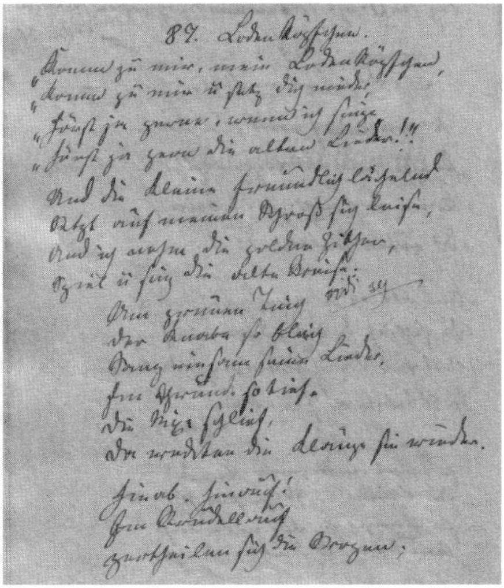

87. Lockenköpfchen.

Abb. 18
Oben: Bertha von Buchan.
Unten: Anfang von Storms Gedicht „Lockenköpfchen“ (Januar 1837) aus „Meine Gedichte“.

der er bisher immer nur in Gegenwart der Stiefmutter nahe sein konnte; das belegt ein Zettel, der sich im Nachlass Bertha von Buchans erhalten hat, in den eine getrocknete Blume eingelegt ist und auf den Storm notiert hat: „Das ist eine Blume aus alter Zeit; ich hab sie aus Deiner Hand genommen, nimm sie zurück aus meiner und vertraue mir."

Einer der charakteristischen Wesenszüge Storms ist ein übergroßes Liebesbedürfnis; seine Briefe an Freunde legen davon bis ins hohe Alter Zeugnis ab, eine Vielzahl seiner Novellen thematisiert Liebesbeziehungen. Ein Grund für diese häufige Motivwahl Storms ist sicher sein eigenes Bedürfnis nach Geborgenheit und liebender Zuwendung, das während der Kinderjahre in Husum entstand und das wohl nicht zu Unrecht mit Storms enger Bindung an die früh verstorbene Schwester Lucie (1822–1829) verknüpft wird. Die leidenschaftliche Liebe zu Bertha lässt sich auch erklären als Gegengewicht gegen die Gewalt der Sinnlichkeit, unter der er damals geradezu litt, davon zeugt auch die überstürzte Verlobung mit Emma Kühl im Oktober 1837, die er bereits im Frühjahr 1838 wieder löste. Für Storm bot die enge seelische Beziehung zu dem phantasievollen und aufgeweckten Mädchen Gelegenheit, sein poetisches Talent auf einen Punkt zu konzentrieren. Ganz offensichtlich ist Bertha für mehr als fünf Jahre die Muse des jungen Dichters gewesen, die ihn zu vielen Gedichten anregte und zu Erzählversuchen anspornte. Der junge Storm gewann durch die Unmittelbarkeit, mit der er das Bertha-Erlebnis in lyrische Sprache verwandelte, zum ersten Mal Distanz zur Tradition, an der er sich geschult hatte, und vermochte es, den neuen Erfahrungen und Empfindungen in einigen Gedichten einen ganz selbständigen Ausdruck zu geben. Storm „liebte" ein Kind, wie er gegenüber seiner Tante Friederike Scherff im März 1841 gestand, doch dies gründete zunächst wohl nur auf einer seelischen Gemeinsamkeit, die in den kurzen Phasen des Zusammenseins entstanden war und die Storm durch seine Korrespondenz vertiefen bzw. durch seine Gedichte lyrisch überhöhen wollte. Dazu gestaltete er die im Zusammensein mit Bertha erfahrenen Stimmungen und versuchte in der Tradition romantischer Poetik, Natur und Seele in Übereinstimmung zu bringen. Da ihm durch die räumliche Distanz eine Vertiefung der gemeinsamen Erfahrungen nicht möglich war, stilisierte er das Mädchen Bertha zum „Lockenköpfchen", das ihm als Phantasiegebilde jederzeit zur Verfügung stand und damit den Prozess der Vertiefung einer Seelengemeinschaft mit dem jungen Dichter begründete.

Anfang Januar notierte Storm in seiner Sammelhandschrift folgendes Gedicht:

Lockenköpfchen[153]

„Komm zu mir, mein Lockenköpfchen,
Komm zu mir und setz Dich nieder,
Hörst ja gerne, wenn ich singe
Hörst ja gern die alten Lieder!"

Und die Kleine freundlich lächelnd
Setzt auf meinen Schoß sich leise,
Und ich nehm die goldne Zither,
Spiel und sing die alte Weise:

Am grünen Teich
Der Knabe so bleich
Sang einsam seine Lieder,
Im Grunde so tief,
Die Nixe schlief,
Da weckten die Klänge sie wieder.

Hinab, hinauf!
Im Strudellauf
Zerteilen sich die Wogen;
Bei Mondeslicht
Ein bleich Gesicht
Kommt still heraufgezogen.

„Lieb' Knabe traut
Es ruft die Braut!"
Leiß hat die Nixe gesungen. –
Ein Arm so weiß,
So kalt, wie Eis
Hat bald den Knaben umschlungen.

153 Hier in der Fassung der Niederschrift im ersten Halbjahr 1837.

„Wie wohl, wie warm
In deinem Arm!
Lieb Knabe, laß uns scherzen!“
Die Nixe sang;
Dem Knaben drang
Der kalte Tod zum Herzen.

„Nun was sagt mein kleines Liebchen?
Doch Du schweigst ja ganz erschrocken.
Graut Dich so vor alten Märchen,
Daß Dir Zung’ und Pulse stocken?“ –

Und mit ihren zarten Armen
Hält sie fester mich umschlungen:
„Wie so böse Lieder singst Du,
Wie so traurig hats geklungen!“

„Du, Du bist der bleiche Knabe,
Und Du singst die bleichen Lieder:
Und die kalte Nixe rauschet
In den Wogen auf und nieder.

Auch sie streckt nach Dir die Arme
Will ans kalte Herz Dich drücken!“ –
Ängstlich schweigt mein Lockenköpfchen,
Schaut mich an mit feuchten Blicken.

Und ich küss’ die Purpurlippen,
Drück ans Herz sie leise, leise;
Greife tändelnd in die Saiten,
Und beginn die frohe Weise:

„Lockenköpfchen ist die Nixe,
Und sie hält mich fest umschlungen,
Und dem armen, bleichen Knaben
Ist das Herze fast zersprungen.“

Über die Entstehung schrieb er im März 1841 an Friederike Scherff:[154]

Seitdem ich sie an dem Weihnachtsabend [1836; G.E.] gesehen hatte, den ich noch bei Lebzeiten Deiner vortrefflichen Mutter mit Euch verlebte, bildete sich ein Gedanke bei mir aus, dies Mädchen geistig an mich zu fesseln. Und jetzt muß ich Dir das Manchen vielleicht Unbegreifliche sagen, ich habe schon damals das Kind geliebt. Aber Du darfst

154 Eversberg 1995a, S. 124 f.

nicht darüber nachdenken. Liebe Friede, Du mußt mir blindlings glauben! – Ich hatte besondere Freude daran, als Therese auf meine Bitten dem Kinde einmal ihre reichen Locken wiedergab, ganz so wie das Bild – denn ihre Locken waren schon damals gebunden – und als ich nach Lübeck zurückkam dichtete ich mein ‚Lockenköpfchen', das noch jetzt mir eins meiner liebsten Sachen ist.

Das Motiv der Nixe hat Storm aus dem Märchen der Brüder Grimm „Die Nixe im Teich" (Nr. 181) übernommen[155]:

„Einstmals verfolgte der Jäger ein Reh. Als das Tier aus dem Wald in das freie Feld ausbog, setzte er ihm nach und streckte es endlich mit einem Schuß nieder. Er bemerkte nicht, daß er sich in der Nähe des gefährlichen Weihers befand, und ging, nachdem er das Tier ausgeweidet hatte, zu dem Wasser, um seine mit Blut befleckten Hände zu waschen. Kaum aber hatte er sie hineingetaucht, als die Nixe emporstieg, lachend mit ihren nassen Armen ihn umschlang und so schnell hinabzog, daß die Wellen über ihm zusammenschlugen."

Storms Ballade besteht aus drei Liedern; in den beiden ersten Strophen wird ein Spielmann beschrieben, der für sein angebetetes „Lockenköpfchen" ein Lied singt und es mit der Zither begleitet. Das zweite Lied innerhalb der Ballade ist ein Paralleltext zu Goethes um 1778 entstandener Ballade „Der Fischer"[156]:

Johann Wolfgang Goethe: Der Fischer

Das Wasser rauscht', das Wasser schwoll,
Ein Fischer saß daran,
Sah nach dem Angel ruhevoll,
Kühl bis an's Herz hinan.

Und wie er sitzt und wie er lauscht,
Theilt sich die Fluth empor;
Aus dem bewegten Wasser rauscht
Ein feuchtes Weib hervor.

---

155 Kinder- und Hausmärchen. Gesammelt durch die Brüder Grimm, München: Winkler 1977, S. 745 f.

156 Text nach Goethe's Werke. Vollständige Ausgabe letzter Hand. Erster Band. Stuttgart und Tübingen 1827, S. 171 f.

Sie sang zu ihm, sie sprach zu ihm:
„Was lockst du meine Brut
Mit Menschenwitz und Menschenlist
Hinauf in Todesgluth?

Ach wüßtest du, wie's Fischlein ist
So wohlig auf dem Grund,
Du stiegst herunter, wie du bist,
Und würdest erst gesund.

Labt sich die liebe Sonne nicht,
Der Mond sich nicht im Meer?
Kehrt wellenathmend ihr Gesicht
Nicht doppelt schöner her?

Lockt dich der tiefe Himmel nicht,
Das feuchtverklärte Blau?
Lockt dich dein eigen Angesicht
Nicht her in ew'gen Thau?"

Das Wasser rauscht', das Wasser schwoll,
Netzt' ihm den nackten Fuß;
Sein Herz wuchs ihm so sehnsuchtsvoll,
Wie bei der Liebsten Gruß.

Sie sprach zu ihm, sie sang zu ihm;
Da war's um ihn geschehn:
Halb zog sie ihn, halb sank er hin,
Und ward nicht mehr gesehn.

Storm übernimmt in vier Strophen den Motivkomplex seines Vorbildes bis ins Detail. Er variiert neben der Form auch das Motiv, indem er statt des ruhig sitzenden Fischers einen singenden Knaben gestaltet, der die Nixe aus ihrem Schlaf weckt. Schon hier wird der Leser zu einer Deutung des Verhältnisses der beiden Personen in Storms Erzählrahmen veranlasst; der Sänger weckt in dem Lockenköpfchen das Kreatürlich-Erotische, das im Lied die Wasserfrau verkörpert, die ihn zu sich hinab und damit in den Tod zieht. Hier spricht der Mann – wie bei Goethe – von seiner Angst vor der Verführung durch die elementare weibliche Macht, deren Sexualität er nicht beherrscht. In den folgenden fünf Strophen wird das Eingangslied fortgesetzt, das sich nun als Rollengedicht erweist. In ihm deutet das „Lockenköpfchen" dem Sänger sein Lied und zeigt zugleich seine Betroffenheit über den Tod des Knaben, weil es ihn mit ihrem Sänger identifiziert, und somit etwas von den gemeinten Zusammenhängen zu ahnen scheint. Der Trost des Sängers besteht zunächst in einer liebevollen Zuwendung, die durch das Küssen der „Purpurlippen“ aber schon sehr erotisch gekennzeichnet ist. Zum Schluss wird das dritte Lied ebenfalls vom Sänger vorgetragen, der nun seinerseits die Deutung bestätigt, die das „Lockenköpfchen“ vorher gegeben hatte; zugleich wird deutlich, dass das Lied von der Nixe nur als Metapher für das Verhältnis des Sängers zu seinem Lockenköpfchen gemeint ist. Die Ballade ist also eine Liebeserklärung an Bertha, in der Storm seine eigenen Ängste unverschlüsselt thematisiert und sich mit der Problematik auseinandersetzt, dass sein Gegenüber sein Anliegen eigentlich noch gar nicht verstehen kann.

Mit hohem Aufwand an Sentiment und Gefühl schuf Storm einen Bertha-Kult, der ihm trotz räumlicher Trennung emotionale Phantasien ermöglichte. Da Storm zu Beginn seines Briefes Friederike dringend um vertrauliche Behandlung seines anschließend geäußerten Anliegens bittet, ihn bei seiner Werbung um Bertha zu unterstützen, wird deutlich, dass er bereits im Jahre 1838, also nur ein Jahr nach der ersten Niederschrift und bei der Veröffentlichung des Gedichts, sein „Lockenköpfchen“ mit anderen Augen gesehen haben muss. Bertha war 1841, als er drei Jahre später seinen intimen Brief an Friederike Scherff schrieb, bereits 15 Jahre alt und Storm hatte ihr zu ihrem Geburtstag einen Liebesbrief geschrieben, dessen werbende Absicht das Mädchen aber nicht verstanden hatte. Die 1838 entstandene Fassung für die „Neue(n) Pariser Modeblätter“ (vergl. S. 192 ff.) enthält eine zusätzliche Schluss-Strophe:

> Busenwelle ist die Welle,
> Die mich willenlos beweget,
> Rosenlippe ist die Klippe,
> Die korallenreich sich hebet.“

Bei der Veröffentlichung des Gedichts war Bertha erst 12 Jahre alt. Storm muss also das noch nicht erwachsene Kind zur Frau stilisiert haben, auf die er seine sexuellen Wünsche projizieren konnte. Dies erklärt wohl auch die deutliche erotische Konnotation dieser nicht in den Handschriften überlieferten Schlussstrophe der Druckfassung, in der fast unverschlüsselt die Geschlechtsmerkmale des begehrten Liebesobjekts genannt werden. Offenbar hat Bertha in Storm sexuelle Begierden ausgelöst, die ihn nicht zwangen, sie zu erfüllen; die Beziehung war im Reich der Fantasie angesiedelt, so dass er zunächst den Anspruch auf das angebetete Mädchen in der Realität nicht einlösen musste. Im Umgang mit ihr zeigte er genügend Zurückhaltung; ein Übriges tat die räumliche Distanz der beiden, die nur durch seltene Besuche überwunden wurde, so dass der Verdacht einer unstatthaften Annäherung gar nicht erst aufkommen konnte. Dass es sich bei diesem Wunschbild von der Liebe zur reinen Mädchenfrau im Übergangsstadium zwischen Kindheit und Reife um ein männliches Phantasma handelt, das in der Tochter-Frau als idealisierter Kunstfigur die Gegenutopie zum Liebesversprechen der reifen Frau entwirft, wurde erst nach Veröffentlichung von Krafft-Ebings Abhandlung „Psychopathia Sexualis“ (1886) deutlich und wird seitdem als „paedophilia erotica“ bezeichnet.[157] Storms „Kindsbraut“ Bertha existiert nur in seiner Fantasie und wird in einigen seiner Gedichte als Kunstfigur in der Tradition von Goethes Mignon greifbar.[158] Storms eigentümliche Faszination für vorpubertäre Mädchen, die auch in seinem späteren Erzählwerk erkennbar bleibt, konnte er im Falle Berthas in einer Art platonischen Liebe sublimieren.

Zu ihrem 15. Geburtstag am 1. Februar 1841 schickte Storm einen Liebesbrief. Bertha zögerte zunächst die Antwort hinaus und schrieb schließlich an den Freund über belanglose Dinge. Storms Heiratsantrag wies die 16-jährige Bertha Ostern 1842 zurück und stürzte den Studenten in eine tiefe Krise, die der erst in Husum überwand, als er sich Anfang 1844 mit seiner Cousine Constanze Esmarch verlobte. Damit hat er sich mit seinen erotischen Wünschen nun endgültig an eine erwachsene Frau gewandt, die es ihm ermöglichte, eine auch im sexuellen

---

157 Alexandra Lavizzari: Lolita, Lulu und Alice. Das Leben berühmter Kindsmusen. Berlin 2005, S. 19.

158 Vergl. Michael Wetzel: Mignon: Poesie und Schmerz eines Phantasmas. München 1999; vergl. „Männerphantasien“, S. 25 ff.

Bereich gleichberechtigte Beziehung zu entwickeln. Das Motiv der Kindsbraut finden wir aber auch noch in einer Reihe von Texten, die nach seiner Hochzeit mit Constanze entstanden sind.

Heinrich Heine

> Mir war – ein Jüngerer wird sich von dem Eindruck keine Vorstellung machen können – als sei plötzlich ein Vorhang und noch einer fortgerissen und ich sähe zum ersten Mal in eine Welt, aus der die Poesie mit ihren Sternenaugen auf mich blickte.
>
> *Theodor Storm: „Entwürfe einer Tischrede" (2). In: LL 4, S. 491.*

Einige andere in Lübeck entstandene Gedichte zeigen deutliche Spuren von Storms Auseinandersetzung mit Heines Lyrik, die ihm durch Ferdinand Röse vermittelt wurde. In seiner Röse gewidmeten autobiographischen Skizze aus dem Jahre 1885 schreibt er (LL 4, S. 444):

> Nie werde ich den Spätherbstabend vergessen, an dem er mich dort in Heines mir noch unbekanntes „Buch der Lieder" einweihte. Aus dem verschlossenen Glasschrank, der den Oberteil einer Schatulle bildete, nahm er das Exemplar auf schlechtem Druckpapier, und während wir am warmen Ofen saßen und draußen der Wind durch die Schiffstaue sauste, begann er mit gedämpfter Stimme zu lesen: „Am fernen Horizonte", „Nach Frankreich zogen zwei Grenadier'", „Über die Berge steigt schon die Sonne" und so eines nach dem andern; zuletzt „Wir saßen am Fischerhause und schauten nach der See"; [...].

Regina Fasold hat darauf hingewiesen[159], dass es sich hier um eine Stilisierung des alten Storm handelt, denn einige Jahre nach seiner Lübecker Schulzeit hatte er an seine Braut Constanze bei Übersendung von Heines „Buch der Lieder" geschrieben: „ Ich hab es zuerst im Frühling kennen gelernt, und erinnere mich noch mit Vergnügen jenes Eindrucks." (Br. Constanze, Bd. 2, S. 446; undatierbares Brieffragment). Immerhin können wir Storms Erinnerung vertrauen, wenn er in einer Handschrift seiner „Erinnerungen an Eduard Mörike" im Jahre 1876 notiert (LL 4, S. 964 f.):

159 Regina Fasold: Bindungsmuster – Theodor Storms Jugendfreundschaft mit Ferdinand Röse. In: Storm-Blätter aus Heiligenstadt. 11 (2005), S. 33–63; hier S. 35.

In einem altmodischen Stübchen im oberen Stockwerk, dessen Fenster auf die Trave gingen, zu dem man durch eine düstere kirchenhohe Außendiele gelangte, las er [Ferdinand Röse] mit der ihm eigenen Feierlichkeit mir eines dieser wunderbaren Lieder nach dem andern:

„Das Schiff war nicht mehr sichtbar
Es dunkelte gar zu sehr."

So etwas hatte ich noch nie vernommen –

Schon lange ist der Freund für immer schlafen gegangen; aber diesen Abend werde ich nie vergessen. Die Jüngeren, die mit Heines Liederbuch aufgewachsen sind, werden das wohl kaum begreifen. Aber dieses u. der Faust kamen nun nicht mehr von meinem Tische. Noch ein Buch kam hinzu: Eichendorffs „Dichter und ihre Gesellen"; aber den Einfluß der Eichendorffschen Lyrik erfuhr ich doch erst, als 1841 dessen gesammelte Werke erschienen.

Storm zitiert den Anfang und die beiden letzten Zeilen des 7. Gedichts aus der Folge „Die Heimkehr"; Heines „Buch der Lieder" besteht aus mehreren Zyklen, in denen ein Thema dominiert, das der unglücklichen Liebe.[160] Heine variiert es immer wieder und begründet mit diesem originalen, unverwechselbaren Ton die große Popularität seiner Lyrik in der ersten Hälfte des 19. Jahrhunderts. Die Motive gewann er aus unterschiedlichen Quellen; neben der „Volkskunst"-Begeisterung der Romantik („Des Knaben Wunderhorn" von Achim von Arnim und Clemens Brentano sowie weitere Sammlungen von Liedern, Märchen und Sagen) waren dies die in der Volksliedtradition stehenden Sammlungen „Die schöne Müllerin" und „Winterreise" von Wilhelm Müller, die Orientrezeption des Dichters Hafis durch Goethe („West-östlicher Divan"), Rückert und von Platen sowie die griechisch-römische Mythologie, die in der Folge der Renaissance zum Bildungsgut des Bürgertums geworden war. Für Heine ist das Ursprüngliche und Unmittelbare der naiven Volkskunst ein Zeichen des eigentlich Poetischen, dessen Wesen er im Konzept des autonomen Kunstwerks sieht. Seine frühen Gedichte stehen in der Tradition des Erlebnisgedichts der Goethezeit, allerdings setzt Heine deutliche Akzente, die dem Leser eine bewusste Brechung der Erlebnisfiktion signalisieren. Sie sind Nachahmungen alter Muster voller inhaltlicher Konventionalität; das Moderne

160 Heinrich Heine: Buch der Lieder. Hg. von Bernd Kortländer. Stuttgart 1990, Nachwort.

an ihnen ist die Raffinesse ihrer scheinbaren Simplizität. Das „Buch der Lieder" enthält im Wesentlichen Rollenlyrik, in denen ein Spiel mit fiktiven Erlebnissen, Visionen und Wunschbildern entfaltet wird.[161] Bereits in den 1822/23 entstandenen Gedichten ist diese bewusste Spannung wahrnehmbar, indem der Leser die Differenz zwischen poetischer Fiktion und prosaischer Realität durch Heines Ironie sowie durch häufige selbstbezügliche Hinweise auf das „Gemachte" der Gedichte erkennen kann. Heine erreicht dies dadurch, dass er herkömmlichen Motiven durch unvermutete Kontraste neue Seiten abgewinnt. Ein Beispiel liefert das lyrische Intermezzo Nr. XXXIII: „Ein Fichtenbaum steht einsam / im Norden auf kahler Höh. / [...] Er träumt von einer Palme, [...]." Häufig bricht der Dichter die Identifikation des Lesers mit dem gerade nachvollzogenen „Erlebnis" dadurch, dass er den Kunstcharakter des Gedichts im Text selbst ausspricht und von „Dichter", „Wort", „Fabel", „Lied", „Gesang" usw. redet.

Als Storm das „Buch der Lieder" las und vielfach nachahmte, hatte sein Verfasser die sentimentale Darstellung der unerfüllten, unglücklichen Liebe bereits überwunden und experimentierte während seines Aufenthalts in Paris mit einer radikal anderen politischen Dichtung, zu der er durch die Ereignisse der Juli-Revolution von 1830 angeregt wurde und die einer immer deutlicheren Opposition gegen das reaktionäre Restaurationsregime in Deutschland eine Stimme gab. Dies wird für das literarische Publikum aber erst um 1840 erkennbar. In den 1830er Jahren vollzieht sich die Heine-Rezeption durch das deutsche Bürgertum eher in stiller Zurückgezogenheit; die Wirkung des „Buchs der Lieder" auf Storm und seinen Freund Röse zeigt dies exemplarisch. Die Freunde geben sich bei der gemeinsamen Lektüre Gefühlen hin, die sie als wahr und echt interpretieren, weil sie glauben, dass sie durch reale Situationen ausgelöst seien, die als Erlebnisse den Texten Heines zugrunde gelegen haben. Ihnen wird das Gemachte der einfachen und immer wieder variierten Texte nicht deutlich, sie wollen die beabsichtigten Brüche nicht wahrnehmen, sondern bestätigen sich gegenseitig in

161 Gerhard Höhn: Heine Handbuch. Zeit, Person, Werk. 3., überarb. und erw. Aufl. Stuttgart 2004. Über das „Buch der Lieder" S. 54–80.

ihrem vermeintlich echten Gefühl einer scheinbar poetisierten Wirklichkeit.[162] Von den etwa 50 Gedichten, die Storm seit dem Frühjahr 1836 nach der Lektüre des „Buchs der Lieder“ geschrieben hat, thematisieren nur ca. 15 die unglückliche Liebe; die anderen sind Naturschilderungen und Gedichte der Freundschaft, die meisten lassen aber erkennen, dass Storm den typischen Ton Heines nachahmen will. Eine ironische Brechung der dargestellten Fiktion lässt sich nur selten entdecken, so z.B. in den Gedichten „Ich dacht an Liebchens Bette“, „Der Räuberhauptmann“ und „Die Flöhe und die Läuse“.

Storm war auch deshalb von Heine so begeistert, weil die Schreibmotivationen beider Autoren deutliche Parallelen aufweisen. Wie sein Vorbild mehr als ein Jahrzehnt vor ihm befand sich auch Storm in einer Lebenssituation, die durch einen Zwiespalt gekennzeichnet war; der Liebessehnsucht steht die Erfahrung der unerfüllbaren Liebe entgegen, die sich in seelischen Schmerzen zeigt. Wünschen, Hoffen und Sehnen stehen der Erfahrung von Kälte, Enttäuschung und Abgewiesenwerden gegenüber. Daher die Verbindung der extremen Motive von Liebessehnen und Todesahnung, die vielen der Gedichte Heines ihren Spannungsbogen verleiht. Ganz ähnlich sieht es bei Storm in der Lübecker Zeit aus. Sein Liebessehnen wird von Emma Kühl von der Insel Föhr, mit der er sich am 3. Oktober 1837 überstürzt verlobte, nicht erwidert; seine Zuneigung zu Bertha von Buchan zielt zunächst auf ein noch nicht liebesfähiges Kind und wird später ebenfalls enttäuscht. So wie das lyrische Ich bei Heine dem Zwiespalt seiner Gefühle hoffnungslos ausgeliefert ist, so leidet auch Storm noch bis in die Brautzeit in zwanghafter Weise an der vermeintlichen Unerfüllbarkeit seines Sehnens.[163]

Eine zweite biographische Parallele deutet sich an, wenn man Storms politische Sozialisation betrachtet. Nur wenige Texte im „Buch

---

162 Storm schließt sich erst später der Richtung der Heine-Rezeption an, die Heines ironische Brechung der erlebnisorientierten Lyrik als „Tendenzliteratur“ kritisiert; vergl. Peter Goldammer: „Er ist ohne Zweifel unser erster Lyriker“. Was Heinrich Heine für Theodor Storm bedeutet hat. In: Storm-Blätter aus Heiligenstadt. 11(2005), S. 5–18.

163 Dies lässt sich im Briefwechsel mit seiner späteren Frau Constanze erkennen; vergl. die Einführung von Regina Fasold in: Br. Constanze Bd. 1, S. 9–20.

der Lieder“ weisen auf das spätere Zeitgedicht hin, z.B. die Ballade „Belsatzar“, in der auch der revolutionäre Gedanke „in tyrannos“ seinen Ausdruck findet. Storm ist durch seine Lektüre antiker Texte durch und durch republikanisch geprägt und drückt dies in seinen beiden „Brutus“-Gedichten überdeutlich aus. Auch dies ist eine Parallele zur Lyrik Heines, weil Storm ebenso wie sein Vorbild tagesaktuelle Themen zunächst in seinen Gedichten nur andeutet (so in „Beim Scheiden des Jahres 1834“) und erst später nach seinem Studium in den 1840er Jahren Anschluss an die nationale Bewegung in Schleswig-Holstein gewinnt. Hier engagiert er sich in einer Zeit, in der er sich bereits von seinen lyrischen Vorbildern gelöst und einen unverwechselbaren eigenen Ton gefunden hat, für die Schleswig-Holsteinische Bewegung und vertritt das Ziel der Gründung eines deutschen Nationalstaats unter republikanischen und demokratischen Vorzeichen.

Storm löste sich von seinen anfänglichen Vorbildern, indem er zunächst Anregungen aus dem Unterricht in den sprachlichen Fächern aufgriff und danach seine Texte an Autoren wie Goethe und Heine orientierte, um allmählich auch diese Muster zu überwinden und zu einer eigenen lyrischen Sprache zu finden. Die Lübecker Zeit war für Storms geistige Entwicklung deshalb so wichtig, weil er hier Menschen traf, die einen weiteren Horizont besaßen als seine Lehrer und Kameraden in Husum. Sie vermittelten ihm ein Bildungserlebnis, das ihn nachhaltig prägte und ihn wohl auch darin bestärkte, seine literarischen Experimente fortzusetzen. Der Sprachunterricht im Katharineum konnte ihm allerdings kaum etwas vermitteln, was er nicht schon an der Husumer Gelehrtenschule gelernt hätte. Es war eher das intellektuelle Niveau seiner Lehrer und Freunde sowie das kulturelle Umfeld der Hansestadt Lübeck, die ihn förderten. Zwar bezeichnet er das Katharineum ausdrücklich als „treffliche Schule“, aber er macht in einem Brief an seinen Onkel und späteren Schwiegervater Ernst Esmarch vom 22. Dezember 1836 auch keinen Hehl daraus, dass er „wahrlich nicht mit schwerem Herzen die alte Hanse“ verlasse (vergl. S. 205), um sein Studium in Kiel zu beginnen.

In dem zu Anfang bereits zitierten Brief an Emil Kuh, in dem Storm behauptet, nie etwas Ordentliches gelernt zu haben, heißt es an anderer Stelle: „Poetische Muster, nach denen ich absichtlich gearbeitet, habe ich nie gekannt; es ist dies alles unwillkürlich bei mir gewesen." Die Analyse von Storms frühen Dichtversuchen hat gezeigt, dass diese Selbsteinschätzung des Dichters nicht stimmen kann. Gerade die poetischen Muster waren es, an denen sich Storm und seine Kameraden abarbeiten mussten, und sie haben diese Muster in ihren eigenen Texten nachgeahmt. Storms frühe Schreibversuche weisen ein deutlich höheres Niveau auf, als man es auch von einem sehr guten Schüler erwarten kann. Storm hat später an die eigene Dichtung so hohe Ansprüche gestellt, dass ihm seine frühen Texte nicht geeignet erschienen, in die „Gesammelten Werke" aufgenommen zu werden. Er hat dabei aber vergessen, wie wichtig die schulischen Erfahrungen für seine ersten Schreibversuche gewesen sind, und glaubte wohl selbst, dass er die Fähigkeit, Weltliteratur zu schreiben, erst in späteren Jahren erworben habe. Dies ist insofern richtig, als er sowohl für seine Lyrik als auch für seine Novellistik eine lange Lehrzeit benötigt hat. Insofern unterscheiden sich die frühen Texte erheblich von den späteren Meisterwerken. Der Sprachunterricht hat sich aber auch in Husum auf dem damals üblichen Niveau gymnasialer Bildung bewegt und regte Storm und einige seiner Kameraden dazu an, selbst Texte zu schreiben. Die Analyse der ersten Prosatexte und eines Teils von Storms Schülergedichten deutet darauf hin, dass der spätere Erfolgsschriftsteller die Grundlagen für sein außerordentliches Vermögen, mit der deutschen Sprache umzugehen, sowie Grundelemente seiner späteren Weltanschauung während seiner Schulzeit in der Husumer Gelehrtenschule erworben und während seiner drei Semester am Lübecker Katharineum weiter ausgebildet haben muss. So vorbereitet konnte er in den folgenden Jahren als Student in Kiel und Berlin neben seinem juristischen Brotstudium seine vorhandenen poetischen Fähigkeiten unter neuen Bedingungen weiter ausbilden.

Texte

I. Prosa

<Husumer Pfingstmarkt 1834>

Unser Jahrmarkt hat im Ganzen genommen keine großen Geschäfte gebracht, wenngleich wohl einer oder der andere seinen Schnitt dabei gethan. Verkäufer waren viele, Käufer wenige, Besucher und Besucherinnen an den Haupttagen eine große Menge, hübsche und minder hübsche Frauen und Mädchen drängten sich durch einander, und letztere hauptsächlich, wahrscheinlich meinend, der Jahrmarkt werde ihre heißesten Wünsche, nicht für die Folge allein zu bleiben, sondern vielleicht, was ihnen in gewöhnlicher Lebensweise nicht gelingen kann, nun hier erfüllen, nämlich ein Herz zu erhaschen, oder wenn dies auch nicht, so doch wenigstens eine Hand, – und wenn möglich, auch einen Geldkasten dabei, um recht viele Jahrmärkte und sonstige Vergnügungsorte zu besuchen, – zum Führer durch das Leben. Ob nun manches, einerlei ob hübsches oder nicht hübsches Mädchen hier den Geliebten gefunden, darüber könne wir nicht berichten.

Die Vergnügungssucht auf den Jahrmärkten nimmt hauptsächlich sehr bei Dienstboten vom Lande zu, denn kaum ist Hans und Grethe zur Stadt gekommen, so streben sie schon nach den Wirts- und Tanzhäusern, Hans verdummeniert da seine Schillinge und Grethe hat vergessen Nützliches einzukaufen; der Abend und die Nacht rücken heran und ohne die geringsten Einkäufe gemacht zu haben, wird wieder zu Hause gewandert.

Die Kunstreitergesellschaft des Herrn Wenzel et Comp. gibt hier gegenwärtig Vorstellungen, und zwar mit allgemeinem Beifall. Als vorzügliche Künstler bei dieser Gesellschaft nennen wir die Herren Wenzel und Devis. Bewundern muß man, wenn man die Kunstleistungen dieser Herren sieht, und erwähnen wir von diesen nur unter andern den Cäsarritt und die grotesken Figuren des Herrn Wenzels, so wie den Pohlnischen Uhlanen und den fliegenden Merkur, mit einem

Kinde auf den Schultern, des Herrn Devis. Es kann nicht fehlen, da auch mehre andere Mitglieder dieser Gesellschaft recht gut sind, daß diese Künstler allenthalben gute Aufnahme und verdienten Beifall finden. Von hier wird die Gesellschaft dem Vernehmen nach Schleswig besuchen, um dort einige Vorstellungen zu geben, und dann ihre Reise nach Kopenhagen fortsetzen.

<Husumer Michaelismarkt 1834>

Endlich ist es mit unserm Krammarkt in Ordnung gekommen, ein wildes Treiben hatte sich desselben seit Jahren bemächtigt, kaum wußte man mehr wo er zu suchen sei, besonders war die enge, feuergefährliche und schmutzige Krämerstraße mit Buden und Stellagen bepackt und kaum konnte man vor Buden, Tischen u. s. w. die sogenannte Schiffbrücke passieren, so daß es den Anschein hatte, man werde im kurzen vom Süden her mit Wagen und Pferden während des Marktes nicht mehr zur Stadt kommen können, vom geräumigen Marktplatz hingegen verschwand eine Bude nach der andern, er war einem durchlöcherten Kleide fast zu vergleichen. Unbegreiflich, daß die Polizei so lange darüber hat hinwegsehen können, wenn der Zugang zur Stadt und die Passage in derselben immer mehr gehemmt und gestört ward, noch auffallender aber ist es, daß die Buden so lange in der engen Krämerstraße haben geduldet werden können, da, wenn zufällig zur Marktzeit in einem der Häuser an der Krämerstraße oder in deren Umgebung eine Feuersbrunst ausgebrochen wäre, man mit den Löschanstalten an die Brandstelle nicht würde haben ankommen können, denn die gedachte Straße war fast total gesperrt, – durch das Hinzutreten des fast regelmäßig hieselbst herrschenden Windes hätte in einem solchen Falle ein bedeutender Teil der Stadt das Opfer werden können. Man ist allgemein über die Rückkehr der ehemaligen Ordnung erfreut, Verkäufer und Käufer erkennen die durch die Vereinigung der Marktbuden etc. auf dem grade für dergleichen Gelegenheit bestimmten öffentlichen Marktplatze bewirkten Vorteile und Annehmlichkeiten und hört man nur Aeusserungen der Zufriedenheit und Billigung; der der Budenordnung zum Grunde liegende Plan ist mit Bedacht und Umsicht entworfen. Jetzt kann man ohne alles Hindernis und Unbequemlichkeit mit Wagen und Pferden die Schiffbrücke sowohl als die seit wenigstens 20 Jahren gesperrt gewesene Krämerstraße wieder passieren, ohne im Mindesten aufgehalten zu werden, letztere ist begreiflich nun auch für Fußgänger passabel geworden und wogte die Menge förmlich durch dieselbe vom Markte nach dem Hafen und vom Hafen nach dem Markte und der Großstraße, so daß es fast möchten wir behaupten in jener Straße lebhafter als je geworden war. Schade nur, daß das Markt<geschehen> zu wenig durch die Witterung, welche mehrere kalte Tage hervortreten ließ, begünstigt ward.

Etwas über die Süderstapler Marktnacht vom 22. April d.J.
Schon hatten die rüstigen Treiber die Wege und Plätze des Dorfes von der lebendigen Ware befreit und die Inhaber der Krambuden packten eifrig redend ihre angepriesenen Siebensachen zusammen, als ich mit einigen meiner Freunde das Haus verließ, um den letzten Akt dieses für die Landleute so interessanten Tages mitzumachen. Hie und da produzierten bei den Honoratioren des Dorfes hochfrisierte Harfenspielerinnen ihre ausgesungene Stimme, in allen Kneipen kratzten die Bierfiedler den entzückten Bauern zum Tanze die Ohren voll und der Wirt strich sich selbstgefällig den Bart, wenn er von den jubelnden Gästen das Lob seiner wilden Musik erschallen hörte. Wir gingen sogleich in das erste beste Haus und drängten uns mit in den Schwarm der gaffenden Bauern, welche in gedrängtem Kreise die Tanzenden umstanden, die auf der Diele den wirbelnden Staub wölkten und durch ihre originellen und geräuschvollen Wendungen unsern Ohren und Augen Unterhaltung gewährten, während andre sich zechend und singend in der Schenkstube unterhielten. Im Hintergrunde des Tanzsalons war ein Gerüste für die Musikanten aufgeschlagen, an den Seiten saßen und standen die tanzlustigen Dirnen, vorne befand sich die junge Mannschaft; von einem Balken herab hing der Kronleuchter, der aus zwei kreuzweis über einander befestigten Stöcken bestand, von deren Enden vier nicht gar zu dicke Talglichter ihre Strahlen herabsandten, die der aufmerksame Wirt von Zeit zu Zeit mit den Fingern schneuzte. Nachdem die jungen Bursche eine geraume Zeit schon sich des Jubelns und Springens erfreut hatten, sagte man uns, nun ginge es an's Weinen, und

auf die erbetne Erklärung erhielten wir zu Antwort, es sei da im Dorfe so der Brauch, einmal vom Tanzen abzubrechen und sich mit einer Schönen in ein anstoßendes Zimmer zu verfügen, wo man mit seiner Donna singe, scherze und weine, d. h. Wein trinke. Der Spaß mußte mitgemacht werden. Wir zogen demnächst einige handfeste Stapelholmerinnen halb mit Gutem, halb mit Gewalt in das mysteriöse Zimmer, von denen jedoch Einige bei den lockern Stadtleuten für ihren Ruf zu fürchten schienen, Andre aber mit großer Resignation sich in ihr Schicksal ergaben und ruhig unsern Wein und unsre Küsse hinnahmen, ja sogar mit lauter Stimme unsre Gesundheit ausbrachten – und die Bauern schmetterten die Gläser zusammen und reichten uns die Hände. – „Nichts für ungut, mein Herr", raunte meinem Freunde der Aufwärter ins Ohr, „sie küssen hier die Mädchen und lassen sie mit trockenem Munde sitzen!" ...

Hast Recht, Peter, 2 Bouteillen Wein! – und mein Freund hatte keine Störung weiter zu befürchten.

Wir gingen wieder auf die Diele hinaus. Wer einmal geweint hatte, genierte sich nun auch nicht, vor hunderten von Zuschauern sein Mädchen zu herzen, und so wurde denn getanzt und geküßt bis 4 Uhr und dann ein Punktum gesetzt, um am andern Morgen die Fortsetzung zu liefern. Übrigens lassen die Musikanten sich ihr Spiel nur am Hauptmarkttage bezahlen, am Tage vor und nach diesem hat man den Tanz gratis.

Unter den Mädchen, die das Fest verschönten, sah man nur sehr wenige, die eigentlich für hübsch hätten gelten können, doch auch fast kein häßliches Gesicht. Die Männer schienen mir sehr friedfertig; es wurden die ganze Nacht hindurch keine Streitreden gehört und man möchte wohl in Zweifel sein, ob man den Grund davon in den schlechten Zeiten und in der Kraft- und Mutlosigkeit der Menschen, oder in den verfeinerten Sitten unseres Zeitalters suchen solle, oder ob eben die vorgerückte Kultur die Sitten zwar verfeinere, dadurch aber die moralische und physische Kraft des Menschen zu Boden drücke. – Unsern Vorfahren galt kein Fest etwas, wobei es nicht wenigstens derbe Schläge, ja sogar Mord und Todschlag gesetzt hatte, weshalb sie auch immer bei solchen Gelegenheiten ihr Totenzeug mit sich zu führen pflegten, um im Fall der Not nicht ungeschmückt ins Grab zu sinken.

Celeste, eine Phantasie

Ich überlasse mich, o Feder deinen Grillen!
Bürger

Weit hinaus auf dem Meere schwammen die dunkeln Trümmer unseres Schiffes, im rötlichen Abendscheine, den die purpurne Sonne scheidend ausgoß über die beruhigten Wogen. Fabelhafte Blumen streckten ihre Blätter und Blüten aus der Tiefe des Meeres und hauchten süße Wohlgerüche gegen die Küste, gewiegt auf den kristallnen Wassern, die über bunte Muscheln und funkelnde Steine murmelnd an den goldfarbigen Sand heraufrauschten.

Immer abendlicher ward es; ein lauer, leichter Hauch kräuselte die Fluten des Meers, und Phöbus sank in die weichen Arme der Thetis. –

Ich stand am Meere und schaute ernst hinaus; neben mir stand Celeste, und ihre rosigen Wangen waren bleich geworden wie die Blätter der Lilie. Denn jenseit des dunkeln, unermeßlichen Meeres lag unsre Heimat, unsre freundliche Heimat; aber die treulosen Wellen hatten die schwankende Brücke zerschellt und führten die Trümmer weit und weiter hinweg in verschwimmende Ferne, wo sie unsern Augen entschwanden, wie die süßgehegten Hoffnungen unsrer Seele. – Und wie wir so standen und schauten, flossen die blauen Abendnebel um uns her und legten sich über die schläfrigen Wasser; langsamer rieselten die Wellen herauf, und wenn sie züchtig Celestens zarten Fuß geküßt, rollten sie träumend, wie berauscht in ihr weites Bette zurück. –

Celeste und ich: wir waren allein auf dieser blühenden Insel, abgeschloßen von allen übrigen Menschen der Erde durch die weiten Arme des ewigen Meers. „Celeste<“>, sprach ich, und erfaßte ihre Hand, <„>weit hinter den grauen Rätseln dieses Meeres, weit, weit, liegt unsre Heimat. Willst du mir ganz vertrauen, Celeste? – Celeste, willst du meine Schwester sein?“ So sprach mein Mund; aber mein Herz sprach: „Celeste, Celeste, sei mein Weib!“ Das schöne Mädchen strich sich die braunen Flechten von der verengten Stirne, und die blauen Sterne ihrer Augen ruhten forschend in meinen Blicken. „Deine Schwester sein?“ sprach sie; und eine Träne stahl sich durch die dunkle Wimper. Dann mit ihrer kleinen Hand die hervorquellenden Tränen zerdrückend, legte sie ihren Arm in den meinigen; und sprach mit dem Ausdrucke des heiligsten Vertrauens: „Laß uns zurückgehn; es wird schon spät, mein guter Bruder!“ –

Schweigend gingen wir nach der Grotte zurück. Um uns her schwirrten die bunten Dämmerungsfalter, schwärmend von Blume zu Blume, und berauschten sich im süßen Duft der Blütenkelche; goldbeschwingte Vögel rauschten heimlich durch die blühenden Büsche und suchten ihr süßverstecktes Nest; durch die Wipfel der hohen Platanen flüsterte der leichte Abendwind, und märchenhaft im Lichte des Mondes bewegten sich die zitternden Blätter. –

In der engen Mündung der Grotte hatte ich das Ende einer Schiffsplanke eingepreßt, so daß sie beinahe die Öffnung verschloß; weiches Moos hatte ich reichlich über den kühlen Felsen gebreitet. Ich bat Celeste: „Lege dich schlafen; gewiß, du bist müde, meine gute Schwester!“ Celeste schwieg; aber ich fühlte die Tränen auf meine Hand herabfallen. – Wer war die Mutter dieser Tränen? – – Celeste war allein<,> ganz allein mit mir; um uns her war dunkle Nacht. Mich entzückten diese jungfräulichen Tränen; und ich bat dringender: „Celeste, lege dich schlafen; dein Bruder wird für dich wachen!“ Und das schüchterne Mädchen reichte mir die Hand, und legte sich schweigend auf die weiche Moosdecke. Ich setzte mich zu ihren Füßen, und von außen herein nickten duftende Geißblattranken ein träumerisches Gute Nacht. – „Gute Nacht“ sprach Celeste, und schlief ein. –

Ich vermochte es nicht; ich wachte über meine Schwester, und horchte den leisen Atemzügen ihres Mundes. – „Meine Schwester?“ dachte ich, <„>ach Celeste, warum nur meine Schwester? Aber, bin ich ihrer zarten Jungfräulichkeit diesen Namen nicht schuldig, so lange wir dies einsame Eiland bewohnen? Doch Celeste liebt dich! – Liebt sie dich nicht? – Was bedeutete denn ihr tränenfeuchtes Auge, als du sie Schwester nanntest! – Ach Celeste, wenn du mich liebtest!“ – – Da hörte ich meinen Namen stammeln. – Sie träumte von mir. –

Da rauschte es außen durch die Büsche. Was war das? – Mein Blut erstarrte. Das war das eintönige Geheul der Hyänen; und immer näher kam es der kleinen Grotte, die mich und meinen Himmel umschloß. Ich setzte mich näher an Celestens Seite und beugte mich schützend über sie. Immer lauter schlug das fürchterliche Geheul an mein entsetztes Ohr, meine Pulse stockten vor unnennbarer Angst. Da fuhr Celeste empor aus dem süßen Schlummer; und horchte lautlos mit verhaltenem Atem. „Was ist das? Das sind reißende Tiere!“ flüsterte sie in entsetzlicher Angst, und umklammerte mich mit beiden Armen, daß ich den Schlag ihres Herzens an meiner Brust fühlte. Ich überwand meine eigne Besorgnis, und suchte das zitternde Mädchen zu beruhigen. „Fürchte nichts, Celeste“, sprach ich, <„>die Grotte ist sicher für die Nacht, und sobald der Tag anbricht<,> nehme ich meine Büchse und ziehe aus gegen diese Unholde. – Hörst du, mein süßes Mädchen! Sie sollen dich gewiß nicht wieder in deinen Träumen stören.“ Aber Celeste schloß mich heftiger in die Arme: „Nein, nein!<“> rief sie und ihre Tränen brachen aufs neue hervor, <„>du darfst nicht weg von mir. Die schrecklichen Tiere würden dich zerreißen, und deine arme Celeste stürbe vor Angst und Gram!“ –

Das Geschrei der Hyänen hatte sich nach und nach verloren – Celeste hielt mich noch immer so fest in ihren Armen, daß der Hauch ihres Mundes über meine glühenden Wangen strömte. Ich hatte die Hyänen schon lange vergessen, und fing auch an, meine Schwester zu vergessen. – Meine Brust empörte sich, mein Blut stürmte durch die Adern; ich kämpfte zwischen Himmel und Hölle. „Celeste, Celeste!“ rief ich und – erwachte.

***

Ich war in meinem Lehnstuhl eingeschlafen; das Licht war tief herunter gebrannt, und vor meinem Fenster tobten Nacht und Sturm. – Ich hatte wieder einmal geträumt. –

***

II. Gedichte

An Emma

Willst mich meiden,
Grausam scheiden;
Nun Ade!
Ach kein Scherzen
Heilt die Schmerzen
Meines Weh'!
Doch was sag' ich,
Doch was klag' ich,
Denn um mich.
Gibts nicht Rosen
Gnug zum Kosen
Ohne dich!
Heut führ Miene,
Morgen Tine
Ich zum Tanz;
Flatterrose
Reich dir Lose
Ich zum Kranz!
Willst mich meiden,
Grausam scheiden,
Nun Ade!
Andrer Scherzen
Heil die Schmerzen
Meines Weh!

An einem schönen Sommerabende

Lieblich senkt die Sonne sich,
Alles freut sich wonniglich
In des Abends Kühle!
Du gibst jedem Freud und Rast,
Labst ihn nach des Tages Last
Und des Tages Schwüle.
Horch es lockt die Nachtigall,
Und des Echo's Widerhall
Doppelt ihre Lieder!
Und das Lämmchen hüpft im Tal,
Freude ist jetzt überall,
Wonne senkt sich nieder!
Wonne in des Menschen Brust,
Der der Freud' ist sich bewußt,
Die ihm Gott gegeben,
Die du jedem Menschen schufst,
Den aus nichts hervor du rufst
Auf zum ew'gen Leben.

—

Bald ist unsers Lebens Traum zu Ende,
Schnell verfließt er in die Ewigkeit.
Reicht zum frohen Tanze euch die Hände!
Tuts geschwinde; sonst enteilt die Zeit!

Das Leben

in verschiedenem Versmaße

Lächelnd spielt der Säugling unter Rosen,
Lächelnd liegt er an der Mutter Brust,
Lächelt zu der Mutter holdem Kosen
Seines Seins sich selbst noch kaum bewußt.

Tanzend eilt der Jüngling durch das Leben,
Sieht auf schroffem Pfad' nur Blumen blühn,
Und kein nahes Schrecknis macht ihn beben,
Jugendkraft läßt ihm die Seele glühn.

Fest steht der Mann in voller Lebenskraft,
Fest steht er, um ihn wogt das Leben
Er mühet sich ab, er regt sich und schafft
Und rastlos erneut sich sein Streben.

Doch schwankend schleicht der Greis am Stabe
Blickt auf sein enteiltes Leben hin,
Wandelt ruhig dann zum kühlen Grabe,
Stirbt dann freudig mit getrostem Sinn.

Und da hilft kein Flehen<,> keine Bitte,
Und der Säugling bleichet und der Mann,
Und in unsers Lebens holder Mitte
Starret schon das düstre Grab uns an.

Logogryphe

Mich rief der Schöpfer aus, als er das All erschuf –.
Ein Zeichen nimm hinweg! Ich ward auf seinen Ruf.

Ein Neujahrswunsch

den ich meinem etwas faulen Bruder in die Feder diktierte

Wieder ist denn nun ein Jahr entschwunden
In den großen, großen Strom der Zeit,
Und es brachte viele schöne Stunden,
Die der Trägheit leider ich geweiht.

Doch dies soll jetzt anders sich gestalten,
Nicht mehr bleib ich nun der dumme Klas!
Denn Gott tröst<,> blieb's immer so beim Alten,
Käm wohl gar heraus, ich weiß nicht was!

Stets erneuern soll sich jetzt mein Streben,
Und mein Fleiß soll wachsen immer dar,
Und ein andres tätigeres Leben
Soll mir aufgehn mit dem neuen Jahr.

Neujahrswunsch an Grossmutter

die mir zu lang in Segeberg blieb

Liebe Großmama, auch ich will dir jetzt mein Wünschlein sagen;
Aber nur allein für dich hab' ich's zu Papier getragen!
Schau denn auf und merk es dir,
In 4 Zeilen steht es hier:
Großmama, zu lang fürwahr,
Bist in Segeberg geblieben,
Komm nun mit dem neuen Jahr
Her zu uns<,> zu deinen Lieben!
Dieses wünschen ganz enorm
Alle deine Enkel Storm.

—

Nimm hin<,> o Freundin, was in kurzen Zeilen
Mein liebend Herz dir jetzt zum Wunsche spricht:
Stets mög' die Freundschaft tröstend bei dir weilen,
Die Liebe möge ihr zur Seite eilen,
Des Himmels Glaube, er verlaß dich nicht!

An Henriette Freese

bei Übersendung eines Lorbeerzweigs

Nimm hin o Dichterin, berühmt in Deutschlands Gauen,
Nimm hin den Musenlohn, bekränze dir das Haupt!
Ein Zeichen sei es dir, daß auch in Husums Auen,
Man an die schöne Kunst der holden Musen glaubt.

Liebesklage eines Verschmähten

Kann dein Aug gefühllos starren,
Bei dem Sturm in dieser Brust!
Soll ich dulden, soll ich harren,
Kämpfen zwischen Schmerz und Lust?!

O laß einmal nur dich blicken,
Einmal aus dem holden Licht
Schöpfen Ruhe und Erquicken,
Da's dem Herz an Trost gebricht!

Ach laß mich nicht fühllos schmachten,
Lindre heile meinen Schmerz,
Still mein Sehnen, still mein Trachten,
Rette dies zerrißne Herz.

Oder willst du mich vernichten,
Oder ist die Liebe Wahn,
Möge niemand an dir richten,
Was du Harte mir getan.

Nein du kannst mich nicht verdammen,
Mehren diesen herben Schmerz,
Schrecklich doppeln sich die Flammen.
Und verzehren dann mein Herz.

Ach zum Schmerz bin ich geboren,
Meine Pein vernichtet mich!
Wirst du auch mein Herz durchbohren,
Lieb ich sterbend dennoch dich.

In das Stammbuch meines Freundes

Schnell verfließen unsre Jahre,
Kehren nie zurück!
Von der Wiege hin zur Bahre
Reicht der Augenblick

Drum verscheuchet Sorg und Klage,
Tändelt, küsset scherzt und lacht,
Weiht der Freundschaft eure Tage!
Doch der Liebe weiht – die Nacht.

Epistel an Freund Koopmann

Nein, nein! ich kann nicht kommen heut!
So hieß es gestern morgen.
Nach Milstedt geht's in kurzer Zeit.
Zum Saufen und zum Borgen.
Ja, Ja, ich glaubs dir ohne Schwur,
Daß der Ovidius Naso nur,
Bei einem guten Glase Punsch,
Sehr schlecht genügt des Herzens Wunsch.
Und daß er trocken dir erscheinet,
Wenn deinem Geist sich Geist vereinet.
Nun ja, du bist auf guter Bahn,
Geh nur den Leuten frisch voran!
Stets laß den Punsch im Glase blinken,
Laß Sorg und Kummer drin ertrinken,
Und juble hoch und sei vergnügt,
So lang der Parze Faden fliegt.

Kaum, daß der eine Rausch vergehet,
So zieht der andre wieder ein.
Auf einem Bein man nicht wohl stehet,
Und lahmen ist doch auch 'ne Pein!
Nun, nun ich habe nichts dagegen!
Die Nachwehn kommen hinten drein.
Dann sollt die Zeche ihr erlegen,
Und meistens sind die Taschen rein.
Doch Freundchen, kannst du's kühnlich wagen,
Dem grimmen Bär ins Aug' zu sehn,
So will ich weiter nichts mehr sagen,
Und schweigend meine Wege gehen.

An einen ausgetretnen Strom

Was zürnst du, Strom, weshalb dein schrecklich Brausen
Woher die Wut, die dir die Woge schäumt,
Daß fessellos mit schrecklich wildem Sausen
Sich Well um Well zum Himmel drohend bäumt.
Die Windsbraut heult und deine Wasser schwellen,
Und Tier und Menschen fliehn in sichern Port,
Und furchtbar, donnernd reißen deine Wellen
Im schnellen Fluge alles mit sich fort.
Warum nicht freundlich, wie du sonst gepflogen,
Eilst du mit Ruhe friedlich deine Bahn?
Warum kommt tosend jetzt die Flut gezogen;
Warum stürmt jetzt die Woge himmelan.
Sonst, wenn des Winters Macht mit hartem Eise
Dir deine Wasser glänzend überzog,
So littst du freundlich, daß im schnellen Geleise
Der Schlitten deine Decke überflog.
Und hatt' der Winter deinen Schmuck genommen,
Und war die Blume dir am Strand verblüht,
War auch der Sonne warme Glut verglommen,

War auch verstummt der bunten Sänger Lied,
So botst du reichlich uns des Winters Freuden
Für deine blütumkränzten Ufer dar,
Und auch im Winter wollte niemand meiden,
Was stets ein Ort der heitern Lust ihm war.
Doch jetzt, wenn auch im Zorne noch erhaben,
Wird Baum und Blume frech von dir geknickt!
Zerstörst du feindlich, was wir willig gaben,
Womit wir deine Ufer reich geschmückt.
O kehr zurück in deines Bettes Grenzen!
Durchbrech nicht fürder stürmend Flur und Hain,
Und Blumen werden deinen Bord umkränzen,
Und unser Segen dein Geleitsmann sein.

Homonyme

Schnell bring vom Fleck ich dich
Auf weitumschifften Meere;
Doch machst du selber mich,
Dann wehe deiner Ehre!

Palindrom

Männer, wie die Welt sie ferner nicht gesehen,
Schmückten sonst mich mit des Purpurs Pracht!
Doch der Erde Kraft und Glanz vergehen,
Oft stirbt schon das Große im Entstehen,
Mir blieb nur der Name meiner Macht.

Kehr mich um und wende meine Zeichen,
Und es zeigt sich dir ein mächtig Wort.
Denn an Kraft ist nichts mir zu vergleichen.
Und an Stärke muß mir jeder weichen.
Meine Kraft herrscht gleich im Süd und Nord.

Schweige

Nicht wie das Grab! So sollen wir nicht schweigen!
Nie gab dem Grabe Leben das Geschick.
Doch können Menschen redend von einander zeugen,
Hält doch der freie Geist das kühne Wort zurück.

Wünsche

O Pluto schenk mir doch dein Gold,
Schenk mir nur einen Haufen!
Ich will viel Mädchen wunderhold
Für deinen Mammon kaufen.

Dann soll nur Wein und Liebe mich
Auf immer dar umgeben
Und Venus soll mit Amor sich
Gar inniglich verweben.

Dann zieh auf seidne Kissen ich
Das liebe Röschen nieder,
Und sie gibt mir dann jungferlich
All meine Küsse wieder.

Sanft drück ich sie an meine Brust
Und lös ihr knappes Mieder,
Und Wollustgraun und süße Lust
Durchbebt mir alle Glieder.

Heut schenk der Blonden ich mein Herz,
Und morgen einer Braunen.
Mit schlauem Aug und holdem Scherz
Viel Mädchen und viel Launen!

Denn heut spricht mich die Rose an,
Die Nelke lockt mich morgen.
Drum so viel Blumen, als ich kann,
Will ich zusammenborgen.

Doch ach, ich hab nicht Wein und Gold,
Nicht Nelken und nicht Rosen,
Und auch kein Mädchen wunderhold
Zum Scherzen und zum Kosen.

Und doch ich bin in meinem Sinn
So reich an Gold und Mädchen!
Denn baldigst hoff ich auf Gewinn
Vom blanken Lotterädchen.

Charade

Übest die ersten du stets,
so gerätst du nicht leicht in die Dritte!
Bist du im Leben die drei
seligt dir Frieden die Brust.

Witzfunken

Ach schrie Klas, ich krieg gewiß noch den Teufel drüber!
O<,> sprach Hans, wenn du ihn kriegst, zeig ihn mir<,> mein Lieber!

Lustig gelebt und fröhlich gestorben

Fliehe mich Sorge, fliehe mich, Klage,
Kommet, ihr Freunde scherzet und lacht!
Fröhlich verleb' ich heitere Tage,
Gram Gute Nacht!

Haschet im rollenden Wechsel die Freude,
Froh sei jeder der Tage vollbracht.
Lasset das Morgen, scherzet nur heute,
Jubelt und wacht.

Lasset des Kummers grämliche Zeichen
Nicht eure glatte Stirne umziehn!
Scheuchet die Sorgen und heißet sie weichen:
Dämon fahr hin!

Eilen die Jahre weiter und weiter,
Packt euch des Todes finstere Macht,
Lächelt noch sterbend ruhig und heiter:
Welt Gute Nacht!

—

Kurz ist die Spanne unsers Lebens,
Nie, nie enteil' es uns vergebens,
Heilbringend sei's im raschen Lauf!

Bald öffnet sich das Tor zum Frieden,
Und das Entschwundene hienieden
Nimmt dann ein beßres Jenseit auf.

—

Freund zittre nicht, wenn in des Lebens Stürmen
Die milde Hoffnung deinem Blick entflieht,
Freund zittre nicht, wenn Leid auf Leid sich türmen,
Ob deinem Haupt sich Unglück rings umzieht!
O heitre dich und laß das bange Zagen;
Denn einstens, einstens wird es tagen,
Wenn jede Hülle sinkt zu Staub.

Jakob als Redner auf dem Rathause

Lang<e> harrt<en> auf dem Rathaus Saale
Die Hörer mit gespanntem Sinn;
Da plötzlich tritt mit einem Male
Der vielbesungne Jakob hin.
Er schritt mit Würde aufs Katheder,

Und neigte sich mit viel Manier –
Zum Nachbar sprach gespannt ein jeder:
Seht Osterhusums lumen hier!
Doch als nun die Musik verrauschet,
Da horchet gierig jedes Ohr,
Und auf den blonden Jakob lauschet
Der Auditoren ganzer Chor.
Seht da den Held, so hört man sagen,
Der es durch eigne Kraft vollbracht,
Und der noch jetzt zu unsern Tagen
Sich selber hat zum Mann gemacht,
Zum Manne, der die Griechen lieset
Und den schon manches schöne Weib
Sich gern zum Buhlen hätt erkieset,
Zur Minne holdem Zeitvertreib.
Doch wie des Donners fern Gekrache
Den trägen Schläfer schnell erweckt,
So weckt des Helden Donner Sprache
Jetzt alle, welche Morpheus neckt,
Denn dumpf wie aus des Orkus Schlünden
Tönt seiner Stimme tiefer Baß.
Als könnt er nicht das Ende finden,
Erzählt er ohne Unterlaß,
Was in Europien geschehen,
Eh' man Amerika entdeckt,
Wie gut die Welt da ausgesehen,
Wie keusch, wie rein und unbefleckt!
Als endlich er den Mund geschlossen,
Da sahn ihn alle staunend an;
Und niemand machte seine Glossen,
Doch jeder rief: Was sprach der Mann?
Um nun das Rätsel euch zu lösen,
So glaubt nicht, daß er deutsch parliert!
Verführet ward er von dem Bösen,
Und hat lateinisch sich – blamiert!

Charade

Erschau ich ein Mädchen mit lieblichem Sinn,
Und trifft mich ihr Auge vor allen,
So treibts in die Wangen das erste mir hin,
So bin ich dem Amor verfallen.
Die letzte wohl zieret den kräftigen Mann,
Wohl zieret den mausenden Kater;
Auch triffst du bei allen Soldaten sie an,
Nur nicht bei der Gräfin v. Plater.
Wohl spielet mein Ganzes im Bläulichen Fluß,
Und tanzt in den plätschernden Wogen;
Wohl ist einst ein Kaiser mit Mann und mit Roß
Zum heiligen Grabe gezogen.

Logogryphe

Kalt und starr sind meine bleichen Züge,
Alles Leben ist aus mir entflohn!
Die Verwesung feiert ihre Siege,
Seine Beute frißt der Moder schon!
Läßt du nun den Kopf vom Rumpfe weichen,
War ich früher einem Gott geweiht,
Bin noch jetzt der deutschen Treue Zeichen,
Heilig noch aus alter Väter Zeit.

—

Si fractus inlabatur orbis,
Impavidum ferient ruinae.
Horat<ius>

Den starken Mann kann nicht der Sturm erdrücken,
Er trotzet kräftig jeglicher Gefahr!
Und träf im Sturz das Weltall seinen Rücken
Versinkt er mutig, wie er stets es war.

Für unsre mademoiselles

A. O Freundchen sage mir's doch auch,
Den Grund, den möcht ich kennen,
Warum wir nicht nach altem Brauch
Die Mädchen Jungfrau'n nennen?

B Ist gar nicht mehr von Nöten!
Sie würden nur – erröten.

Sängers Abendlied

Meiner Leier frohe Töne schweigen
Bald in stille Todesnacht gehüllt;
Dort, wo sich die Zweige trauernd neigen,
Find ich Ruh'; mein Sehnen ist gestillt.

Wenn des Lebens zarte Fäden reissen,
Streut Zypressen auf des Sängers Grab,
Singt noch einmal mir die alten Weisen,
Senkt mir meine Leier mit hinab.

Dort entfliehen eitle Erdensorgen,
Unsre Seele strebt dem Höhern nach. –
Sieh' es dämmert schon im Ost der Morgen,
Doch mein Morgen ist erst jenseit wach.

Nachtfrost

So nehmt das Lorbeerbäumchen doch von hier
Sein zartes Laub wird sonst dem Froste weichen!
Der schwache Lorbeer ist des Südens Zier,
Der Norden kränzet seinen Held mit Eichen.

Grabschrift auf Krebs, den Wuchrer

Hier ruht in tiefer dunkler Kammer,
Ein Mann<,> der Land und Leute fraß,
Bis daß ihn endlich, hörts, o Jammer,
Sein eigner Bruder aß. –

An Liseli

O Mädchen sei doch nicht von Stein,
Nicht kalt wie harter Kiesel!
Schau' in mein wundes Herz hinein,
Du kleine, spröde Lisel!
Verstoß mich nicht, du Eisenherz,
Laß mich nicht schier verzweifeln!
Es brennt der Pfeileswunde Schmerz
Von Amors bösen Teufeln
Die stets mit Pferdefuß und Schwanz
Zu all' und jeden Zeiten
Bei Amors wildem Reigentanz
Die lockern Dirnen reiten.
Jedoch das Volk im Unterrock
Weiß auch ihr Haupt zu stählen;
Sie merken daß zum vollen Schmuck
Die Hörner ihnen fehlen
Drum<,> schönes Lisli nimm mich an,
Erhöre mich bei Zeiten!
Sonst sicherlich wird solch ein Mann
Dich einst zum Blocksberg reiten.
Nur möcht ich nicht als Ziegenbock
Mit Hörnern mich befassen,
Mir sei vom ganzen Höllenschmuck
Allein der Schwanz gelassen.

Charade

Bald wird die Ruh' der Ersten Drei entschwinden,
Läßt du die Vierte jemals sie empfinden;
Denn schlägt das Ganze erst die unheilbare Wunde,
So ist das Leben Pein, Vernichtung jede Stunde.

Charade

An Auguste

Wie mancher fühlt' als Dich er sah
Das E r s t e schon dem Z w e i t e n nah',
So sehr bei minderer Gefahr
Er von Natur das G a n z e war.
Theodor

An Klander

Gott grüß dich Freund Klander, wie hab ich gestaunt,
Als mir der Herr Schwager den Brief herposaunt;
Doch wußt ich nun vollends nicht, wie mir's geschah,
Als ich dich im Kampf mit Homerus ersah;
Denn, daß diese Zuschrift an mich nur geschehen,
Damit ich ein Beispiel von Promptheit könnt sehen,
Fürwahr, lieber Klander, das ist kaum zu glauben,
Du willst dem Homerus die Krone wohl rauben.
Nun, tanze nur los im homerischen Schuh,
Spring' dich mit sechs Füßen um Schlaf und um Ruh!
Ich versle nur wenig, und kommts mir zu Sinn,
Schleppt sich mein Gesang doch am Boden nur hin;
Doch ist ja nicht allen ein Gleiches gegeben.
Dir muß sich im Hochsprung das Flügelroß heben,
Ich zähme durch Streicheln sein mutiges Toben,

So werd ich nicht leicht aus dem Sattel gehoben.
Doch weiter! – Wie hast du gekeift und geklagt,
Und drüber vergessen warum ich gefragt;
Denn was ich am meisten zu wissen begehrt,
Das hast du dem Liebenden Freunde verwehrt.
So sprich denn, wann wirst du die Heimat begrüßen,
Wann schüttelst du endlich den Staub von den Füßen!?
O eile, dem Freund in die Arme zu sinken,
Und mit ihm zu plaudern und mit ihm zu trinken. –

Beim Scheiden des Jahres 1834

Nun so lebe denn wohl, noch einmal o Sprößling des Kronos,
Sei mir noch einmal gegrüßt; es rauscht schon die Woge der Lethe. –
Der du uns sonnigen Schein und wetterschwangere Wolken,
Der du uns Kummer gebracht und uns durch Freude vergolten.
Gleich stets hält das Geschick die Waage zur Linken und Rechten,
Gräcia's Banner erstand es sanken Polonia's Adler. –
So enteiltest du uns und führtest im rollenden Wechsel
Bald die Freude uns vor bald seelenstärkende Leiden.
Und nun eilst du hinweg, auf leise rauschendem Fittich
Trägt dich der Vater der Zeit, ein Bild der entschwindenden Seele. –
Warst du das letzte vielleicht, das mit verhallendem Schlage
Mir die Seele ergriff und die Träne der Wehmut entlockte?
Oder hat mir ein mächtiger Gott noch länger beschieden
Menschen mit Engelgemüt und Teufel in Menschenverkappung
In stets regem Gemisch auf Erden wechseln zu sehen,
Und in dem ersten den Freund zu suchen, den Andern zu meiden.
Ach wie manchem entriß der finstere Herrscher des Orkus
Aus den Armen den Freund, wie manchem die liebende Gattin! –
O verzage nur nicht, es lichten sich endlich die Nebel,
Weihe die Träne dem Freund, doch setze dein Hoffen auf Jenseit –

Für einen Ungeliebten

Höre auf dich zu betrüben.
Heitre deinen bangen Sinn!
Will denn keiner dich mehr lieben,
Eile nur zur Echo hin.
Ruf nur laut: Wer liebt denn mich?
Und du hörst ein dreifach Ich.

Freiheitsjubel

Laßt uns die Eiche der Freiheit erklimmen,
Baut ihren Tempel in strahlender Pracht
Lasset den Funken der Gottheit erglimmen
Rüstet euch eilig zur donnernden Schlacht!
Triumph und Sieg<,> unser Wunsch ist erfüllt,
Wir haben die Freiheit – ein Nebelgebild.

Rätsel

Tust du das Ei mir nehmen, –
Verzeih' mirs zarter Geck,
Laß dich das Wort nicht grämen, –
So bleibt dir nur ein Dreck.

An Friedrich

Gelder borgen,
Macht nur Sorgen,
Wie das alte Sprichwort zeigt<.>

Fröhlich lebe.
Freund der Rebe,
Doch, so weit die Börse reicht<.>

Teure feine
Ungarweine
Machen nur den Beutel leer;

Schlichte Becher,
Traute Zecher
Rufen auch die Freude her!

Schlauer Phryne
Feile Miene
Bringt zuletzt dir Überdruß;

Deutschem Mädchen,
Keuschem Mädchen
Weih' die Liebe, weih' den Kuß!

Beitrag zur chronique scandaleuse von Husum

(nach Hörensagen zusammengeschrieben)

I

Rosaliens Brautgeschichte hört!
Ich will sie euch erzählen.
Wie sie von seltnem Wahn betört,
Sich ihren Spatz tät wählen.
Wie, und ein Spatz hat ihr behagt?
Ja, ja, ihr Herzchen hat gesagt:
Doch lieber den, als keinen<.>

In einer Laube hielt sie Rast,
Da kam mit leisen Tritten,
Als ein schon längst ersehnter Gast,
Herr Balster angeschritten. –
Bald reis' ich nun, so hub er an,
Und allem, was ich lieb gewann
Kehr ich alsdann den Rücken!

– Meint ihr's nicht auch, das Füchslein roch
Die Taler in den Schränken? –
O! rief er aus, sie werden doch
Mitunter mein gedenken?
Statt aller Antwort nur erklang
Ein Schrei und echt romantisch sank
Die Braut ihm in die Arme. –

Die beiden eilten nun ins Haus,
Den Segen zu erflehen;
Und bald sieht man sie ein und aus
Zu allen Leuten gehen. –
Sie macht ihn reich, er steht ihr an,
Er hat nun Geld, sie bald den Mann.
Mein Liedlein ist am Ende.

II

Ein lieblich Mägdlein stellt euch vor!
Sehr frei in Wort und Miene,
Schlank, wie das junge Wiesenrohr
Und munter, wie die Biene;
Dazu ein Quentchen Eitelkeit,
So ist euch treulich konterfeit
Die kleine Naseweise.

Gar mancher kannte ihren Scherz
Gar mancher ihre Lippe,
Gar öfters pochte schon ihr Herz
An eine Männerrippe.
Wohl mancher bog vor ihr das Knie,
Doch in den Brautstand brachte sie
Ein kühner Ellenreuter.

In Hoffnung treuer Liebe Spiel
Und Glück bei ihr zu finden,
Muß er zu einem Ritt nach Kiel
Aus Liebchens Arm sich winden.
Doch kaum aus Liebchens Armen fern
So hätt' er auch verteufelt gern
Mit ihr sich abgefunden.

Ein andres Vöglein, dem der Tod
Schon einen Hahn gefressen,
Ließ ihn Sophiens Liebesnot
Am Ende ganz vergessen. –
Lang kost er mit dem Vögelein;
Da sang es ihm ins Ohr hinein:
Bald soll ich Eier legen!

Dies schien ihm nun durchaus nicht neu;
Dies wünschte er ja eben,
Und wollt' nun wider Lieb und Treu
Sophie den Laufpaß geben.
Er schrieb: Ich liebe hier ein Weib,
Die trägt an ihrem schweren Leib
Schon meiner Liebe Spuren! –

Wer hätts gedacht! Sophiechen schrieb:
Das Weibsbild mußt du fliehen;
Doch schenkst mir fürder Treu und Lieb,
So sei es dir verziehen. –
Bald wird nun Hymen sie umziehn,
Und er wird sie und sie wird ihn
Gar öfters unter haben.

III

Wer Bärbchen in die Arme schloß
Will ich euch jetzt beschreiben. –
Wohl niemand, welcher sie genoß
Wollt sich mit ihr beweiben.
Da dacht sie denn mit Traurigkeit,
Es ist gewißlich an der Zeit,
Daß ich ins Brautbett springe.

Denn ach! die Blüthen fielen hin,
Sie zählt' schon nah' an Dreißig.
Das kam ihr denn oft schwer zu Sinn,
Drum angelte sie fleißig.
Zwei Brüder machten ihr die Cour,
Doch gab Gott Amor einem nur,
Den alten Frack zu nutzen.

So oft die Nacht vom Himmel sank,
Schlug ihm sein Herzenshammer,
So eilte er den Hof entlang
Nach seines Liebchens Kammer.
Dort sah man leider niemals Licht,
Weshalb ich denn auch wahrlich nicht
Weiß, was sich dort begeben.

Fein Liebchens Bruder hörte auch
Von diesen Lustpartien,
Und wollte nun nach altem Brauch
Sogleich vom Leder ziehen.
Drum trat er rasch den Buhlen an:
Sie wird dein Weib und du ihr Mann,
Sonst sprechen wir uns weiter.

Das wollt ihm wie Kanonenschreck
Durch alle Glieder fliegen;
Er sollte sich um solchen Dreck
Ins harte Eh'joch fügen?!
Doch lieber als Pistolentod
Erkiest er sich in seiner Not
Zur Braut das schöne Bärbchen. –

Die Mutter findet sich darein,
Der Adel rümpft die Nase,
Der Bruder schenkt schon rüstig ein
Auf's Wohl der neuen Base. –
Doch nun vernehmt, wen Bärbchen fing!
An ihrer schweren Angel hing
Ein Kandidatus – Balster. –

Der Entfernten

Eilende Winde
Wieget euch linde
Säuselt mein Liedchen der Lieblichen vor;
Vögelein singet,
Vögelein bringet
Töne der Lust an ihr lauschendes Ohr.

Öffne dich, Rose,
Schwellet ihr Moose,
Reiht euch, ihr Blumen, zum duftigen Strauß;
Weilt ihr am Herzen,
Horcht ihren Scherzen,
Scheuchet den nagenden Kummer hinaus.

Schimmernde Sterne,
Strahlt aus der Ferne
Himmlischer Höhen ihr Freude und Lust
Freundliche Sterne,
Wärt ihr nicht ferne,
Leuchtet ihr tröstend der trauernden Brust.

—

Wo lebt ein Weib, das nicht mit Buhlerkusse
Des Kusses Heiligkeit entweiht?
Drum, Freunde wühlt im raschen Hochgenusse
Und hascht, was euch die Stunde beut.
Und solltet ihr den Tod ins Herz der Dirne tragen,
Was kümmerts euch denn viel, ein Schlangenhirn zerschlagen.

An die Nacht

Friede weht, die Fluren schlummern
Glänzend sät auf Gras und Blüten
Bei der Sterne Lichtgefunkel
Rings der Himmel
seine Strahlenperlen aus.

Holde Nacht, dein dunkler Schleier
Birgt ein Weilchen unsern Kummer
Du erquickst den Sohn der Schmerzen,
Führst ihn an der Hand des Traumes
Tröstend in ein Freudenreich.

Friede weht und Lunas Fackel
Gleitet still durch blaue Fernen
Ruft die junge Braut zum Feste, –
In der Sterne Silberschimmer
Mischt sich Hymens Kerzenglühn.

Friede weht! In deinen Stunden
Herrscht der Traum, die Phantasie.
Was der Menschen Zwietracht störte,
Was die Erde nie geboren,
Formt dein bunter Sohn, o Nacht!

Der Fuchs und die Traube

Hungrig schlich der Fuchs ins Freie
Futter für den leeren Magen
auf der Wiese zu ersphähn.
Endlich hoch am Rebenzweige
Winket ihm die schönste Traube,
Welche je sein Mund begehrt
Springend sucht er zu erreichen,
Was das Auge lüstern reizet;
Doch umsonst ist all sein Mühen,
Denn die Traube
Hängt zu hoch für Meister Fuchs.
Mürrisch spricht er: „ach sie schmecket
Bitter noch und bittre Trauben
Freß ich, glaubt's mir niemals gern."

Solche trifft der Mund der Fabel,
Die mit Worten frech verhöhnen,
Was zu groß für ihre Kraft.

Dreisilbige Charade

Des Menschen Hauptstück trägt das erste Wort.
Das zweite gibt uns Schwert und Wehrgepränge
Das Ganze straft vom offnen Wort
Mit herbem Spott der rohen Menge.

Elegie

Bleib! Was fliehest du mich, Kalliope, liebliche Muse,
Einmal nur wende dein Aug lächelnd dem Sterblichen zu!
Doch sie eilet hinweg, sie flieht in die Arme Apollos;
Wehe, den Sterblichen ist keine der Himmlischen hold.
Lorbeer sprießet im Hain, hoch ragen die herrlichen Zweige,
Freund, doch nirgend erschaust du ein gebrochenes Reis.

Beim Scheiden des Jahrs 1835

Die Ampel losch und träumend sank
Ich auf des Lagers weiches Pfühl.
Und sieh', vor meinen Augen stand
Ein schwacher Greis
Mit schneebedecktem Scheitel.
Aus seinen Blicken strahlte hell
Das Angedenken großer Tat.
Doch seine Stirne war gefurcht,
Als hätt die Zeit
In ihr die Frevel angemerkt
Zur Warnung für
Die kommenden Geschlechter.
Und immer schwächer ward der Greis,
Und immer mehr
Entschwand er meinen Augen.
Da plötzlich ändert sich das Bild:
Der Greis entschwand wie Nebeldunst
In graue Ferne. — Rasch entwand
An seiner Statt der Erde sich
Ein Jüngling. — Ich erwachte!
Vom hohen Turme hallte noch
Der zwölfte Schlag
Der mitternächtigen Stunde.
Da fiel der Schleier mir vom Aug:
Es hatt die Zeit
Ein neues Jahr geboren.

—

Was dort an krummen Krücken
Schleicht mit dem krummen Leib,
Ist einst ein Mensch gewesen
Jetzt ist's ein altes Weib.

Des Knaben Grab

Laut braust's in Meerestiefen,
Der Knabe stand allein;
Die trauten Eltern schliefen
Wohl unterm kalten Stein.

Drum war sein Herz ergriffen
Von sehnend tiefem Weh,
Es treibt ihn an zu schiffen
Im aufgewogten See.

Er löst den Kahn, die Wogen
Zerteilt der Ruder Schlag
Da kommt der Sturm geflogen
Und seine Kraft läßt nach.

Und fern vom sichern Lande
Zum Strudel schwebt der Kahn
Da sprengt der Geist die Bande
Und flieht den engen Wahn.

Doch laut und lauter schallet
Der Sturm, die Barke kracht,
Sein Hülferuf verhallet
Durch Wogenschlag und Nacht.

Es sinkt der Kahn es rauschen
Die Fluten dumpf hinab,
Wo Wellen Küsse tauschen,
Ruht still der Knab' im Grab.

Da zittert hoch vom Turme
Des Tages erster Schlag
Ein Gott gebot dem Sturme
Und rief den Morgen wach.

Holsatia

Sah' einst eine schöne Dirne,
Ein Knabe saß dabei,
Schwur ihr mit heitrer Stirne
Wohl ew'ge Lieb und Treu.

Und waren glücklich beide,
Und saßen Hand in Hand,
Und schmückten sich am Kleide
Mit lilienfarbnem Band.

Zog bald aus heimischen Auen
Der Knab in weite Fern;
Da liebten ihn schöne Frauen,
Und hatten ihn gar zu gern.

Treu blieb der Knab', ihn rührte,
Kein Weib im fernen Land;
Und Blau des Himmels zierte
Als zweite Farb' sein Band.

Und sah' den Knaben schlagen,
Den blanken Stahl zur Hand;
Sah blutig rot ihn tragen
Als dritte Farb im Band.

Und reckte baß die Glieder
Und siegte, wo man sah
Laut klangen Waffen und Lieder
Sieg und Holsatia.

Nachtgemälde

Es krächzen die Dohlen am grauen Turm,
Es kreischet die Fahne so traurig,
Die alternde Eiche umbrauset der Sturm,
Ist alles so dunkel so schaurig.
Doch auch in der Seele da ist es mir Nacht,
Ich blicke hinab in den tiefen Schacht
Und schaue nur finstere Schatten.

Die drängen sich wirr an des Herzens Grund
Und treiben gespenstisches Leben.
Schon lange bekämpf ich den grausen Bund;
Will nie sich die Nacht entheben?
Und siehe, da strömte der Morgen herein,
Der bleichte die morschen Gestalten zu Schein
Und weckte mir mutiges Leben.

In Emmas Stammbuch

In meines Herzens Tiefe ruht
Ein düster Bild, mein Geist erbebt
Die Zukunft zu durchschauen.
Vielleicht eh' dreimal sich die Erd'
Verjüngt, zerstört ein eisger Hauch
Der Jugend frische Kränze.
Die Zeit verharscht
Den Schmerz ich bin vergessen
Wenn dann die leichte Barke dich
Durch dunkle Flut
Zu nahem Freundes Strand geführt,
Wenn dann mein Name längst verhallt,
Und wenn der Esche schattig Laub,
Dann meine ganze Welt verbirgt,
So fleuch dein Geist
Zurück zu frohen Stunden

Dann blick dein Aug
Durch eine Trauerzähre,
Und leichter wird
Auf mich der Felsen ruhen.

–

Ich dacht an Liebchens Bette,
Ich stand vor Liebchens Tür
Und seufzte um die Wette
Mit ihrem Pudeltier.

Der Pudel schrie und bellte,
Ich sang so zart, so trüb,
Der Pudel schrie vor Kälte,
Ich sang vor lauter Lieb.

Doch gleich stand unser Hoffen,
Wir wollten beid' ins Haus.
Ach niemand schloß uns offen,
Wir blieben beide daraus.

Der Räuberhauptmann

Mit raschem Sprunge, auf mutigem Roß
Durchschwamm der Räuber den schäumenden Fluß
Und nun an dem grasigten Rande
Versammelt er eiligst die Bande.
Und sie stehen alle im Kreise herum
Und harren ängstlich; der Hauptmann ist stumm.–
Da ruft er plötzlich – sie hören's mit Graus –
„Gesellen zieht mir die Stiefel aus!"

Der Kranke

Noch einmal, liebe Sonne,
Schau mir ins Fenster n'ein;
Noch einmal eh' ich sterbe,
Dann schlaf ich ruhig ein.

Und wenn sie mich begraben,
Dann scheine auf mein Grab,
Als blickte Gottes Auge
So mild auf mich herab.

—

Die Flöhe und die Läuse
Die hatten sich beim Schopf,
Und kämpften gar gewaltig
Auf eines Buben Kopf.

Das nahm der Bube übel,
Und haschte Floh und Laus,
Und macht mit seinem Nagel
Den Kämpfern den Garaus.

Ich und mein Lieb, wir kosten
Auf meines Nachbars Land –
Hätt bald der grobe Schlingel
Uns beide untergerannt.

—

Du liebe Sonne, wie strahlst du so mild,
Weckst mir in der Seele ein liebliches Bild:
Zwei Sterne kenn ich, die strahlen so schön,
Hab leider zu oft in die Sterne gesehn.
Den freundlichen Schimmer, die lieblichen Strahlen,
Die mußt ich mit Sehnen und Schmerzen bezahlen.
Drum scheine mir Sonne, du scheinest so mild!

—

In der Brust des Liedes Klänge,
Meine Harfe in der Hand,
Sitz ich fern der lauten Menge
An der grauen Felsenwand.

Hell die goldnen Saiten klingen,
Und ich sing der Liebe Glück;
Und die frohen Töne springen
Jauchzend von dem Fels zurück.

Hell die goldnen Saiten klingen
Und ich sing der Liebe Schmerz –
Meines Herzens Seufzer dringen
Durch die Lüfte himmelwärts.

Und ich sing und singe weiter,
Meine Harfe klingt dazu,
Helle Sterne blinken heiter,
Und die Menschen gehn zur Ruh.

Horch, da krachts und Donner dröhnen,
Feuer hat den Geist beseelt,
Meiner Saiten mutig Tönen
Hat der Donner sich vermählt.

Und die Donner fern verhallen,
Golden zieht die Sonn daher,
Blüten rauschen, Lieder schallen,
Doch die Harfe klingt nicht mehr.

—

Ich ging zu meiner Rebe,
Da hing am hohen Ast
Im dichten Laubgewebe
Der Traube süsse Last.

Schnell pack ich Stuhl und Tische
Hinan zu hoher Schicht;
Da drängt sich durchs Gebüsche
Mein Gärtnerbursch und spricht:

Ei wart der Herr ein wenig!
Drei Tage Sonnenschein,
So kann Euch Fürst und König
Damit bewirtet sein!

Ich ließ die Frucht, wir hatten
Drei Tage Sonnenschein,
Da tranken durstge Ratten
Mir meinen schönen Wein.

Nun, dachte ich, die Traube
War grade nicht für dich,
Und schlich zur duftgen Laube
Durch Schattengänge mich.

Und sieh, es saß darinnen
Mein Mädchen ganz allein,
Das war mir wohl zu Sinnen,
Ich schlich zu ihr hinein.

Und froher als ein König
Umfaß ich ihren Leib:
„Ei wart der Herr ein Wenig!“
Weg war mein Zeitvertreib

Ich war allein im Garten,
Und eh' ich michs versah,
Da war bei allem Warten
Die Trennungsstunde nah.

Rasch ward ich fortgerissen,
War schier dem Weinen nah,
Konnt's Liebchen ja nicht küssen,
So ofts der Vater sah.

So mußt ich mirs entschlagen,
Quit ging ich Traub' und Kuß,
Und warf mich in den Wagen
Voll Ärger und Verdruß.

Wichtelmännchen

Soll gar nicht recht geheuer sein
Dort drüben im alten Schloß,
Soll'n ziehn viel kleine Menscherlein
Umher in lärmendem Troß.

Ziehst du mit der jungen Frau erst ein
Dort drüben in's alte Schloß,
Da kommen ja noch mehr Kleine hinein –
Das wird ein gewaltiger Troß.

Die Möwe und mein Herz

Hin gen Norden zieht die Möwe,
Hin gen Norden zieht mein Herz;
Fliegend beide aus mitsammen,
Fliegen beide Heimatwärts.

Ruhig Herz! du bist zur Stelle;
Flog'st gar rasch die weite Bahn –
Und die Möwe schwebt noch rudernd
Über'm weiten Ocean.

Teufels error in calculo

Ei ihr langen Herrn Studenten,
Wird auch Euch der Teufel fremd,
Warn doch sonst die besten Freunde,
Half euch oft mit Rock und Hemd.

Will denn alles von mir lassen,
Hilf mir Wasser Feuer Luft,
Will mich wandeln, will Euch prellen,
Bis ihr endlich selbst mich ruft.

Will Euch erst auf zwölf Prozente
Willig blanke Spiessen leihn;
Doch ein scharfer Manichäer
Treib ich meine Gelder ein.

Langt ihr dann nach alter Sitte
Rasch den Hieber von der Wand,
Fährt anstatt auf meinen Rücken,
Husch die Klinge in den Sand.

Spart ihr Herrn, ich will Euch zwacken,
Hab ich's so genug getan,
Leg ich mir zwei rote Backen
Und ein rundes Röckchen an.

Nehmt mich lüstern untern Mantel,
Bin so zärtlich, bin so warm,
Sollt zur Hölle mit mir wandeln
Fest und zärtlich, Arm in Arm.

Sprachs und grinste froh der Teufel,
Daß er solchen Plan gebaut,
Holt die Seele eines Juden,
Und fährt schnell in seine Haut.

Kommt alsbald zum Studiosen
Schaden froh ins Haus geeilt:
Ach – die Klinge war zerbrochen
Und der Mantel war verkeilt.

—

Es glänzt im dunkeln Laube
Des Mondes bleicher Schein;
Am Fuß der alten Eiche,
Da perlt der goldne Wein.

Da saßen drei Gesellen
Mit Herzen groß und kühn,
Und dachten nicht der Stunde,
Da sie der Mond beschien.

Auf jagten schwarze Wolken,
Und stille ward's im Kreis;
Es rauscht' die alte Eiche,
Es schwieg die laute Weis'.

Sie standen auf, sie sangen
Gar leise durch die Nacht:
„Dem Freund im stillen Grabe
Sei unser Glas gebracht."

Sie gingen ernst und schweigend
Zu ihres Freundes Grab,
Und sangen alte Lieder
In seine Gruft hinab. –

„Stoßt an! dem toten Zecher
Das letzte Glas gebracht!"
Und klangen an und tranken –
Und stille war die Nacht

Heimat

Ist wohl schön in dieser Fremde,
Doch für mich so leer;
Sehn' mich nach dem kleinen Städtchen
Hart am dunklen Meer.

Wo die Wogen hoch erbrausen,
Schlägt so hoch das Herz,
Wo so frei die Stürme hausen,
Zieht's mich heimatwärts.

Bin so fremd den Menschen allen,
Hab' an Freud' nicht Lust,
Schlägt für mich in diesem Lande
Keine treue Brust.

Eilst nach Westen, weiße Möwe
In mein Vaterland?
O, so grüß' mir meinen fernen
Kühlen Meeresstrand! –

Schwing' den Fittig, freie Möwe,
Siehst mein Liebchen bald;
Sag ihr: Sonne sei hier wärmer,
Doch die Herzen kalt! –

Körner

Es zog der Knab' ins Weite,
Zum großen Heerestroß;
Und griff nach Schwert und Sporen,
Hallo, wie sprang sein Roß<.>

Wie glüht sein Aug im Kampfe,
Wie wogt's in tapfrer Brust.
Er sang durch Tod und Schlachten
Von Lied und Liebeslust.

Von Schwerterklang und Liebe
Erscholl des Knaben Sang,
Weithin durch deutsche Gauen
Das deutsche Lied erklang.

Da fiel im Streit der Knabe,
Sein Auge schloß sich zu,
Und kämpfend ging der Sänger
Zu Gottes ewger Ruh.

Ihn und sein Schwert versenkte
Man bald an stillem Ort,
Die Leier ruht daneben,
Die Lieder leben fort.

Des Alten Traum

Ich träumte vergangene Zeiten,
Ich träumte verrauschten Traum –
Von goldig beschwingten Vögeln
Und goldener Wolken Saum.

Froh schwirrten die Vögel und sangen
Viel Klänge aus alter Zeit,
Es zogen die goldenen Wolken
Zu luftigen Bildern gereiht.

Zu Bildern der freundlichen Jugend
Verschwamm sich der spielende Schwarm.
Ich grüßte die kräftigen Freunde,
Und wiegte mein Mädchen im Arm.

Hoch über uns wölbte aus Rosen
Sich lustig ein schimmerndes Dach. – –
Ich träumte so selig, da dröhnte
Die Abendglocke mich wach.

Auf schne<e>igten Wintergefilden
Sank leuchtend die Sonne hinab. –
Noch einmal ins Land der Gesänge!
Dann, Sonne, mit dir ins Grab. –

Mein schönes Wunderland

Es schwimmt auf hohen Wogen
Ein schönes Wunderland;
Bald nah, bald wieder ferne,
Von wen'gen nur gekannt.

Ein Land wo ewge Sonnen
Am Firmamente stehn,
Wo wunderschöne Menschen
In Rosen schlafen gehn.

Wo Märchenbilder rauschen
Durch laue Waldesnacht,
Und Blumen Küsse tauschen
In tausendfarbger Pracht.

Wo Liebe, Götterfreiheit
Das reine Leben küsst;
Wo alles voller Wunder,
Wo alles glücklich ist.

Ach nur in Liedern weilet
Mein Land so schön, so hehr;
Ich mag es hoffen, ahnen;
Doch schauen nimmermehr.

Ständchen

Es zog ein Sänger durch Städte und Land,
Die Zither am Arme, das Glas in der Hand;
Und wo sie erklangen das Glas und die Saiten,
Da kamen die Bursche und Mägdlein von Weitem.

Den Burschen kredenzte er funkelnden Wein,
Den Mädchen sang er sein Lied so fein;
Drum wo der Sänger ins Land gekommen,
Da hat er die Herzen alle genommen. –

Ich selbst war der Sänger; das Glas in der Hand,
So eilte ich jubelnd durch Städte und Land;
Doch seit dein Auge ans Herz mir gedrungen,
Der Wein ist verschüttet, das Gläschen zersprungen.

Tu' jetzo auf Jubeln und Trinken Verzicht;
Die fröhlichen Bursche, sie freuen mich nicht,
Die schäumenden Humpen, sie wollen nicht klingen,
Kann dich ja nur schauen, und denken und singen.

Ständchen

Hörst du die Zither klingen,
Liebchen, hörest du? –
Leise Töne wiegen
Dich in süße Ruh'.

Leis' in Märchenträume
Führt dich des Knaben Gesang,
Schlumm're mein Liebchen, schlummre
Träumend beim Zitherklang.

Schon hat der große Vater
Alles zur Ruhe gebracht;
Alle Blumen schlummern – –
Liebchen, gute Nacht!

–

Lustig blühts in meinem Garten,
Herzensfreude, Augenlust! –
Möcht so gern mit meinen Rosen
Schmücken eine schöne Brust.

Komm mein Mädchen, laß dich zieren,
Hab für dich den Strauß gefüllt.
Mädchen lieben ja den Spiegel,
Und die Rose ist dein Bild.

Mädchen komm, was soll dein Zaudern,
Sieh' noch sind die Blätter grün,
Mädchen komm, sonst wird die Rose
Wie die Hoffnung mir verblühn. –

Träumerei

Auf weichem Moose ruhten meine Glieder,
Und laue Schatten flossen um mich her,
Sanft rauscht der Wald, die Quellen klingen leise,
Hoch auf am Himmel wogt das Sternenmeer;
Rings auf der Wiesen schimmernd grüne Pfühle
Ergießt der Abend seine duft'ge Kühle.

Und wie das Dunkel so die Welt umschleiert,
Erblüht im Geiste eine neue Welt;
Die Blume, die der Abend eingeschläfert,
Die goldne Frucht, der Buche hohes Zelt
Erschaut das trunkne Aug' mit einem Male
In milder Sonnen purpurlichtem Strahle.

Auf eines Wundersee's bewegtem Rücken
Trägt mich ein Nachen durch die blaue Flut;
Und eingewiegt in leichte Wunderträume
Mein herzig Mädchen mir im Arme ruht.
Rings aus den Wogen Zaubertöne dringen,
Die ewig alt, doch ewig jung erklingen.

Um Mast und Ruder sprießen frische Rosen,
Die Segel glühn im roten Sonnenglanz;
Mein Mädchen lächelt, meine Rosen blühen,
Mein Nachen schwebt im leichten Wogentanz;
Durch Blut' und Schilf in zaubrischem Getriebe
Singt leiser Hauch das Märchen von der Liebe. –

Und weiter schwankt die sanftgewiegte Barke
Vorbei an Tempel, an smaragdne Höhn;
An meiner Brust zwei milde Sonnen glühen,
Zwei milde Sonnen, die nicht untergehn.
Und weiter geht's mit Scherz und Kuß und Tränen,
Mit süßer Lust und nie gestilltem Sehnen.

Da teilt ein Eiland die besonnten Küsten,
Ein voller Hafen winkt uns gastlich zu,
Geschmückte Tempel, reichbekränzte Hütten,
Am Ziel der schönen Fahrt auch süße Ruh. –
Voll warmer Lust die Herzen höher schlagen,
Als uns hinein die sanften Wellen tragen.

Die Barke ruht am heiß ersehnten Ziele,
Ein holder Taumel hat das Herz erfüllt;
Doch bald entweicht er – – Meine Blicke suchen
Umsonst, umsonst das schöne Zauberbild.
Mein Lieb verblühet, meine Rosen bleichen,
Das Ufer füllen graue Riesenleichen.

In matter Ferne nur ein leises Rauschen
Gemahnet an das schöne Wundermeer. – –
Da weckt mich Lautenklang aus schwerem Träume,
Am hohen Himmel zieht die Sonn' daher. –
Freu' dich, mein Herz, schwer hat die Nacht gelogen,
Noch schwebst du froh auf reichen Wunderwogen.

In Röses Stammbuch

Doch sieh, in nahen und in fernen Zeiten
Viel schöne Bilder tauchen wechselnd auf;
Doch wie auch manche schon mein Herz erfüllten,
Sie kamen schnell und flohen bald darauf.
Rasch flieht die Gunst der lustverträumten Stunden;
Mein Ideal ist nicht so leicht gefunden.

Doch wenn ich nun dies hohe Bild gefunden,
Das ich so oft in leisem Traum geschaut;
Wenn ich die Wirklichkeit in festen Armen halte,
Und ganz mein eigen ist die süße Braut,
Dann mag wohl froher meine Weise klingen,
Wenn Welt und Herz nur Glück und Liebe singen.

Jetzt reißt die Zeit dein freundlich Bild vorüber,
Das schnell erkannt nicht lange mich erfreut –
Du kennst mein Lied, mein Hoffen und mein Lieben,
Uns trennt das Leben nicht für alle Zeit;
Wenn Glück und Liebe auf mich niedertauen,
Dann komm zu mir, den Segen anzuschauen.

Im Golde, im Herzen

Ein Mädchen liebt' ich so holde,
Ein Ringlein hatt' ich von Golde;
Da nahm ich ein Eisen gar spitz und fein,
Und grub in den Ring ihren Namen ein.

Doch schnell mehr Mädchen und Namen
Auf's goldene Ringlein kamen,
Daß bald ihrer neune gar wunderhold
Wie Perlen prangten im roten Gold.

Und als ich zum zehnten geliebet,
Da hat mich das Ringlein betrübet;
Denn ringsum, wie ich ihn besah,
Kein Plätzchen war zum Schreiben da.

Was nun, was nun beginnen!
Schwer mußt' ich denken und sinnen.
Da schrieb ich den Namen der Liebsten mein
In's eigne warme Herz hinein. –

Und, Perlen aus goldenen Banden,
Neun Namen vom Ringe verschwanden.
Doch wie auch die Perle vom Golde läßt,
Im Herzen die Schrift steht treu und fest.

Der Bau der Marienkirche zu Lübeck

Legende

Zu Lübeck, der mächtigen heiligen Hanse
Da ward eine Kirch' erbaut
Zu Ehren der heiligen Jungfrau
Der keuschen Himmelsbraut.

Und als man den Bau begonnen,
Da hat es der Teufel gesehn;
Der meinte, an selbiger Stelle
Ein Weinhaus würd' erstehn.

Draus hat er gar manche Seele
Sich abzuholen gedacht;
Und drob das Werk gefördert
Ohn Rasten Tag und Nacht.

Die Maurer und der Teufel
Die haben zusammen gebaut;
Doch hat ihn bei der Arbeit
Kein menschlich Aug' geschaut.

Drum wie sich die Kellen auch rührten,
Es mochte keiner verstehn,
Daß in so kurzen Tagen
So großes Werk geschehn.

Und als sich die Fenster wölben,
Der Teufel grinset und lacht,
Daß man in einer Schenke
So tausende Scheiben macht.

Und als sich die Bogen wölben,
Da hat es der Teufel durchschaut,
Daß man zu Gottes Ehren,
Hier eine Kirche baut. –

Da fuhr er gar wild von hinnen,
Holt einen Fels zur Hand,
Und flattert hoch in Lüften,
Von männiglich erkannt.

Schon holt er aus zum Wurfe
Aufs heilige Prachtgebäu,
Da tritt ein Maurergeselle
Hervor gar keck und frei:

„Herr Teufel laßt Euch raten,
„Verrenket die Arme nicht;
„S' ist besser daß man in Gutem
„Mitsammen den Handel bespricht. –

„Wohl, heulte der Teufel, so bauet
„Ein Weinhaus nebenan,
„Daß ich mein Werken und Mühen
„Nicht schier umsonst getan.

Und als sie's ihm gelobet,
Da schleudert er den Stein,
Auf daß sie dran gedächten,
Hart in den Grund hinein.

Und als er drauf entfahren,
So ward noch manches Jahr
Gemauert, bis die Kirche
Der Jungfrau fertig war.

Und drauf dem Teufel zu Willen
Der Ratsweinkeller erbaut,
Wie man ihn noch heut zu Tage
Nicht weit von der Kirche erschaut.

Noch jetzt für Kirch und Keller
Gar mancher gute Christ
In seines Herzensgrunde
Dem Teufel dankbar ist. –

Und hat mich die Kirche erbauet,
So steig ich zum Keller hinein:
Hoch soll der Teufel leben
Samt seinem goldenen Wein!

An meine Künftige

Und bist du nur erst mein Bräutchen,
So bleibst du auf ewig mein,
Und solltest du von allen
Den Weibern ein Ausbund sein.

Ich weiß ein prächtig Mittel,
Das seine Dienste tut:
Die Eh', mein süsses Püppchen,
Die ist für alles gut.

Da mocht' Lankasters Methode
Vor langer Zeit schon blühn:
Die Weiber müssen die Kinder,
Die Kinder die Weiber erziehn.

Auf den sich reckenden Pl –

Impromptu

Recke dich nur nicht so lang, du reckest dich nimmer zum Recken!
Recke dich nur nicht so lang; bist ja ein Rekel schon längst.

Der Sänger beim Mahle

Es schwelgt der Sohn im Ahnensaal
Bei lautem Becherklang:
„Zum alten Harfner schick ich aus;
„Was bleibt er mir so lang!"

Der Ritter leert den Goldpokal,
Der Sänger tritt herein. –
„Auf Harfner, stimme uns ein Lied
Zu Becherklang und Wein."

Der Harfner rührt das Saitenspiel;
Die Gäste allzumal
Verstummen bei des Alten Lied
Im hochgewölbten Saal.

Der Sänger singt, des Nordens Kraft
Braust durch die Saiten hin;
Die Harfe rauscht; dem Ritter dringt
Des Alten Lied zu Sinn.

Der Sänger singt aus grauer Zeit
Der Väter Sieg und Tod,
Und klagt bei leisem Harfenlaut
Des Vaterlandes Not.

Und durch die hohe Halle tönt's
Wie ferner Schwerterklang;
Der Alte schweigt; dem Ritter wird's
Um Herz und Sinnen bang.

Er flieht vom lauten Lustgelag,
Umgürtet sich das Schwert,
Und zieht hinaus zu Kampf und Sieg
Ein Sohn der Väter wert.

Lose Mädchen

Mein Lieb hat diesen Winter
An einen andern gedacht;
Doch dieses andern Mädchen
Hats ebenso gemacht. –

Ihr beiden losen Mädchen
Wie habt ihr uns beid‘ so betrübt,
Daß du Lisettens Buhlen,
Lisette mich geliebt.

Neuer Frühling

Sonett

Der liebe Frühling kommt mit hellem Klange,
Und streuet seinen Schmelz auf Hain und Triften;
Viel tausend Vögel wiegen sich in Lüften,
Und feiern ihn mit hellem Freudensange. –

Auch du, mein Herz, ihn freundlich zu empfangen
Aus starrer Trauer musst du dich erheben!
Was willst du noch der alten Liebe leben,
Da rings umher nur frische Rosen prangen. –

Und könnt im Lenz die alte Lieb verglühen,
So mag die Trauer mit dem Winter schwinden;
Im neuen Lenz wird neue Lieb' erblühen.

Es sind ja Blumen noch genug zu finden,
Der ganzen Flur ist neuer Schmuck verliehen!
Drum will auch ich aufs neu mir Kränze winden!

Liebe

Goldene Töne im Herzen mir schliefen,
Goldene Töne in stiller Nacht;
Jetzt an der Liebe freundlichen Strahlen
Sind sie zu klingenden Liedern erwacht. –

Naht sich die Liebe männlichen Herzen,
Reißt sich der Geist aus umfangender Haft,
Und in des Busens heiligen Tiefen
Regt sich des Nordens gewaltige Kraft.

Armer junger Professor

Schüler
Immer finster, voller Falten
Eure Stirne, wie bei Alten!
Armer Mann,
Sagt doch an,
Was Euch so betrüben kann?

Professor
Fragst noch? Jugend wohnt im Herzen
Möchte jubeln, möchte scherzen;
Aber still!
Ernst und still,
Wer Professor heißen will.
Wenn die vollen Römer blinken,
Möcht mit Euch so gerne trinken!
Aber nein,
Kann nicht sein,

Muß verbieten Lieb und Wein.
Heiße Wangen, schöne Augen
Mögen für die Schüler taugen
Doch für mich
Schließet sich
Wein und Liebe ewiglich.

Schüler
Haltet ein, ich mags nicht hören,
Wie die Menschen sich betören.
Nein, nein, nein!
Haltet ein!
Möchte nimmer Professor sein.

Geistesgruß

Es funkeln die Sterne durch's Blau der Nacht;
Die Menschen schlummern, mein Lieb' nur wacht!
Sie schaut auf das Meer in die dämmernde Fern',
Sie denket des treuen Buhlen so gern.
Leis' flüstert der Nachtwind mit spielendem Hauch
Und küßt ihr die schwellende Träne vom Aug'.
Was schaust Du so trüb' in die freundlichen Sterne?
Der Mann, den Du liebst, er wacht in der Ferne,
Und starret, wie Du, über's wogende Meer,
Das treue Auge von Tränen so schwer.

Goldne Lebensregel

Sich aufzuhenken ist schmählicher Tod;
Vergiftet, erschießt Euch; Es hat all' keine Not. –
Verschnürt ihr den Hals Euch, da geht's nur so so;
Die Seele muß jämmerlich durch den P–p–.

—

Abb. 19
Storms Zeichnung zu „Geistesgruß“ (S. 187)
„Gedichte. Seinen Eltern als ein Beweis seiner Liebe und Hochachtung gewidmet von ThWStorm. Zum Weihnachten 1836.“

In die Heimat, in die Heimat
Ziehen meiner Leier Töne.
An des Westmeers weitem Strande
Hauset meine Festcamöne! –

—

Nach des Baumes goldnen Früchten
Werf ich hoch den Wanderstab;
Doch umsonst, nur leichte Blüten
Wehen leise Winde ab.

—

Leichte Blüten! Wer mich liebt,
Wird sie darum nicht verschmähen.

Liebesweh

Altona

I.

Der Sturm erbraust, die Wolken ziehn
Vom fernen Norden her;
Und bringen von dem Liebchen mein
Mir lang ersehnte Mär.

„O, sprecht, ihr luftigen Gesell'n
Habt ihr mein Lieb geschaut?
Ist sie noch treu und hold und schön
Die wundersüße Braut?“ –

Da fährt der Sturm so jach heran,
Und hell durch Sturmeswehn
Entströmt der Wolke Tränenflut –
Ich mag sie nicht verstehn.

II

Wie lieb ich, schöne Sonne dich
Du helles Himmelslicht,
Dein frommer Strahl belebt mein Herz,
Wenn es vor Schmerze bricht.

Die Liebste gleicht dir ganz genau,
Sie ist so schön wie du;
Doch ihrer Augen Himmelslicht
Läßt nimmer mir die Ruh.

III

Durch des Winters Nebelflocken
Tönen trübe meine Lieder
Vor des Himmels heilge Bläue
Rauscht der Wolke grau Gefieder

Einsam steh ich da und weine –
Fern sind meine blauen Augen,
Kann nicht mehr aus meinen Sternen
Lust und frische Lieder saugen

IV

Die Sonne fuhr gen Himmel,
Da reiste mein Liebchen fort,
Das böse Wetter nur hatte
Gehalten sie am Ort.

Wenn du die Nacht verscheuchest,
O Sonne groß und hehr,
Da fliehn zugleich die Sterne –
Schau's Liebchen nimmermehr.

Logogryph

für B.

In meinen Regionen sprießet
Nicht schlanker Lorbeer, keine Goldfrucht glüht;
Doch ist in meinen dunkeln Wäldern
Der hohen Eichen kräftig Haupt erblüht.

Nicht unter ewig milden Sternen
Rauscht durch die Nacht der Zither süßer Klang
Durch Wettersturm und Wogenschäumen
Erklingt die Harfe und der Barden Sang.

Kopf ab! – Du mußt nach Hofe gehen;
Dort glänze ich, dort kannst du stets mich schaun,
Ich schmück fast alle großen Herren,
Doch äußerst selten nur die großen Frau'n.

Das Kind im Bette

„Hu! wie mich friert! die Kälte
Preßt mir die Lippen zu,
Kann noch nicht zu dir beten,
Du, guter Vater du!"

Und als es warm geworden,
Da schlief das Kindlein ein,
Und für die schlummernde Kleine
Still beten die Engelein.

Des Kindes Träne

Das Mägdlein weint, der Knabe zerbrach
Ihr die Rose und trat sie mit Füßen;
Und was ihr die Mutter Schönes verspricht,
Die Tränen reicher und reicher fließen.

„Sei ruhig! die Blumen sprießen ja neu
Und neue Sonnen scheinen;
Mein herzig Kind, ach möchtest du stets
Nur um gebrochene Rosen weinen.“

—

Es blühet an Stromes Rande
Die Blume in selger Pracht.
Es glänzet ihr Bild in der Tiefe
Wie ein Stern in dunkler Nacht.

Süß träumend umgaukelt die Welle
Des Ufers duftigen Bord. – –
Was reißet ihr feindlichen Winde
Die arme Welle fort.

Lockenköpfchen

„Komm zu mir, mein Lockenköpfchen,
Komm zu mir und setz' Dich nieder,
Hörst ja gerne, wenn ich singe,
Hörst ja gern die alten Lieder!“

Und die Kleine, freundlich lächelnd,
Setzt zur Seite mir sich leise,
Und ich nehm' die goldne Zither,
Spiel' und sing' die alte Weise:

Am grünen Teich
Der Knabe so bleich,
Sang einsam seine Lieder.
Im Grunde so tief
Die Nixe schlief,
Da weckten die Klänge sie wieder.

Hinab, hinauf,
Im Strudellauf
Zerteilen sich die Wogen;
Bei Mondeslicht
Ein bleich Gesicht
Kommt still heraufgezogen.

„Lieb' Knabe traut,
Es ruft die Braut!"
Hat leis' die Nixe gesungen;
Ein Arm so weiß,
So kalt wie Eis,
Hat bald den Knaben umschlungen.

„Wie wohl, wie warm
In deinem Arm!
Lieb' Knabe! laß uns scherzen!"
Die Nixe sang.
Dem Knaben drang
Der kalte Tod zum Herzen."

Und mit ihren Lilienarmen
Hält sie fester mich umschlungen:
„Wie, so böse Lieder singst Du,
Wie so traurig hat's geklungen!

„Du, Du bist der bleiche Knabe
Und Du singst die bleichen Lieder,
Und die kalte Nixe rauschet
In den Wogen auf und nieder.

Und sie streckt nach Dir die Arme,
Will an's kalte Herz Dich drücken!"
Ängstlich schweigt mein Lockenköpfchen,
Schaut mich an mit feuchten Blicken.

Und ich küß die Purpurlippen,
Drück an's Herz sie leise, leise,
Greife tändelnd in die Saiten
Und beginn die frohe Weise:

„Lockenköpfchen ist die Nixe,
Hält mich eben fest umschlungen,
Augenbläue ist die Tiefe,
Darin ich ihr nachgesprungen.

Busenwelle ist die Welle,
Die mich willenlos beweget,
Rosenlippe ist die Klippe,
Die korallenreich sich hebet."

Dahin!

Wie in stille Kammer
Heller Sonnenschein,
Schaut in stille Herzen
Mild die Lieb' herein.

Kurz nur weilet die Sonne,
Schatten brechen herein,
Ach, wie so schnell entschwinden
Liebe und Sonnenschein!

An –

Nur eine Locke von deinem Haar
Gib mir mein Lieb für die kalte Ferne;
Still wie das ewige Licht der Sterne
Will ich sie bergen immerdar.

Nur eine Locke nach freundlicher Sitte
Gib mir zum Pfande in Leid und Lust,
Will sie ja bergen auf treuer Brust.
Gib mir, mein Lieb, ich bitte, bitte!

Heimwärts?

– Hin zum fernen Nord die Wolke fleucht! –
Knabe, sprich wie ist dein Auge feucht!
Sollst ja mit zur Heimat ziehen,
Wo Becher glühen
An Freundes Brust.
Laß die goldnen Saiten klingen
Sollst jauchzend singen
In selger Lust! –

– Rasch im Sturm die Wolke fürder zieht –
Bleicher Knabe sing dein Wanderlied!
Anders greift der stille Knabe
Zum Wanderstabe
Mit nassem Blick.
Herz und Aug' sind matt und trübe;
Denn Lied und Liebe
Läßt er zurück.

—

Blüten rauschen Lieder klingen,
Und der Mond im Silberkahn
Zieht beim Schlag der Nachtigallen
Selig seine blaue Bahn.

Schöne Mädchen, lose Knaben
Sammeln sich in lauer Nacht,
Drängen sich in bunten Scharen
Zu des Frühlings Blütenpracht.

Leise tönen Lied und Saiten,
Glühend wechseln Wort und Kuß;
Und dazwischen klingt die Sehne
Von Gott Amors Bogenschuß. –

Durch des Gartens Laubengänge
Schwankt ein müder Greis herein,
Will noch einmal selig träumen
Unterm milden Sternenschein.

Linder Hauch strömt durch die Lüfte,
Blüten rauschen um ihn her;
Doch der Alte sitzt und trauert;
Denn sein Auge sieht nicht mehr.

Rings in Busch und Blütenzweigen
Schlägt der Nachtigallenchor;
Doch der Alte harrt und weinet;
Denn verschlossen ist sein Ohr. –

„Lange ist dein Lied verklungen,
Alter, sprich, was suchst du hier?
Wo der Mond auf Gräber scheinet,
Ist dein stilles Nachtquartier!“

Walpurgis-Nacht

Am Kreuzweg weint die verlassene Maid
Sie weint um verlassene Liebe.
Sie klaget den fliehenden Wolken ihr Leid,
Ruft Himmel und Hölle zur Hülfe.
Da stürmt es heran durch die finstere Nacht,
Die Lüfte rauschen, die Eiche kracht,
Es flattern so krächzend die Raben.

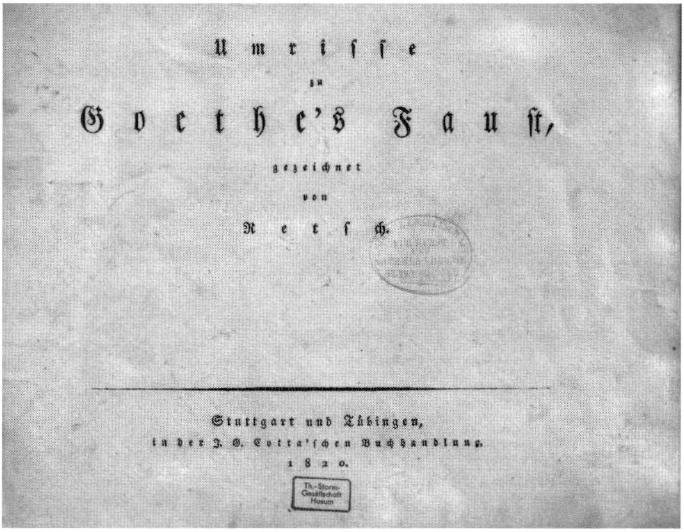

Umrisse
zu
Goethe's Faust,
gezeichnet
von
Retsch.

Stuttgart und Tübingen,
in der J. G. Cotta'schen Buchhandlung.
1820.

Abb. 20
Moritz Retsch: Umrisse zu Goethe's Faust.
Der erste Band enthält als 22. Blatt die Zeichnung zur Walpurgisnacht, nach der Storm sein gleichnamiges Gedicht schrieb.

Am Kreuzweg feiert der Böse ein Fest
Mit Sang und Klang und Reigen;
Die Eule rafft sich vom heimlichen Nest,
Lockt Geister herbei von den Zweigen.
Die stürzen jach durch die Lüfte heran,
Geschmückt mit Distel und Drachenzahn,
Und grüßen den harrenden Meister.

Laut über die Heide weit und breit
Erschallt es in wildem Getümmel:
„Wer bist Du, Du schöne, Du lustige Maid?
Juchheisa, Walpurgis ist kommen!
Was zauderst Du, Hexe? spring' mit ein!
Sollst heute des Meisters Liebste sein,
Du schöne, Du lustige Dirne." –

Der Nachtwind peitscht die tolle Schar
Im Kreis um die weinende Dirne,
Da packt sie der Meister am goldenen Haar
Und küßt ihr die glühende Stirne.
Und als gegen Morgen der Auerhahn schreit,
Da hat der Teufel die Jungfer gefreit,
Und hat sie nimmer verlassen.

Maskerade

1. An die Fischerin

Nicht mehr stelle dein Netz von jetzt an zappelnden Fischen,
Schütte die kleinen heraus, liebliche Fischerin du.

Wirf dein seidenes Garn, und Männer und Jünglinge ziehe
Bald in Scharen heran; schöner fürwahr ist der Fang.

2. An das Blumenmädchen

Blumen gnug im Korb, um Herz und Aug zu erfreuen;
Aber das lieblichste fehlt, bist du nicht selber darin.

3. An eine weibliche Maske

Sprich, wer bist du schlanke Gestalt in der flüchtigen Maske,
Zähl ich den Grazien dich, zähl ich den Musen dich bei? –

Aber die Göttinnen waren aus Erz und kaltem Gesteine;
Und in der marmornen Brust klopfte kein fühlendes Herz.

4. An den Zuschauer

Komm in den Saal herab; was schaust du so müßig ins Bunte!
Narrheit scheint dir die Lust, bist du nicht selber darin.

5. An eine Kokette

Schwäne kommen, Schwäne ziehen
Zu der schönen Blum hinan,
Blume lächelt allen freundlich,
Schmieget keinem ganz sich an.

Als der Blume Duft verhauchet,
Zogen alle Schwäne fort.
Denke an die schwarze Maske,
Blume blieb allein am Ort.

6. Nähere Erklärung an einen Blumenritter

Schwäne waren so lose Schwäne,
Trieben rings mit den Blumen Spiel,
So mit der Lilie, so mit der Rose.
S' gibt solch loser Schwäne gar viel.

Schwäne singen so süße Lieder,
Schöne Blume ist nicht taub;
Und bei Lied und Schmeichelklange
Naschen sie Duft und Blütenstaub.

Und der goldne Schmelz entschwindet
Leise beim Kosen der lüsternen Schar;
Schmetterling der treue Buhle
Senkt sein blaues Flügelpaar.

Darf sich nicht der Blume nahen,
Fürchtet der Schwäne stolz's Geschlecht.
Blume gehört doch den Schmetterlingen!
Hat die schwarze Maske Recht?

7. An eine erkannte Schauspielerin

Was du auch immer gespielt, stets bist du es wirklich gewesen:
Lege die Maske bei Seit; ihrer bedurftest du nie.

Brutus bei Sardes

Fragment

Schweres Dunkel drückte Sardes Auen,
Und in Morpheus Armen lag die Welt,
Tiefe Stille goß ihr nächtlich Grauen
Durch des großen Cäsariden Zelt.
Dunkel flammte nur das Licht der Kerzen
Dunkel war es in dem großen Herzen,
Das der Freiheit letzte Säule hielt.

„Alles<,> Römer<,> hab ich hin geschlachtet,
Euch zu retten vor Tyrannenzwang;
Alle Bande hab ich nichts geachtet,
Die um mich das Leben freundlich schlang.
Doch die Freiheit stirbt im Sturm der Zeiten;
Römer gegen Römer blutig streiten;
Und der Kampfpreis ist des Brutus Haupt.

Mag ein Sklavenjoch für andre passen;
Brutus hat die Freiheit kühn gesucht;
Doch das Vaterland hat mich verlassen,
Doch das Vaterland hat mir geflucht.
Und doch, Cäsar, doch – du mußtest fallen,
Warnend Beispiel Roms Tyrannen allen,
Teures Opfer für die Republik.

Wenig zählts nur noch der bangen Stunden,
Daß zum schweren Kampf der Morgen winkt.
Einmal nur sei Roma überwunden,
Daß sie nicht in ew'ge Trümmer sinkt.
Wehe wenn dic Tapfern unterliegen!
Götter, Sieg! Nur einmal laßt mich siegen;
Denn mit Brutus fällt die Republik."

Schwerer Ahndung Schauer macht ihn beben,
Unstet flackerte der Kerzen Schein;
Und der Zeiten Schreckgebilde weben
Finster sich in wache Träume ein.
Bleiche Larven tauchen auf und schweben
Und es bricht ein still gespenstisch Leben
Durch die stumme Mitternacht herein.

Brutus Gespenst

„Sprich, wes Larve erschien bei Sardes dem herrlichen Brutus,
Als er mit trauerndem Sinn künftige Zeiten ermaß?

War es sein eigen Gespenst, Vorbote des nahen Geschickes,
Cäsars Rächergestalt, schreckend zu nächtlicher Zeit?“

„Keins von beiden; es war der schwindende Schatten der Freiheit,
Die mit dem sterbenden Held Roma für immer verließ.“

III. Briefe

1. Theodor Storm an Elsabe Feddersen, Husum, 1.1.1827

1. Januar 1827

Geliebte Aeltermutter

Mit Vergnügen denk ich wieder an das vergangene Jahr, in welchem Du mir so viele Wohltaten erzeigt hast. Da ich Dir keinen Gefallen wieder erzeigen kann, so bitte ich daß Gott dir noch in diesem Jahre ein glückliches Leben schenke.

Dein Dich liebender Enkel T. Storm

Husum den 1ten Januar 1827.

2. Theodor Storm an Magdalena Woldsen, Husum, 1.1.1828

1. Januar 1828

Liebe Großmutter

Ich freue mich daß Du in dem zurückgelegten Jahre noch so gesund und wohl geblieben bist und wünsche, daß Du noch viele Jahre in demselben Zustande bei uns verleben mögest. Empfange denn meinen Dank für die vielen Wohltaten die Du mir im vorigen Jahre erwiesen hast; ich kann Dir meinen Dank zwar nicht anders zu erkennen geben als daß ich mich bestrebe Dir immer wohlgefalligend zu sein.

Husum, den 1ten Jan. 1828

Dein gehorsamer Enkel T. Storm

3. Theodor Storm an Magdalena Woldsen, Husum, 28.12.1828

Dezember 1828

Liebe Großmutter,

Ich sehe mich beim gegenwärtigen Jahreswechsel genötigt, Dich für alles Gute und für alle Wohltaten, die Du mir im alten Jahre erzeigt hast zu danken. Diese kann ich dir freilich bei weitem nicht wieder erzeigen, aber ich will doch suchen, Dir durch mein Betragen so viel als möchlich zu gefallen, und immer besser zu werden. Gott möge Dich auch noch lange zu unsrer Freude gesund und vergnügt erhalten. Nehme denn diese wenigen Zeilen als Wunsch aus reinem Herzen von

Deinem

gehorsamen Enkel

Hans Theodor Woldsen Storm an.

4. Theodor Storm an Fritz Stuhr, Husum, 9.12.1832

Hus<um>, d 9^{t} Dec<ember> <18>32

Lieber Fritz

Endlich setze ich mich einmal, um Dir auch einige Nachrichten aus Husum mitzuteilen, und Dir zu sagen, d<a>ß ich mich sehr wohl befinde und mit großem Heißhunger der Abendmahlzeit entgegensehe. Fürs erste muß ich Dir sagen, daß Deine Mutter Dich grüßen läßt und d<a>ß sie Dir bald schreiben wird. Daß Mutter einige Tage bettlägrig gewesen ist, wirst Du wohl schon wissen, auch ist sie jetzt wieder ziemlich gesund. Wir haben seit ungefähr einem Jahre hier einen neuen Kollaborator an der gelehrten <Schule> und dieser Kerl nun ist ein ganzes Ideal; er ist in den 20; hat braune struppige Haare, eine blasse Gesichtsfarbe, eine große bläuliche schiefe Nase, kleine Augen und was ihn am Ende ganz vollkommen macht, ist sein entsetzlicher *Buckel.* Dieser Kerl nun hat gar keinen Respekt und wir spielen ihm tüchtig auf die Nase. Man prepariert sich nicht und nimmt auch oft gar kein Buch mit, so d<a>ß oft nur 3–4 Bücher in der ganzen Schule sind. Einmal warfen wir ihn mit einem Futjen (Weihnachtskuchen) an den Kopf, ein andermal war in der Klasse ein ganz unmenschlicher Spektakel (der eine trommelt mit den Fingern auf den Tisch, der andre pfeift, der dritte singt „schöner grüner Jungfernkranz", als ob gar kein Wolf – dies ist sein so sehr auf i<h>n passender Name – da wäre ...) in der Klasse statt fand, bat er uns, wir möchten doch ein wenig stille sein, so sagte einer ganz treuherzig zu ihm: „Ach Herr Kollaborator, das ist die liebe Jugend!" „Ja, ja," schrie ein andrer ganz über laut ihm zu: „Jugend kennt keine <Tugend>!", worauf er denn mit einem gnädigen Lächeln erwiederte; einandermal sagte ihm jemand, daß es dummer Schnack wäre, was er gesagt hätte et. cet. Nun will ich Dir nur vermelden, d<a>ß ich zur Konfirmation gehe. Fritz Schmidt ist jetzt auf der Insel Föhr und lernt dort die Steuermannskunst. Sonnabend nimmt der Organist Abel (oder Agel) unsre neue Orgel ab und am Abend wird dieser ausgezeichnete Künstler ein Orgelkonzert in der Kirche geben. Klander und ich haben jetzt französische Stunden bei einer alten Madam et nous parlon toujours francois, toujours, c'est, que vous pouves croire, mon cher cousin! Nun noch eine Bitte, willst Du nicht die Güte haben, mir 3 Kragenknöpfe a Stück 20 ß zu besorgen und sie Alsen mitgeben, v<on> dem Du auch ja nur das Geld fodern kannst; denn er kann es ja wieder erhalten, sobald er in Husum kömmt. Die Wahl derselben überlasse ich ganz Deinem Geschmack. In Husum gehts immer auf'n hauen und stechen los; Du wirst vermutlich in Hamburg dies auch nicht unterlassen haben! Schreibe mir recht bald einen langen Brief und erzähle mir recht viel v<on> Deinem Treiben und Wogen da. Grüße Tante Alsen, Ot<t>o und Friederike. Vergesse es nicht. Nun für diesmal: Gute Nacht Herr Vetter. Ich empfehle mich hiemit

Dein
Freund und Vetter Storm

Psc.
Bald hätte ich die Hauptsache vergessen: Fröhliches Fest, Herr Vetter!

5. Theodor Storm an Ernst Esmarch, Lübeck, 22.12.1836

Lübeck am Donnerstag
vor dem heiligen Abend. 1836

Zuvörderst, lieber Onkel, meinen herzlichen Glückwunsch zum neuen Justizrat und zu dem neuen kleinen Mühmchen. Ich hoffe doch daß Tante recht wohl ist. – Hätte ich früher gewußt, daß alles so kommen würde, so hätte ich mir für die Ferien wohl eine freundliche Aufnahme bei Euch erbeten; nun aber mache ich von Tante Alsens Einladung Gebrauch und reise morgen nach Altona; denn unter Freunden und Verwandten muß ich den heiligen Abend nun einmal zubringen. Ich gehe Ostern zur Universität, und verlasse wahrlich nicht mit schwerem Herzen die alte Hanse und die freilich treffliche Schule, die Ernst und Hermann nun wohl bald statt meiner beziehen könnten. Gestern hat man hier einen unsrer Lehrer, d. h. des Katharineums, begraben; der Doktor Tiburtius, von dessen befugtem Institut du gewiß gehört hast, ist am Schlage gestorben. – Mit v Rosen erhältst du auch die Aschenfeldtsche Quittung; entschuldige nur, daß ich sie nicht schon längst geschickt, und grüße alle von deinem Neffen

HWStorm.

6. Theodor Storm an Adelbert von Chamisso, Lübeck, 23.1.1837

Lübeck, am 23. Januar 1837

Unabgeschreckt durch die Gutzkowsche Rezension des diesjährigen „Musenalmanachs“, wage ich es, Ew. Wohlgeboren einige meiner kleinen poetischen Arbeiten vorzulegen, mit der Bitte, falls selbige nicht unwert erachtet werden sollten, sie als Beitrag zum „Deutschen Musenalmanach“ anzunehmen.

Mit Hochachtung

Th. W. Storm,
der Zeit Schüler des Katharineums in Lübeck,
von Ostern stud. jur. zu Kiel

Kommentar

Zur Textgestaltung

Die Textzeugen wurden buchstabengetreu übertragen; altertümliche Schreibungen wie „th“ für „t“, „y“ für „i“, „c“ für „k“ sowie „Schwerdt, kek, mitsammt, Schreckniß, Todtenzeug, Möve“ und andere den Lautwert nicht betreffende wurden stillschweigend modernisiert. Ebenso wurden heute nicht mehr übliche Dehnungen („z. B. in „giebt“) oder fehlende Dehnungszeichen vor allem in Fremdwörtern (wie in „diktirt“) stillschweigend korrigiert. Storm verwendet sowohl ein doppeltes „s“ als auch „ß“; hier wurden die Schreibungen zu „ß“ vereinheitlicht, aber nicht nach den heutigen Regeln modernisiert. Storms Zeichensetzung ist uneinheitlich; Kommas und Satzschlusszeichen werden oft willkürlich gesetzt. Die Edition folgt dem angegebenen Textzeugen zeichengetreu. Abkürzungen (vor allem bei Pronomen, Konjunktionen und Wortendungen) wurden aufgelöst und fehlende Zeichen nur dann in spitzen Klammern ergänzt, wenn sie als Lesehilfen erforderlich sind. Storm handhabt die Zeichensetzung und die Verwendung des Apostrophs uneinheitlich und scheint bei seinen frühen Veröffentlichungen nicht Korrektur gelesen zu haben; im Kommentar sind nur solche Varianten verzeichnet, die für die Darstellung bedeutsam sind.

Korrekturen von Fehlern werden im Kommentar erläutert. Storm verwendet gelegentlich zur Schreibung von Eigennamen oder fremdsprachigen Wörtern lateinische Buchstaben; dies wurde im Zeilenkommentar vermerkt. Punkte nach Überschriften wurden weggelassen; die oft nicht eindeutig abgegrenzten Strophen in den Gedichthandschriften wurden durch Abstände kenntlich gemacht. Die jeweilige Getrenntschreibung sowie die Groß- und Kleinschreibung der Textzeugen wurden auch dann nicht angetastet, wenn dies durch die unterschiedlichen Entstehungszeiten der Texte zu uneinheitlichen Schreibungen führt.

Wenn mehrere Handschriften aus dem berücksichtigten Zeitraum existieren, wurde die letzte der Edition zugrunde gelegt, ebenso von

Storm zum Druck gegebene Texte; im Kommentar werden die Abweichungen früherer Textzeugen vollständig verzeichnet. Lässt sich nach Storms Notizen die Textgenese einzelner Gedichte erkennen, wird sie im Kommentar so vollständig wie möglich beschrieben.

Gedichte ohne Überschrift werden durch einen Strich vom vorhergehenden abgegrenzt; das Register verzeichnet sämtliche Gedichtanfänge und Gedichttitel.

I. Prosa

Unser Jahrmarkt ... (S. 131)
Keine Handschrift bekannt. E: „Husumer Wochenblatt" Nr. 22 vom 1. Juni 1834, S. 178, ohne Überschrift. Hier nach E.
Für diesen und den folgenden Text lässt sich die Urheberschaft Storms nur indirekt erschließen. In den entsprechenden Jahrgängen des „Husumer Wochenblatts" sind keine vergleichbaren Texte zu finden; stilistisch weisen beide Berichte Gemeinsamkeiten mit Storms Skizze vom Süderstapeler Markt auf. Sie sind aus komplexen Satzperioden gebildet, wie sie zu dieser Zeit im Unterricht der Gelehrtenschule geübt wurden. Für die Autorschaft Storms sprechen außerdem folgende Indizien: Im „Briefkasten" vom 2. März 1834, einer kleinen Rubrik mit Hinweisen für Beiträger des Wochenblattes, heißt es: „*st* herzlichen Dank, freut uns, unser Blatt durch Aufsätze beehren zu wollen, nur recht bald wieder eingekehrt." Diese Aufforderung zur Mitarbeit wendet sich an „st"; dieses Kürzel wurde in den Jahrgängen 1834 und 1835 nur von Theodor Storm verwendet. Zwischen den beiden Marktberichten brachte der Buchdrucker Heinrich August Meyler am 27. Juli 1834 Storms Gedicht „Sängers Abendlied", das mit dem Hinweis „St-" gezeichnet ist. Dabei handelt es sich um das erste gedruckte Gedicht Storms. Der Hinweis im Briefkasten „recht bald wieder" könnte darauf verweisen, dass Storms Gedicht der Redaktion zu diesem Zeitpunkt bereits vorgelegen hat, da auch ein später gedrucktes Gedicht längere Zeit in der Redaktion liegen blieb. Es folgten im Jahrgang 1835 zwei Scharaden (Rätselgedichte) aus

der Feder Storms sowie – im „Briefkasten“ vom 3. Mai 1835 (!) angekündigt – das Gedicht „Der Entfernten“ im November 1836.
Unser Jahrmarkt] Pfingstmarkt, der vom 25. Mai bis 1. Juni 1834 stattfand.
Hans und Grethe] Hans, die volksmäßig gekürzte Form des Taufnamen Johannes, galt seit langem als Name für geringe Leute; Hans und Grete gelten vorzugsweise als Bauern- und Dienstbotennamen. Hans bezeichnet auch einen Dummkopf und Narren. (DWb) Unmittelbar vor dem Jahrmarkt druckte Meyler zwei Gedichte von Christian Ulrich Beccau ab, und zwar am 23. März „Hänschen“ und am 30. März „Gretchen“ („Husumer Wochenblatt“ 1834, S. 96 und 105), in denen zwei einfältige und schüchterne Verliebte humorvoll geschildert werden, die einander am Abend beim Tanze ihre Liebe erklären wollen. Die Gedichte beginnen so: „Mein Gretchen hab' ich heut geschaut/ Und Gretchen hat gelacht; / Nun wird sie doch wohl Hänschens Braut,/ Hätt' er nur erst gefragt.“ und: „Daß Hänschen auch so blöde ist,/ Das quält mich Tag und Nacht,/ Er liebt mich sehr, es ist gewiß,/ Ich hab es längst gedacht.“ Beccau (1809–1867) stammte aus Friedrichstadt, besuchte die Husumer Gelehrtenschule bis Michaelis 1831 und studierte Jura in Kiel. 1836 druckte Meyler die „Gedichte“, von denen ein Teil bereits im „Husumer Wochenblatt“ veröffentlicht worden war. Storm orientierte sich bei seinen ersten Gedichten auch an der Poesie seines älteren Mitschülers. Seit 1838 war Beccau als Advokat und Notar in Husum tätig und veröffentlichte eine Geschichte der Stadt (Christian Ulrich Beccau: Versuch einer urkundlichen Darstellung der Geschichte Husums bis zur Ertheilung des Stadtrechtes. Schleswig 1854).
Hans verdummenirt da seine Schillinge] „verdummieren“ ist eine Neuschöpfung aus dem Verb für dumm werden, dumm machen; verdummen bedeutet transitiv: dumm werden alle, die euerm Irtum nachfolgen. (DWb)
Die Kunstreitergesellschaft] Eine Gesellschaft von Kunstreitern empfahl sich als „Cirque Olympique“ in einer Annonce vom 25. Mai 1834 („Husumer Wochenblatt“, S. 173):

Einem hochgeehrten Publikum und den geschätzten Kunstfreunden haben wir die Ehre, ergebenst anzuzeigen, daß Sonntag, den 25sten d. M. eine große brillante Vorstellung in der edlen Reitkunst gegeben wird. Da wir nur einige Vorstellungen zu geben die Ehre haben, so schmeicheln wir uns mit einem gütigen und zahlreichen Besuch. Der Anfang ist um 4 Uhr. Der Schauplatz ist auf dem grünen Platz zwischen der Neustadt und dem Schloßgange. Das Nähere besagen die Anschlagzettel.

Die Anzeige wurde mit aktualisiertem Datum am 1. Juni wiederholt („Husumer Wochenblatt", S. 181). Mit dem „grünen Platz zwischen Neustadt und dem Schloßgange" ist die Gegend des Quickmarkts gemeint, der seinen Namen vom niederdeutschen Wort für „Vieh" hat. Dort zeigten herumreisende Reitkünstler ihre Darbietungen, die durch völlige Beherrschung ihrer Pferde, durch kühne, groteske, graziöse Stellungen und Sprünge auf einem oder auf mehreren Pferden, durch Reitquadrillen, Scheingefechte oder Wettrennen und Wettfahrten, gewöhnlich auch durch komische Szenen die Zuschauer unterhielten und ergötzten. Ihre Pferde waren eigens für diesen Zweck zugeritten und zeigten oft als Schulpferde die feinste Dressur. Neben solchen Gesellschaften traten auch Kleinkünstler auf, die als Jongleure, Puppenspieler oder Musikanten die Leute unterhielten.

Cäsarritt] Wohl Auftritt eines Reiters in römischer Uniform.

Pohlnischen Uhlanen] Ulanen (Uhlanen) sind die mit Lanzen bewaffnete Reiterei. Der Name ist tatarischen Ursprungs und bedeutet der Wackere, Tapfere. Die Polen legten ihn ihrer ähnlich bewaffneten Reiterei, mit der sie die Tatareneinfälle abzuwehren suchten, ebenfalls bei, so daß die polnischen Ulanen die ersten in Europa waren und deshalb als polnische Nationalwaffe galten. Von den Polen nahmen die übrigen europäischen Heere die Ulanen sogar mit ihrer eigentümlichen Uniform, bestehend aus Tschapka und kurzschößigem Rock mit zwei Reihen Knöpfen und polnischen Ärmelaufschlägen (Ulanka) an. (Meyer 1905–09)

den fliegenden Merkur] Merkur (lat. Mercurius), der italische Handelsgott, als solcher früh mit dem griech. Hermes identifiziert, dessen Abkunft und übrige Eigenschaften dann auf ihn übergingen. Hermes, griech. Gott, Sohn des Zeus und der Maia, der Tochter des Atlas, zeigte, nach einem alten Hymnus, gleich nach seiner Geburt die Grundzüge seines Wesens: Erfindungsgabe, mit Anmut gepaarte Gewandtheit, List und Verschlagenheit. Vier Stunden alt, springt er aus der Wiege, erfindet, indem er über die Schale einer Schildkröte Saiten spannt, die Lyra, eilt in der Dämmerung nach Pierien und stiehlt 50 Rinder aus der Herde des Apollon, die er rückwärts vor sich her treibt und in einer Grotte verbirgt. Dann legt er sich ruhig in seine Wiege. Im Mythus erscheint H. hauptsächlich als der Bote des Zeus, der mit Windeseile durch die Lüfte schwebt und seine Aufträge gewandt auszuführen weiß. Zu seinen Attributen gehört der Pilos (pileus), ein glockenartiger Hut, oder der Petasos, ein breitkrempiger Reisehut, schon bei Homer Flügel an den Sohlen, später auch am Hut, am Stab und an den Schultern; ferner der Hermes- oder Heroldsstab. (Meyer 1905–09)

Endlich ist es mit unserm Krammarkt ... (S. 132)
Keine Handschrift bekannt. E: „Husumer Wochenblatt" Nr. 39 vom 28. September 1834, ohne Überschrift, S. 319. Hier nach E.
Dieser zweite Text ist mit einem Asterix gekennzeichnet, dem die Redaktion eine Erläuterung nachgestellt hat, in der auf den anonymen Einsender hingewiesen wird:

Wenn obige Einsendung sich über die Einrichtung des neuen Marktplatzes ausspricht, so muß die Redact. d. Bl. den Lesern doch auch noch eine kurze Nachricht über den Handel und Wandel, der sich diesmal gezeigt, mittheilen. Im Allgemeinen war man wohl bessere Geschäfte erwarten, sich stützend auf die frühe Ernte, hoffend, der Landmann werde schon manches Korn zu Gelde gemacht haben. Doch, wenn man sich auf dem Markt umsah, war eben keine große Regsamkeit in den Buden der Verkäufer zu bemerken, obgleich sich an den Haupttagen sehr viele Fremde eingefunden hatten.

mit unserm Krammarkt] Michaelismarkt, der in der letzten Septemberwoche 1834 veranstaltet wurde. Seinen Namen hat er nach dem Erzengel Michael, dessen Tag am 29. September begangen wird. Im Unterschied zum Wochenmarkt, auf dem Händler aus Husum und Umgebung vor allem Lebensmittel anboten, wurden die zweimal jährlich abgehaltenen Krammärkte von außerhalb mit Handwerkserzeugnissen und Manufakturwaren beschickt. Außerdem gab es ein buntes Angebot von Schaustellern, Gauklern, Artisten und Musikanten.

Schiffbrücke] Ein nördlich und östlich des Husumer Hafens gelegener Platz, der zum Zwischenstapeln der Schiffsladungen diente und wo noch im 19. Jahrhundert ein Kran stand.
Krämerstraße] Verbindungsstraße zwischen Hafen und Marktplatz
Großstraße] Die zentrale Straße Husums westlich der Marienkirche weist eine trapezförmige Erweiterung auf und diente als Marktplatz; dieser wurde durch den Abriss der mittelalterlichen Marienkirche Anfang des 19. Jahrhunderts nach Osten erweitert.

Etwas über die Süderstapler Marktnacht vom 22. April d.J. (S. 133)
Keine Handschrift bekannt. E: „Ditmarser und Eiderstedter Bote" Nr. 18 vom 30.4. 1835, Sp. 284 f. mit dem Kürzel „St…". E: Eversberg 2005, S. 27f. Hier nach E.
Die Schilderung beruht auf Erlebnissen Storms anlässlich seines Besuchs mit einer Gruppe von Primanern der Husumer Gelehrtenschule in Süderstapel, bei der auch sein Freund Fritz Stuhr mit von der Partie war. Dieses Wochenblatt erschien in „Friedrichstadt. Redigirt, gedruckt und verlegt von Bade und Fischer. Königl. privilegirte Buchdrucker" (Exemplar im Stadtarchiv Friedrichstadt). Folgende Replik erschien unter dem Titel „Expectorationen" (Herzensergießungen) vierzehn Tage später in Nr. 20 vom 14.5.1835, Sp. 316–318:

Süderstapel. In der 18ten Botenreise, Sp. 284, ist von einem gewissen St... die diesjährige Süderstapler Jahrmarktsnacht, vom 22ten April, die er angeblich mit einigen bacchanalischen[1] Freunden aus der Stadt in einer Kneipe, wo die Bierfiedler auf einem Gerüste (Orchester) sitzend den entzückten Bauern zum Tanze die Ohren voll kratzten, in dulci jubilo[2] verlebt wissen will, dem lesenden Publico auf eine picante Art zur Belustigung gegeben worden, daß Unterzeichneter, der sich besonders dadurch compromittirt fühlen muß, nicht umhin kann, dem unter der Maske der Anonymität sich hinterlistig versteckten Babillard[3] und seinen sarkastischen Aeußerungen mit einigen Worten zu begegnen.

Wenn St...., den wir von jetzt an, da wir seinen wahren Namen nicht wissen, lieber unter der Benennung „Sturm" uns denken wollen, weil wir in seinem famösen Aufsatze überall den sturmähnlichen Wind deutlich genug vernehmen, ohne gerade zu wissen, von wannen er kömmt, und wohin er fährt[4], im Eingange seiner Aufschneiderey die Bemerkung gemacht haben will, daß der Wirth – auf mich hindeutend – sich allemal selbstgefällig den Bart strich, wenn er von den jubelnden Gästen das Lob seiner wilden Musik erschallen hörte; so ist dies von ihm eine irrige vorgefaßte Meinung, die dahin zu berichtigen ist, daß der Wirth sich nur dann den Bart strich, und sich des Lachens und einer geheimen Schadenfreude nicht erwehren konnte, wenn der, seiner sauberen Gesellschaft incorporirte[5], lange St... in seinem höchst bacchantischen Zustande und in cannibalischer Wildheit mit seiner erkiesenen Dulcinea[6] zu wiederholten Malen sich tanzend zu Boden streckte und im Uebermaaße der Freude seine Großmutter (die Erde) küßte. – Daß übrigens die Musik lange nicht so wild gewesen ist, als behauptet wird, sondern im Gegentheile in einem höchst contrastirenden Verhältnisse zu der an Raserei gränzenden Rohheit der lockeren Stadtleute gestanden hat, wollen die geneigten Leser mir aufs Wort glauben.

Daß die Musikanten sich ihr Spiel nur am Hauptmarkttage bezahlen lassen, den andern Tag aber zum Tanze gratis spielen, hat seine völlige Richtigkeit, und geschieht mit aus Schonung gegen solche Herren aus der Stadt, von denen man aus sicheren Quellen weiß, daß sie öfters aus Süderstapel, wenn sie die Nacht beim l'Hombre[7] zugebracht haben, mit leeren Taschen fürbaß[8] ziehen müssen, und es sie daher nur geniren würde, wenn man unter solchen mißlichen Umständen am zweiten Markttage von ihnen Geld verlangen, und ihnen nicht eben so gut, wie Krethi und Plethi[9], ihren schwärmenden Mitbrüdern, den Tanz gratis geben wollte.

Da St... nun einmal seine eigene Schande nicht hat verbergen können, und durch die vermaledeite Süderstapler Jahrmarktsnacht sich und seine Freunde öffentlich zum Gelächter an den Pranger gestellt hat; so darf auch ich mein Herz in diesem Falle nicht länger zu einer Mördergrube machen, sondern kann meine angefangene Beichte hier füglich mit dem offenherzigen und freimüthigen Bekenntnisse schließen, daß ich keine rohere Gäste jemals an Markttagen in meinem Hause gehabt habe, und daher unmöglich den Wunsch verbergen könne, mich künftighin mit ähnlichen Besuchen menschenfreundlich verschont zu sehen. Uebrigens kann ich nicht umhin, den in Rede stehenden lockern Stadtleuten wohlmeinend zu rathen, in Zukunft nicht wieder an Markttagen hier in solche mysteriöse Häuser einzukehren, damit die hand- und schlagfertigen Süderstapler Bauerknechte keine Gelegenheit finden, sie auf eine unsanfte und wohl gar entehrende Art zu bewillkommnen, und ihr Wortführer St... dadurch in seinen, am Schlusse seiner Hudelei[10] angebrachten, philosophischen Betrachtungen über die große Friedfertigkeit der Stapelholmer nicht an sich selbst irre werde.

Bald hätte ich es vergessen, daß ich von meinem Aufwärter[11], dem vermeinten Peter, den besonderen Auftrag erhalten habe, St... und seine Freunde nachdrücklich daran zu erinnern, daß sie ihm noch für die Besorgung der geräucherten Aale, womit sie das unangenehme, laut tönende Knurren ihres leeren Magens hier anfänglich zu beschwichtigen suchten, ein Trinkgeld schuldig geblieben sind, das sie ehestens portofrey ihm zuschicken möchten, wenn sie nicht das Sprichwort auf sich angewendet wissen wollen: „Große Herren, lange Pfeifen; tiefe Taschen, nichts zu greifen."

Schließlich nur noch die Bemerkung, daß ich auf fernere anonyme Erwiederungen in diesem Blatte mich nicht weiter einlassen werde, und daß St..., der die einzige Veranlassung zu diesen Expectorationen ist, ein Burschenzeugniß, daß ihm als Fuchs nach Gebühr der Steiß entnommen sey[12], so wie von seinem Barbier eine Bescheinigung seiner erreichten Männlichkeit, beides in beglaubter Form, beizubringen habe, damit ich weiß, mit wem ich es eigentlich zu thun habe, und ich als alter Mann mit grauen Haaren mir nachgehends nicht den Vorwurf machen darf, mich mit einem -- eingelassen zu haben. Hiemit Gott befohlen, geneigter Leser!

Peter Meyer, concess. Musicus.

Worterläuterungen:

1 trunkenen.

2 „In süßem Jubel“, Anfang eines mittelalterlichen Weihnachtsliedes; hier „in begeisterter Stimmung“.

3 Nach dem franz. *babillage*, Geschwätz.

4 „Der Wind bläst, wo er will, und du hörst sein Sausen wohl; aber du weißt nicht, woher er kommt und wohin er fährt.“ Johannes 3, Vers 8.

5 angehörend; in eine Verbindung aufgenommen (Studentensprache).

6 Dulzinea (span.): Freundin, Geliebte; hier das auserwählte Mädchen.

7 ein im 19. Jahrhundert beliebtes Kartenspiel.

8 weiter.

9 abwertend für jemand, alle Welt.

10 Lumperei, liederliche Arbeit.

11 Kellner, Bedienter im Wirtshaus.

12 Der Fuchs ist in der studentischen Verbindung ein Neuling (1. und 2. Semester) und wird aus seiner untergeordneten Rolle in einem Trink-Ritual losgesprochen und unter die aktiven „Burschen“ aufgenommen. Meyer benutzt diesen Ausdruck ebenso wie das Bild vom Barbier, um Storms Reife anzuzweifeln, hat ihn aber wohl für einen Studenten gehalten.

Eine wortgetreue Abschrift mit der Überschrift „Extract aus der 20. Reise des Dithmarscher u. Eiderstedter Boten im Jahre 1835.“ befindet sich unter diversen Papieren in einem Teil-Nachlass von Storms Sohn Ernst (StA). Peter Meyer besaß zwei Bauernhäuser in Süderstapel und war „Musikpächter“, hatte also die amtliche Genehmigung, zum Tanz aufzuspielen. Aus seinem Artikel lässt sich auch schließen, dass er während des Marktes jenes Wirtshaus betrieb, in dem die von Storm beschriebenen Ereignisse stattfanden. Er hatte 1835 bereits sein 57. Lebensjahr vollendet. (Census 1835. Verzeichniß der am 1sten Februar 1835 vorhandenen Volkszahl f. w. d. a. im Jurisdictionsbezirk der Landschaft Stapelholm. Liste Süderstapel. Schleswig-Holsteinisches Landesarchiv, Schleswig.)
1861 erschien im Berliner Verlag Schindler ein Band mit drei Novellen (Theodor Storm: Drei Novellen. Berlin 1861; enthält: „Späte Rosen“, „Veronica“ und „Drüben am Markt“). In wenigen Exemplaren wurde auf Veranlassung Storms folgendes Gedicht dem Titelblatt mit der Widmung: „Meinem Vetter und Freunde Fritz Stuhr zugeeignet“ vorangestellt:

Als der wackre Schulmeister zu Stapel einst
Kritisiert meine erste Prosa,
Da fiel auf dich, den Unschuldigen, auch
Ein Rutenhieb sub rosa.

Doch wir reiten nicht mehr auf den Jahrmarkt jetzt,
Wie wir in der Jugend taten.
Und ich werde nicht mehr ein idyllisches Glück
Im Dithmarscher Boten verraten.

Es ist vielleicht eine letzte Frucht,
Doch nimmer die erste Blüte,
Was ich aus altem Herzensdrang
In den wenigen Blättern dir biete.

Auch findet es schwerlich seinen Weg
In des Dorfschulmeisters Klause;
Man kennt hier außen mich besser jetzt,
Als, leider Gottes, zu Hause.

Wieso Storm den Musikus rückblickend als „Schulmeister" tituliert, bleibt unklar. Einen gleichnamigen Lehrer hat es weder in Stapelholm noch im Herzogtum Schleswig in den 1830er Jahren gegeben. Vielleicht hat Storm den Begriff auch metaphorisch verwendet, weil er sich durch Meyers „Expectorationen" geschulmeistert fühlte. Mit dem „Rutenhieb sub rosa" ist die verdeckte Kritik gemeint, die Meyer an dem Verhalten von Storms Freund übt, der vergessen hatte, dem Kellner ein angemessenes Trinkgeld für den herbeigeschafften Imbiss zu geben. Storms Klage über die mangelhafte Bekanntheit seiner Dichtungen in seiner schleswig-holsteinischen Heimat ist eine Kritik an der Politik im Königreich Dänemark zu dieser Zeit, die in einer radikalen Dänisierung bestand und sehr viel Unmut bei der deutschsprachigen Bevölkerung erregte. Storm war aus politischen Gründen Anfang 1853 mit seiner Familie nach Potsdam gezogen, um im preußischen Exil eine neue Existenz aufzubauen. Nach einem Volontariat am Potsdamer Amtsgericht bekleidete er zwischen 1856 und 1864 das Amt eines Richters am Amtsgericht Heiligenstadt (Eichsfeld). Um 1860 war er im ganzen deutschen Sprachraum als Schriftsteller bekannt und als Poet anerkannt.

Möglicherweise waren die beiden im „Husumer Wochenblatt" vom 1. Juni 1834 und vom 28. September 1834 abgedruckten Jahrmarktberichte Quellen für Storms Text, falls er nicht selber ihr Verfasser ist; vergl. dazu den Abschnitt „Erste Veröffentlichungen" im Kapitel „Theodor Storms Schulzeit", S. 52 ff.

die Süderstapler Marktnacht] Die Landschaft Stapelholm, westlich von Schleswig zwischen den drei Flüssen Eider und ihren Nebenflüssen Treene und Sorge, liegt wie eine Insel auf einem Geestrücken inmitten eines ausgedehnten Marschbereichs, in der Treene-Sorge-Niederung. Das Dorf Süderstapel wurde 1260 erstmals erwähnt, war Gerichtsstätte und entwickelte sich in der frühen Neuzeit zum Wirtschafts- und Verwaltungszentrum der Region. Das Dorf am hohen Eiderufer war Sitz des Landvogts und wurde bis ins 20. Jahrhundert hinein vor allem durch die Landwirtschaft geprägt. Über den Jahrmarkt war im „Ditmarser und Eiderstedter Boten" vom 30.10.1834, Spalte 707 f. genau ein halbes Jahr vor Storms Schilderung folgender Bericht zu lesen:

Nachricht vom Süderstapeler Jahrmarkt den 10ten October 1834.

Der Jahrmarkt zu Süderstapel, in der Landschaft Stapelholm, ist schon seit 1400 im Gange gewesen; damals war solcher sehr berühmt, soll aber nachher, da der Husumer Jahrmarkt sehr zugenommen, in Verfall gerathen sein, so daß er zuletzt ganz eingegangen; 1639 aber ward daselbst wieder ein Markt angefangen, welcher dreimal im Jahr, jedesmal 4 Tage, nemlich 8 Tage vor Esto Mthi, 14 Tage nach Jacobi und 14 Tage vor Michaelis gehalten worden ist, allein in den Kriegszeiten abermals wieder einging. Ueber diesen Jahrmarkt ist eine von der damaligen Landesherrschaft am 17ten August 1639 ertheilte gedruckte Concession vorhanden. Im Jahre 1758 fing dieser Markt wieder an, indem die alte Concession von dem damaligen Könige wieder erneuert ward. Seit dieser Zeit wird solcher nur zweimal im Jahre gehalten, als am 22sten und 23sten April und am 6ten und 7ten October, wenn keine Feiertage einfallen, sonst vor- oder auch nachher. Dieser ist ein Vieh-, Pferde- und Kramwaarenmarkt, welcher in einigen Jahren, wegen der schlechten Geldzeit, nicht reichlich besucht worden ist. Diesmal aber war es ein sehr starker Markt. Die Menschen strömten schaarenweise von allen Seiten herbei, wozu das schöne Wetter und die guten Wege Veranlassung gewesen sein mögen. Die Marktplätze waren von Menschen so angefüllt, daß man kaum einen Durchgang finden konnte; dessenohnerachtet klagten doch die Verkäufer, daß sie keinen hinreichenden Absatz gehabt. Dies lag wahrscheinlich darin, weil der Verkäufer zu viel waren und den Kaufenden es an Geld mangelte. – Betreffend den Vieh- und Pferdemarkt, so war eine sehr große Anzahl derselben vorhanden. Von Pferden, und besonders jungen Pferden, sind mehre verkauft und gut bezahlt worden, indem einige fremde Käufer, insbesondere Hannoveraner, sich eingefunden hatten. Das Hornvieh aber wollte nicht recht abgehen, indem die Käufer solches zu gar zu niedrigem Preise verlangten. Die Ursache des niedrigen Preises liegt im Mangel des Futters und weil die Kartoffelärndte schlecht ausgefallen; auch weil die fette Waare im Auslande nur einen sehr mittelmäßigen Preis hat.

Die Tradition des Stapeler Marktes, wie er kurz hieß, wurde bis zur Mitte des 20. Jahrhunderts fortgesetzt. Im 18. und 19. Jahrhundert hatten Vieh- und Krammarkt überregionale Bedeutung; sie fanden um Ostern und zu Michaelis, dem 29. September, der in evangelischen Gebieten oft mit dem Erntedank verbunden wurde, jeweils von Freitag bis Sonntag statt.

halb mit Gutem,] Hier handelt es sich möglicherweise um einen Druckfehler und es soll „mit gutem Zureden“ heißen.

so wurde denn getanzt und geküsst] Stichwort „Dütjendans“ in: Holsteinisches Idiotikon, Erster Teil, Hamburg 1800, S. 274:

In der Probstei Preez ist z.B. allgemeiner Brauch und Sitte, daß, wenn auf Landhochzeiten oder bei andern Gelegenheiten ein Tanz angestellt wird, nach dessen Ende die tanzende Mannsperson seiner Tänzerin einen Kuß zu geben verbunden ist. Dies heißt man den Dütjendans. Thut man es nicht, so ist das ein Zeichen der Verachtung, und kann leicht statt eines Kusses Schläge erhalten. Für diesen Tanz wird an die Spielleute ein Schilling mehr als für die übrigen Tänze gezahlt.

Bierfiedler] Stichwort „Kroogfiddeler“ in: Holsteinisches Idiotikon. Zweiter Teil, Hamburg 1801 S. 353: „Bierfiedler, Krugspielmann.“

Een Capplan let sik nömen Pastoor,
een Quaksalver will heeten Doktor,
een Timmerknecht ward Buwmester genannd,
een Krogfiddeler ys Musicant,
een Rottenfanger ys Kammerjäger – –

Totenzeug] Stichwort „Dod“ in: Holsteinisches Idiotikon. Erster Teil, Hamburg 1800, S. 224 f.:

Die alten Ditmarsen nahmen gewöhnlich, wenn sie zu Hochzeiten fuhren, ihr Dodentüg: Todtenzeug -Hemde, auf den Tod- und Nothfall mit, da es selten bei diesen Lust- und Saufgelagen ohne Streit, Schläge und Todte abgieng. Gleichgültig fragte man oft: wer is dodslagen? am Ende der Hochzeitfeste. (So lautet Tradition u. a. Kroniken.) Fragte einer den andern: wie gieng es bei der Hochzeit zu, so hieß es: dat Beer dög nig, dar is nüms dodslagen, et hefft sik man acht prügelt u.s.f.

Vergl. auch in Schützes Einleitung, S. VIII f.:

Manches weiß man auch in Ditmarsen nur noch vom Hörensagen, z.B. daß die Vorahnen, wenn sie zu den, mehrere Tage und Nächte durch daurenden Hochzeitsgelagen als Gäste fuhren, ihre Leichentücher und Todtenhemde mitnahmen, weil es selten dabei ohne Schlägereien und Todschläge abgieng, und ja niemand vorher wissen konnte, wer als Gast hin und als Leiche heim fuhr.

Storm verwendete wahrscheinlich das vierbändige Exemplar der Husumer Gelehrtenschule, das er später (1843) für seine Sammlung schleswig-holsteinischer Sagen und Sprichwörter erneut zu Rate zog, wie einige handschriftliche Randglossen belegen. Die Bände dienten ihm im Frühjahr 1888 noch einmal als Quelle, als er die Erläuterungen „für binnenländische Leser" für seine Novelle „Der Schimmelreiter" zusammenstellte.

Celeste, eine Phantasie (S. 135)
H: eigenhändiges Manuskript, 4 Seiten und drei Zeilen; SHLB; E: LL 4, S. 265–268; hier nach H.
Dieter Lohmeier datiert diese erste Erzählung Storms auf die Zeit um 1840 und verweist auf die Motivähnlichkeit mit dem in der zweiten Hälfte 1836 entstandenen Gedicht „Träumerei". Das der Erzählung vorangestellte Motto gibt einen Hinweis auf seine Quelle, Bürgers Gedicht „Die Königinn von Golkonde"; Storm zitiert die erste Zeile und stellt sie als Motto seiner Erzählung voran. Bürger dichtete seine Verse nach der Prosaerzählung: „Aline, reine de Golconde" (1761) des französischen Dichters Stanislas Chevalier de Boufflers (1738–1815). Da Storm den von August Wilhelm Bohtz herausgegebenen Band mit Bürgers sämtlichen Werken Ende 1835 oder im folgenden Jahr erworben hat, wie ein eingeklebter Zettel in der Einband-Innenseite belegt, kann der Text wegen der ganz ähnlichen Motive in den Gedichten „Mein schönes Wunderland" und „Träumerei" nun auf die zweite Hälfte des Jahres 1836 datiert werden.
Storm übernahm das Motiv der beiden Liebenden, die sich bei Bürger vor der Vereinigung ebenfalls mit „Bruder" und „Schwester" anreden (S. 105):

> Sie war vom nächsten Dorf; ihr Name hieß Aline.
> »Ach! sprach ich, liebe süße Line,
> Ich möchte wol dein Bruder seyn!« –
> Nicht dies gerade wollt' ich sagen –

»Und ihre Schwester ich!« fiel sie mit Wohlbehagen
Voll allerliebster Unschuld drein. –
»Doch lieb' ich dich, bei meiner Ehre,
Nicht weniger, als ob ich's wirklich wäre!«,
Erwidert' ich, indem ich sie umschlang.
Alinchen setzte sich zur Wehre,
Und als sie mir entgegen rang,
Fiel ach! ihr Topf; – die Milch floß auf die Erde.
Welch Mißgeschick! – Sie weinte bitterlich;
Riß dann, mit zürnender Geberde,
Voll Ungestüm, aus meinen Armen sich;
Rafft' ihren Topf auf von der Erde
Und wollte fliehn. »Ach, wär' ich erst zu Haus!«
Rief sie voll Angst; glitt auf der Milchstraß' aus,
Und fiel, so lang sie war, zu Boden auf den Rücken.
Ich flog ihr beizustehn; doch wollte mir's nicht glücken.
Denn einer stärkern Macht, als ich,
Gelang es bald, sogar auch mich
In ihren Fall mit zu verstricken. –
Man weiß, ich zählte sechzehn Jahr,
Und funfzehn Jahre war Aline.
Dies Alter und dies Plätzchen war
Das rechte, wo am liebsten seine Mine
Der Gott der Liebe springen lässt. –
Aline trübte zwar durch Thränen erst sein Fest;
Bald aber wich der Schmerz der Wonne,
Und lieblich durch's Gewölk der Thränen brach die Sonne. –

Celeste] aus dem Französischen: die Himmlische.
Phöbus] römischer Name von Apollon, der schöne, junge griech. Gott des Lichtes, auch mit dem Sonnengott Helios gleichgesetzt; hier Personifizierung der Sonne.
Thetis] eine der Meernymphen, Tochter des Nereus und Mutter von Achill. Eine Beziehung zu Apollon kennt die griechische Mythologie nicht. Hier Personifizierung des Meeres.
jenseit] ältere Form von „jenseits", von Storm als Adverb, Präposition und Substantiv verwendet.
Geheul der Hyänen] Raubtiergattung aus der Familie der Hyänen (Hyaenidae), Zehengänger mit gedrungenem Leib, von der Schulter nach dem Kreuz hin stark abfallendem, mähnenartig behaartem Rücken, dickem Halse, starkem Kopf, kurzer, kräftiger Schnauze, unschönen Oh-

ren, schief stehenden Augen, krummen Vorderfüßen, kürzern Hinterfüßen, an allen Füßen vier Zehen mit nicht zurückziehbaren Krallen, buschig behaartem, kurzem Schwanz und langem, lockerm, rauhem Pelz. In jeder Kiefernhälfte stehen drei Schneidezähne, ein Eckzahn und ein Backenzahn, der Oberkiefer besitzt jederseits vier, der Unterkiefer drei Lückenzähne. Die Hyänen haben eine kreischende, gräßlich lachende Stimme, verbreiten übeln Geruch, gehen nachts auf Raub aus, dringen bis in die Ortschaften, fliehen aber vor jedem Angriff und wagen sich nur an Schafe, Ziegen, junge Schweine. [...] Die gefleckte H., 1,25 m lang, am Widerrist 80 cm hoch, ist sehr kräftig gebaut, mit dunkel weißlichgrauem, braun geflecktem Pelz, bewohnt Süd- und Ostafrika bis 172° nördl. Br., ist ungleich stärker als die andern Arten und verdrängt, wo sie häufig vorkommt, die gestreifte H. Von Hunger gequält, ist sie sehr kühn, schleppt Kinder fort und soll selbst ermattete oder schlafende Erwachsene angreifen. (Meyer 1905–1909)
Geißblattranken] im 18. und 19. Jahrhundert beliebte Rankpflanze an Gartenlauben; gilt als Sinnbild der Liebe.
flüsterte] nach gestrichenem „rief“
Büchse] nach gestrichner „Flinte“

II. Gedichte

An Emma (S. 138)
H: MG, S. 1 als Nr. 1 mit dem Datum „d. 17. July. 1833.“ eingetragen.
E: Bäte 1921, S. 58 f. Hier nach H.
Der Anlass für dieses erste vollständig erhaltene Gedicht von Theodor Storm war Emma Kühl, die er um 1830 kennen lernte. Am 11. Juni 1844 schrieb er an seine Braut Constanze Esmarch (Br. Constanze, 11. 6. – 12. 6. 1844):

Als ich in den Michaelisferien 1837 als junger Student – ich wurde grade zwanzig – hier zu Hause war, hatte meine Schwester Helene gleichzeitig einen Besuch von ihrer damals siebzehnjährigen sehr liebenswürdigen und interessanten Freundin Emma Kühl von Föhr. Diese Bekanntschaft hatte ich schon vor Jahren zu Stande gebracht; ich kannte sie zuerst. Als vielleicht zwölfjähriger Knabe war ich einmal einige Tage bei einer Schwester von Woldsen auf Föhr, wo E. damals als kleines Mädchen täglich ins Haus kam; wir spielten zusammen, fuhren zusammen aus und waren ganz verliebt in einander; ich erinnere deutlich, daß wir uns mehrfach hinter der Küchenthür heimlich geküßt haben beide damals Kinder. In Folge dessen vermittelte ich die Bekanntschaft mit Helene.

Heinke Kerstina Emma Kühl (geb. am 8. August 1819) war die Tochter des Zollverwalters auf der Insel Föhr und über die Familie Woldsen mit den Storms verwandt; vergl. Erdmann-Degenhardt 2001; vergl. auch den Kommentar zu „In Emmas Stammbuch".
Flatterrose] Regionale Bezeichnung für Pfingstrose oder Klatschmohn, wegen der leicht abfallenden Blätter; hier Anspielung auf die Flatterhaftigkeit des Mädchens. (Nach Lohmeier 1987 b, S. 900)

An einem schönen Sommerabende (S. 139)
H: MG, S. 2 als Nr. 2 mit dem Datum „17 July." 1833 eingetragen. E: Bäte 1921, S. 59 f. Hier nach H.
Und des Echo's Widerhall] H: Und des Echo's Wiederhall
Und das Lämmchen hüpft im Tal] H: Und d<as> Lämmchen hüpft im Tahl,

Bald ist unsers Lebens Traum zu Ende (S. 139)
H: MG, S. 2 als Nr. 3 mit dem Datum „1 July." 1833 eingetragen. E: Bäte 1921, S. 60. Hier nach H.

Das Leben (S. 139)
H: MG, S. 3 als Nr. 4 in der zweiten Hälfte des Jahres 1833 eingetragen. E: LL 1, S. 133. Hier nach H.
In H sind die dritte und die vierte Strophe mit 1) und 2) gekennzeichnet und eingeklammert. Storm vermerkt am unteren Seitenrand: „1) der eingeklammerte Vers ist in anderm Versmaße/ 2) In noch anderm Versmaße".
Die Anregung für dieses Gedicht stammt aus Storms Deutschunterricht. Der Kollaborator Karl Heinrich August Wolff (1802–1851) schreibt im Schulprogramm 1833, S. 34: „Die Stunde für den deutschen Styl wurde wie im vorigen Jahr angewandt, und namentlich aufgegeben, zu behandelnde Themata disponiert und den Schülern für die inventio Fingerzeigen gegeben, auch über die kunstgerechte Beschaffenheit einer Rede und deren einzelne Theile das Nothwendige und

Faßlichste den Schülern dictirt.“ In der Bibliothek der Gelehrtenschule hat sich ein Übungsbuch mit dem Titel erhalten: Stoff zu stylistischen Uebungen in der Muttersprache. Für obere Klassen. In 190 ausführlichern Dispositionen und kürzern Andeutungen von D. G. Herzog, Rektor der Hauptschule und Professor in Bernburg. Halle 1832. Storm hat sich an den beiden Dispositionen „Das Leben eine Reise“ (S. 81–85) und „Der Knabe, der Jüngling, der Mann und der Greis“ (S. 270–272) orientiert, ohne stilistische Elemente zu übernehmen. Vergl. auch den Kommentar zu „An einen ausgetretnen Strom“.
Blickt auf sein enteiltes Leben hin,] H: Blickt auf s<ein> en<t>eiltes Leben hin,

Logogryphe (S. 140)
H: MG, S. 3 als Nr. 5 in der zweiten Hälfte des Jahres 1833 eingetragen. E: Eversberg 1995 b, S. 43. Hier nach H.
Lösung: werde – Erde.
Logogryphe] Logogriph, griech. *logos* = Wort; *griphos* = Netz, Rätsel; Buchstabenrätsel, bei dem durch Versetzung, Auslassung oder Hinzufügung einzelner Buchstaben eines Wortes ein neues entsteht, die beide zu erraten sind. Die Lösung spielt auf Genesis 1,1 und 3 an: „Am Anfang schuf Gott Himmel und Erde. […] Und Gott sprach: Es werde Licht! und es ward Licht.“

Ein Neujahrswunsch (S. 140)
H: MG, S. 4 als Nr. 6 zum Ende des Jahres 1833 eingetragen. E: LL 1, S. 133 f. Hier nach H.
meinem etwas faulen Bruder] Storm hatte drei jüngere Brüder; gemeint sein könnte der damals 14-jährige Johannes oder der 12-jährige Otto; Aemil wurde erst im Juli 1833 geboren.

Neujahrswunsch an Großmutter (S. 141)
H: MG, S. 4 f. als Nr. 7 zum Ende des Jahres 1833 eingetragen. E: Bäte 1923 (nur die letzten vier Zeilen), vollständig in LL 1, S. 134. Hier nach H.

Großmama] Storms Gedicht ist an seine Großmutter Magdalena Woldsen (1766–1854) gerichtet. Sie war wohl bei ihrer Tochter Elsabe Esmarch (1795–1873) in Segeberg zu Besuch.
Alle deine Enkel Storm] Storms Geschwister waren: Helene (1820–1847), Johannes (1824–1906), Otto (1826–1908), Cäcilie (1829–1863) und Aemil (1833–1897). Von Theodor und Helene Storm haben sich Briefe mit Neujahrsgrüßen an ihre Großeltern aus den 1820er Jahren erhalten (Privatbesitz); vergl. Eversberg 2005.

Nimm hin o Freundin, w<as> in kurzen Zeilen (S. 141)
H: MG, S. 5 als Nr. 8 zum Anfang des Jahres 1834 eingetragen. E: LL 1, S. 134. Hier nach H.
o Freundin] dieses Gedicht könnte ebenso wie das folgende an Henriette Freese gerichtet sein.

An Henriette Freese (S. 142)
H: MG, S. 5 als Nr. 9 zum Anfang des Jahres 1834 eingetragen. E: LL 1, S. 135. Hier nach H.
Henriette Freese] Henriette Neupert, geb. Freese, geb. 1801 auf Gut Dollroth in Angeln bei Schleswig, gest. 1855) lebte in Hamburg und Altona, wo sie sich in den 1820er Jahren als Schriftstellerin betätigte; sie war mit Amalie Schoppe bekannt. Nach ihrer Verheiratung mit dem Zahnarzt Friedrich Neupert in Schleswig (1830) veröffentlichte sie unter ihrem Mädchennamen Gedichte und Erzählungen in schleswig-holsteinischen Zeitschriften. Storm hat Texte von ihr und von ihrem Mann, der ebenfalls dichtete, im „Husumer Wochenblatt" gelesen; 1833 veröffentlichten die beiden hier sechs Gedichte und einige Aphorismen; 1834 zwei Erzählungen und vier Rätselgedichte. Im Jahrgang 1835 finden sich ebenfalls fünf Texte dieser Autoren.
Musenlohn] Die Musen, griech. Musai, lat. Musae galten in der Antike als die Schutzgöttinnen der Künste (Gesang, Musik, Tanz, Dichtung) und später der Wissenschaften sowie aller geistigen Tätigkeiten. Ihrem Herrn Apollon war der Lorbeer geweiht; die Musen verliehen dem Dichter einen Lorbeerzweig als Zeichen seiner Kunst. Die Ernennung

des besten Dichters zum „Poeta laureatus" ist eine Form des Weiterwirkens des Lorbeerkultes.

Liebesklage eines Verschmähten (S. 142)
H: MG, S. 5 f. als Nr. 10 1834 eingetragen. E: LL 1, S. 135 f. Hier nach H.

In das Stammbuch meines Freundes (S. 143)
H: MG, S. 6 f. als Nr. 11 1834 eingetragen. E: LL 1, S. 136. Hier nach H.

Epistel an Freund Koopmann. (S. 143)
H: MG, S. 7 f. als Nr. 12 1834 eingetragen. E: LL 1, S. 136 f. Hier nach H.
Epistel] Brief; als literarische Form: Briefgedicht; Storm verwendet vierhebige Jamben.
Freund Koopmann] Wilhelm Heinrich Koopmann (1814–1871) besuchte die Prima der Husumer Gelehrtenschule bis Ostern 1834 und studierte Theologie in Kiel. 1855 wurde er Bischof von Holstein.
Milstedt] Mildstedt, Dorf südlich von Husum; die Freundesgruppe um Storm besuchte häufig Gasthäuser im Umfeld von Husum.
Ovidius Naso] Ovid, geb. 20. 3. 43 v. Chr., gest. um 18 nach Chr. war römischer Dichter aus dem Ritterstand. Sein Hauptwerk sind die „Metamorphoses" (Verwandlungen), in deren 15 Büchern er von der Entstehung der Welt aus dem Chaos bis zur Zeit Cäsars etwa 250 Verwandlungssagen aus der Welt der antiken Götter und Heroen aneinanderreiht. Das Werk ist in Hexametern abgefasst und wurde an der Husumer Gelehrtenschule von Storm in Sekunda gelesen (HTS, Schulprogramm 1832, S. 31).
So lang der Parze Faden fliegt] Moiren, griechische Schicksalsgottheiten (röm. Parzen), die den Menschen den Anteil am Leben zuteilen; Töchter des Zeus und der Themis. Sie wurden z. T. als alte Frauen dargestellt. Gewöhnlich nannte man drei: Klotho (spinnt den Lebensfaden), Lachesis (teilt das Lebenslos zu), Atropos (schneidet den Lebensfaden ab). Das Motiv der Parzen verwendet Ovid im fünften Buch

seiner „Metamorphosen“, in dem er vom Raub der Proserpina erzählt. In der Husumer Schulbibliothek hat sich folgender Band erhalten: P. Ovidii Nasonis Metamorphorses ex recensione Burmanni […]. Tomus Primus. Leipzig 1784. Dort wird in Buch 5 (S. 215–249; hier S. 241) erzählt, wie Zeus als Bedingung für die Rückkehr seiner Tochter Persephone, die Hades in die Unterwelt entführt hat, verlangt, dass sie „dort unten nichts anrührte von Speise, so ist es verhängt im Rate der Parzen.“
Dem grimmen Bär ins Aug' zu sehn] Die Redewendung „Bären anbinden“ bedeutet „Schulden machen“.

An einen ausgetretnen Strom (S. 144)
H: MG, S. 8 f. als Nr. 13 1834 eingetragen. E: LL 1, S. 137 f. Hier nach H.
Die Anregung für dieses Gedicht stammt ebenfalls aus dem Deutschunterricht an der Husumer Gelehrtenschule (vergl. den Kommentar zu „Das Leben“). Storm hat die Disposition aus Herzogs „Stoff zu stylistischen Uebungen in der Muttersprache“ (S. 148) möglicherweise als Inhaltsgerüst zu einem Aufsatz benutzt:

An einen ausgetretenen Strom.
1) Womit haben wir dich erzürnt? – Sonst strömst du so friedlich und ruhig in deinem Bette dahin – jetzt reißest du in tobender Wuth, die Ufer übertretend, Alles mit dir fort.
2) Zu andern Zeiten duldest du es, daß wir auf deiner Decke von Eis die Freuden des Winters genießen, und entschädigst uns dafür, daß deine Ufer ihren Farbenschmuck verloren und sich den Lustwandlern entzogen; und jetzt – freilich auch im Zürnen noch schön und erhaben – sehen wir traurig, wie du zerstörst, was wir baueten, um deine Ufer zu verschönern.
3) Zu andern Zeiten duldest du es, daß wir auf deinen sich kräuselnden Wellen am schönen Abend uns wiegen ließen im Kahn – jetzt trauet kein Fährmann deinen tückischen Wogen, kein Fischer seinem Kahne.
4) Sonst verbindest du die Menschen durch Fähren und Brücken; – jetzt trennst du sie: die Brücken reißest du hinweg durch deine Fluthen, und die Fähren liegen furchtsam und angekettet am möglichst sichern Orte, um abzuwarten, bis deine Wuth sich legt.
5) Sonst beförderst du der Menschen Betriebsamkeit: auf deinem Rücken eilen die schwellenden Seegel dahin; – jetzt zerstörst du die Saaten des Landmanns, verwüstest die Pflanzungen des Gärtners, zertrümmerst Häuser und Hütten.
6) Sonst gewährst du Menschen Lebensunterhalt; – jetzt bringst du in die durchflutheten Wohnungen Krankheiten und Tod.
7) O kehre zurück in das dir angewiesene Bette! Wir wollen dann dich wieder segnen und preisen.

Deutlich ist erkennbar, dass Storm den formalen Aufbau der Disposition übernimmt und neben der rhetorischen Frage zu Beginn auch mit der fast wörtlich identischen Emphase „O kehr zurück in deines Bettes Grenzen!" schließt. Darüber hinaus nutzt er zentrales Wortmaterial der Vorlage („Wut", „Winter", „Eis", „Schmuck", „Segen"), setzt aber einen eigenen Akzent, indem er die unter 3) bis 5) vorgegebenen Aspekte der Zerstörung von Artefakten und Kultureinrichtungen nicht aufgreift, sondern sich auf die Naturschilderung beschränkt, die er aber durch anschauliches Bildmaterial erweitert, das er ebenfalls aus der sprachlichen Tradition des 18. Jahrhunderts übernimmt.
ausgetretnen] über die Ufer getreten
Die Windsbraut heult] Die „Wilde Jagd" wird durch einen dem Sturm vorausgehenden Wirbelwind angekündigt, der als geisterhaftes nacktes Weib mit schneeweißen Brüsten vorgestellt wird. (Wander 1880, S. 1017.)
in sichern Port] poetischer Ausdruck für Hafen

Homonyme (S. 145)
H: MG, S. 9 als Nr. 14 1834 eingetragen. E: Eversberg 1995b, S. 43. Hier nach H.
Lösung: Wind.
Homonyme] griech. *homonymia* = Gleichnamigkeit; gleichlautende Wörter von verschiedener Bedeutung und unterschiedlicher etymologischer Herkunft

Palindrom (S. 145)
H: MG, S. 9 als Nr. 15 1834 eingetragen. E: Eversberg 1995b, S. 43 f. Hier nach H.
In H eine vierte eingeklammerte Zeile: Und d<as> Große stirbt schon im Entstehen.
Lösung: Roma – Amor.
Palindrom] griech. *palindromos* = rückläufig; Wort oder Wortgruppe, die rückwärts gelesen den gleichen oder doch einen Sinn geben wie vorwärts

Schweige (S. 146)
H: MG, S. 10 als Nr. 16 1834 eingetragen. E: LL 1, S. 138. Hier nach H.
Storm gestaltet das Sprichwort „Schweigen ist der Freundschaft Grab". (Wander 1876, S. 439.)

Wünsche (S. 146)
H: MG, S. 10 f. als Nr. 17 1834 eingetragen. E: LL 1, S. 138 f. Hier nach H.
Storm verwendet für dieses Gedicht, das in der Tradition der Liebesständeleien der Anakreontik des 18. Jahrhunderts wurzelt, Motive, die er im altsprachlichen Unterricht an der Husumer Gelehrtenschule kennen gelernt hat.
Pluto] Plutos, griech. = Reichtum; griech. Gott des Reichtums, der in der Frühzeit in landwirtschaftlicher Produktion bestand, Sohn des Iasion und der Demeter. In Storms Bibliothek (StA) hat sich ein Buch erhalten, das der Schüler neben den klassischen Lektüren des altsprachlichen Unterrichts sorgfältig gelesen hat: „Aristofanes" von Johann Heinrich Voss mit erläuternden Anmerkungen von Heinrich Voss. Dritter Band. Braunschweig 1821. Der Band enthält: „Die Thesmoforien", „Die Frösche", „Die Weiberherrschaft" und „Plutos" (S. 295–382). Bei Aristophanes ist Plutos blind und verteilt deshalb wahllos und ungerecht seinen Reichtum; er wird als Knabe, Mann oder Greis dargestellt.
Mammon] aramäisch-griech.-lat.: zunächst Personifizierung des Reichtums, dann (meist abwertend) Geld als etwas, was begehrt, wonach gestrebt wird.
Venus soll mit Amor sich] Venus, röm. Göttin der Liebe, mit der griech. Aphrodite gleichgesetzt. Amor, lat. = Liebe; römische Entsprechung des griech. Liebesgottes Eros.
Wollustgraun] Wohl eine Analogiebildung zu Komposita wie „Wonnegraun" und „Wonnegraus", die wiederum Ableitungen von der in der Liebeslyrik seit der Antike begegnenden Stilfigur des Oxymorons (bittersüßer Liebesschmerz) sind. (Lohmeier 1987b, S. 903.)

Lottorädchen] Glücksrad, in der Kunst des Mittelalters die Darstellung eines Rades, an dessen Speichen sich Figuren festhalten, die je nach der Drehung des Rades bald oben, bald unten schweben. Es soll dadurch der Wechsel des Glückes und aller menschlichen Dinge symbolisiert werden. Heute nennt man Glücksrad ein Rad, das bei Verlosungen, Lotterien etc. gebraucht wird, und aus denen beim Umdrehen die Nummern der Gewinne herausfallen oder herausgezogen werden. (Meyer 1905–09.)

Charade (S. 147)
H: MG, S. 11 als Nr. 18 1834 eingetragen. E: Eversberg 1995b, S. 44. Hier nach H.
In H ein eingeklammerter Versteil in der dritten Zeile: schmücken dir Rosen den Weg.
Lösung: gewissenhaft
Charade] franz. *charade* von altfranz. charaie = Scharade, Zauberspruch; Silbenrätsel, bei dem das zu erratene Wort in mehrere, für sich selbständige sinnvolle Silben zerlegt wird, deren Sinn wie auch der des Ganzen durch Umschreibung angedeutet wird.

Witzfunken (S. 147)
H: MG, S. 11 als Nr. 19 1834 eingetragen. E: LL 1, S. 139. Hier nach H.
In H „Klas“ über gestrichenem „Hans“ sowie eine vierte eingeklammerte Zeile: Und d<as> Große stirbt schon im Entstehen.
Witzfunken] Bis ins 18. Jahrhundert bedeutet Witz „Verstand, Klugheit“, in der Goethezeit „Geist“, heute „Schlauheit“.
ich krieg gewiß noch den Teufel drüber!] Die Pointe dieses Witzes ergibt sich aus der Doppeldeutigkeit (Amphibolie) der Worte „ich krieg den Teufel“ wörtlich und im Sinne von „ich verzweifle an etwas“.

Lustig gelebt und fröhlich gestorben (S. 147)
H: MG, S. 12 als Nr. 20 1834 eingetragen. E: LL 1, S. 140. Hier nach H.
In diesem und in den folgenden beiden Gedichten verwendet Storm verschiedene Versmaße, um ein und denselben Stimmungswert zu ge-

stalten, der sich um die Begriffe „Sorge“, „Leid“ und „Tod“ rankt. Er thematisiert die Vergänglichkeit des Lebens, worauf er in diesem Zeitraum durch ausführliche Lektüre von Horaz’ „Oden“ im Lateinunterricht der Husumer Gelehrtenschule angeregt wurde. Die Schulprogramme der Jahre 1827 bis 1836 belegen das Programm von Konrektor Kuhlmann, der einen Großteil der Werke des Horaz in dreijährigem Turnus durchnahm. Der Inhalt eines großen Teils der „Oden“ beschäftigt sich mit dem privaten Bereich; Horaz gestaltet seine Themen im Sinne der epikureischen Ästhetik, nach der das Lied die Sorgen beseitigen und die Mühsal des Lebens erleichtern soll; zugleich sind sie Trost im Alter. Storm greift diese Gedanken auf und ergänzt sie durch christlich motivierte Hinweise auf ein „beßres Jenseit“. Vergl. auch den Kommentar zu „Den starken Mann kann nicht der Sturm erdrücken“.

Kurz ist die Spanne unsers Lebens (S. 148)
H: MG, S. 12 als Nr. 21 1834 eingetragen. E: LL 1, S. 140. Hier nach H. Dieses und das nächste Gedicht haben keine Titel, worauf Storm in H mit drei Punkten statt einer Überschrift hinweist.

Freund zittre nicht, wenn in des Lebens Stürmen (S. 148)
H: MG, S. 12 f. als Nr. 22 1834 eingetragen. E: LL 1 S. 140 f. Hier nach H.
Vergl. die Anmerkungen zu dem Gedicht „Lustig gelebt und fröhlich gestorben“.

Jakob als Redner auf dem Rathause. (S. 148)
H: MG, S. 13 f. als Nr. 23 1834 eingetragen. E: LL 1, S. 141 f. Hier nach H.
An der Husumer Gelehrtenschule war es Tradition, dass die Schüler öffentliche Reden hielten; Storm selbst hat ebenfalls an diesen Übungen teilgenommen und wohl zweimal geredet (1834 und 1835). Beide Reden sind nicht erhalten.
Jakob] Der Redner „Jakob“ könnte sein Mitschüler Jacob Peter Blumensaat (1811–1883) gewesen sein, der bereits am 3. Oktober 1831 öf-

fentlich aufgetreten war, wie wir in dem entsprechenden Programm lesen können: „Jacob Petersen Blumensaat, aus Osterhusum, entwickelt den Werth der Klugheit“ (Einladung zur öffentlichen Redeübung, Husum 1831).
Osterhusums lumen] in H das Wort „lumen“ in lateinischen Buchstaben. Blumensaat stammt aus einer Bauernfamilie im Ortsteil Osterhusum, studierte nach seinem Abgang von der Gelehrtenschule im Jahre 1834 Theologie und wurde Pastor.
Der Auditoren ganzer Chor] lat. *auditor* = Zuhörer. Wie diese Redefeierlichkeiten abliefen, hat Storm in seiner 1870 geschriebenen kulturhistorischen Skizze „Der Amtschirurgus – Heimkehr“ aus den „Zerstreuten Kapiteln“ (LL 4, S. 164 ff.) dargestellt.
Sich gern zum Buhlen hätt erkieset] zum Liebhaber auserwählt; die altertümliche Sprechweise betont die Ironie des Gedichts.
Morpheus] Gott des Traumes, Sohn des Schlafgottes Hypnos, der in verschiedenen „Gestalten“ (griech. *morphai*) erschien; meist geflügelt dargestellt.
aus des Orkus Schlünden] Orcus, dt. Orkus, der dem griech. Hades entsprechende röm. Gott der Unterwelt und Herr der Toten, der das Leben dahinraffende, verderbende Gott; auch das Reich des Totengottes selbst.
Und niemand machte seine Glossen] niemand kommentierte die Rede.
So glaubt nicht, daß er deutsch parlirt!] Zu welchem Thema Blumensaat gesprochen hat, kann nur aus den Andeutungen in Storms Gedicht erschlossen werden; offenbar verstanden die meisten der Zuhörer den Inhalt aber nicht, weil der Schüler seine Rede in lateinischer Sprache vortrug. Solche Reden wurden zumeist in deutscher, manche aber auch in lateinischer Sprache gehalten; sie konnten auch in Verse gesetzt werden und behandelten Themen aus der Geschichte oder der Mythologie.
Verführet ward er von dem Bösen] Storm merkt an „Vom Eitelkeitsteufel –“.

Charade (S. 150)
H: MG, S. 14 f. als Nr. 24 1834 eingetragen. E: Eversberg 1995b, S. 44. Hier nach H.

Lösung: Rotbart
Charade] franz. *charade* von altfranz. charaie = Scharade, Zauberspruch; Silbenrätsel, bei dem das zu erratene Wort in mehrere, für sich selbständige sinnvolle Silben zerlegt wird, deren Sinn wie auch der des Ganzen durch Umschreibung angedeutet wird.
Amor] lat. = Liebe; römische Entsprechung des griech. Liebesgottes Eros.
Gräfin v. Plater] Emilie, Gräfin von Plater, geb. 1806 in Wilna, gest. 1831, lebte seit 1815 in Livland und trat in der Revolution von 1830 unter die freiwilligen Jäger von Wilkomir, dann zu Parcezewskis Korps und wurde Kapitän im 25. Linienregiment. Sie focht bei Przystowiany, Kowno, Schawle und Schawlany und folgte dem Korps des Generals Chlapowski, bis er das preußische Gebiet betrat. Auf dem Wege nach Warschau starb sie infolge der Strapazen. (Meyer 1905-09).
im Bläulichen Fluß] Gök-su („Blauwasser"), Fluss in Kleinasien, in der Antike „Kalykadnos"; in ihm ertrank Kaiser Barbarossa im Jahre 1190.
ein Kaiser] Friedrich I, genannt „Barbarossa" (1122–1190), führte den 3. Kreuzzug an.

Logogryphe (S. 150)
H: MG, S. 15 als Nr. 25 1834 eingetragen. E: Eversberg 1995b, S. 44. Hier nach H.
Lösung: Leiche – Eiche
Logogryphe] Logogriph, griech. *logos* = Wort; *griphos* = Netz, Rätsel; Buchstabenrätsel, bei dem durch Versetzung, Auslassung oder Hinzufügung einzelner Buchstaben eines Wortes ein neues entsteht, die beide zu erraten sind.

Den starken Mann kann nicht der Sturm erdrücken (S. 150)
H: MG, S. 15 f. als Nr. 26 1834 eingetragen. E: LL 1 S. 142. Hier nach H.
Auch in diesem Gedicht spiegelt sich der Lehrstoff der Gelehrtenschule, in der antike Dichtung und Mythologie dominierten. In der Prima standen die Werke des Horaz im Mittelpunkt des Lateinunterrichts von Konrektor Georg Heinrich Kuhlmann (vergl. den Kom-

mentar zu „Lustig gelebt und fröhlich gestorben“). Die Schüler lasen die Texte in lateinisch kommentierten Ausgaben, die ihnen ein komplexes Bild der antiken Politik und Kultur vermittelten. An der Husumer Gelehrtenschule wurden die von Friedrich Döring in mehreren Bänden herausgegebenen „Q. Horatii Flacci Opera Omnia“ benutzt; erhalten hat sich Bd. 1 der dritten Auflage, Leipzig 1824. Die drei Bücher der „Carmina“ des Horaz, die in den Jahren 33–23 vor Christi Geburt entstanden, gelten als seine bedeutendste dichterische Leistung. Sie handeln von unterschiedlichen Themen, von Freundschaft, Liebe, dem Leben und dem Staat. Das dritte Buch gehört zu den „Römeroden“, in denen der Dichter zur römischen Jugend spricht und sie zu einem tugendhaften Leben ermahnt. Die dritte Ode preist die Standhaftigkeit des gerechten Mannes, der sich durch nichts beirren lässt. In ihrem Kernstück, der so genannten Romulusode, stellt Horaz das durch seine virtus zur Weltherrschaft gelangte Rom dem durch Lasterhaftigkeit versunkenen Troja gegenüber. (Ebenda, S. 210 f.; Übersetzung von G.E.)

Iustum ac tenacem propositi virum
Non civium ardor prava iubentium,
Non voltus instantis tyranni
Mente quatit solida, neque Auster,
Dux inquieti turbidus Hadriae,
Nec fulminatis magna manus Iovis:
Si fractus inlabatur orbis,
Inpavidum ferient ruinae.

Einen rechtschaffenen und zielstrebig auf seinen Vorsätzen beharrenden Mann, den erschüttern weder das ungestüme Aufbrausen der Massen, noch die grimmige Miene des drohenden Tyrannen in seinem festgefügten Geist; weder der Sturmwind, der wild über die Adria hinfegt, noch die mächtige Faust des Blitze schleudernden Jupiter: Und wenn die ganze Welt zusammenbricht, treffen ihn die Trümmer und er zittert nicht einmal.

Der junge Storm paraphrasiert in seinem Vierzeiler diese acht Verse sehr gekonnt; seine Übertragung enthält die zentrale Aussage der zitierten Verse und lässt die kommentierungsbedürftigen Anspielungen auf ein murrendes Volk, einen drohenden Tyrannen sowie den Adriawind, der die Seefahrt zwischen Italien und Griechenland gefährdet, ebenso weg wie das Bild vom zornigen Zeus, der seine Blitze schleudert. Storm übernimmt das lateinische Versmaß und verknüpft seine

Zeilen mit einem Kreuzreim, wie es die Nachdichtungen des 18. Jahrhunderts vorgemacht haben. Bei den Horazischen Strophen handelt es sich um Jamben; hier um die „alkäische Strophe", die unterschiedliche Silbenzahlen aufweist. Die in der Husumer Gelehrtenschule von Schülern verwendete „Lateinische Sprachlehre" von Helfried Bernhard Wenck, Frankfurt am Main 1774 (in der Bibliothek hat sich ein Exemplar der 2. Auflage mit deutlichen Gebrauchsspuren erhalten) erläutert im Abschnitt „Von der Lateinischen Prosodie oder Verskunst" im § 4 „Von der Vermischung der Versarten" ausführlich die „Horatzische<n> Sylbenmaaße" (S. 235–238). Zur alkäischen Strophe merkt der Verfasser an: „Das Alcäische Sylbenmaaß hat unter allen Lyrischen die meiste Majestät, und eben daher hat Horaz so viele Oden darin gedichtet." (S. 337). Über den Vierzeiler setzt Storm als Zitat die Zeilen 7 und 8, die eine Quintessenz des Gedichtanfangs enthalten und schon im Horaztext durch den vorangestellten Doppelpunkt als bedeutsam gekennzeichnet werden. Die in der Renaissance einsetzende Nachahmung (imitatio Horatiana) erlebte in der anakreontischen Dichtung in der Mitte des 18. Jahrhunderts ihren Höhepunkt. Klopstock, Herder und Lessing haben ein klassisches Verständnis der Poesie des Horaz vermittelt; noch Heine und Mörike verraten in ihren Gedichten eine besondere Vorliebe für den römischen Dichter.
Und träf im Sturz das Weltall seinen Rücken] H: „Weltall" nach gestrichenem „Erd"

Für unsre mademoiselles (S. 151)
H: MG, S. 16 als Nr. 27 1834 eingetragen. E: Bäte 1923 (ohne Überschrift); vollständig in LL 1, S. 142. Hier nach H.
mademoiselles] in H in lateinischen Buchstaben; franz. = Fräulein.

Sängers Abendlied (S. 151)
H: MG, S. 16 als Nr. 28 1834 eingetragen. E: Husumer Königlich privilegirtes Wochenblatt. 19. Jg. vom 27.7.1834, S. 245 mit dem Namenskürzel „St –". Hier nach E.
Bald in stille Todesnacht gehüllt;] H: Bald von stiller Todesnacht umhüllt;

Streut Zypressen auf des Sängers Grab] Zypresse, griech. kyparissos, lat. cupressus: Der dunkle Baum wurde durch den Mythos des in die Zypresse verwandelten schönen Jünglings, der sich der Liebe Apollons entziehen wollte, zum Totenkult in Beziehung gesetzt.
Sieh' es dämmert schon im Ost der Morgen,] H: Sieh' es dämmert schon der junge Morgen,
Literatur: Eversberg 1992.

Nachtfrost (S. 151)
H: MG, S. 17 als Nr. 29 1834 eingetragen. E: LL 1, S. 143. Hier nach H.

Grabschrift auf Krebs, den Wuchrer (S. 152)
H: MG, S. 17 als Nr. 30 1834 eingetragen. E: Bäte 1923. Hier nach H.
Krebs] Karl Friedrich Emil Krebs (1815–1897) aus Bredstedt; Vater: Deichinspektor; Schüler an der Husumer Gelehrtenschule von Michaelis 1827 bis Herbst 1836, Klassenkamerad von Storm; Studium in Kiel, danach Advokat in Bredstedt. In seiner autobiographischen Skizze „Beroliniana" (LL 4, S. 448 ff.) erzählt Storm aus seiner Berliner Studentenzeit (1838 bis SS 1839): „Erlebnisse des Studiosen Nordheim, nacherzählt und seinen Freunden Krebs und Klander gewidmet von HTW Storm".

An Liseli (S. 152)
H: MG, S. 17 f. als Nr. 31 1834 eingetragen. E: LL 1, S. 144. Hier nach H.
der Pfeileswunde Schmerz] Der griechische Gott der Liebe (Eros, griech. = Liebe, röm. Amor, Cupido), Sohn des Ares und der Aphrodite (röm. Venus), wird als geflügelter Bogenschütze dargestellt, der mit seinen Pfeilen die Liebe zwischen Mann und Frau sowie zwischen Männern erregt. Er galt als eine alte von selbst entstandene kosmogonische Urkraft, die die Entwicklung vom Chaos zur geordneten Welt bewirkte.
Amors bösen Teufeln] Storm hat diese Gestalt im Schuljahr 1832/33 in Sekunda im Griechischunterricht von Konrektor Georg Heinrich

Kuhlmann (vergl. den Kommentar zu „Lustig gelebt und fröhlich gestorben") bei der Lektüre von Lukians „Göttergesprächen" („Theon dialogoi") kennengelernt (Schulprogramm 1833, S. 30), wo dieser Gott im 19. Buch „Warum Amor einige Göttinnen ungeneckt lässt" eine Rolle spielt. Storms Namenseintrag findet sich auf dem Vorsatzblatt zu folgender Ausgabe: „Luciani libelli quidam ad lectionum usus selecti. Accedunt annotationes". Vol. I. Graeca Continens. Halle 1791 (Bibliothek der Husumer Gelehrtenschule). Lukianos, lat. Lucianus, dt. Lukian, geb. um 120 nach Christus in Samosata (Syrien), gest. nach 180, war ein griechisch schreibender Schriftsteller im römischen Imperium. Den Gedanken, Amor mit einer Gruppe von „bösen Teufeln" in Verbindung zu bringen, legt die Unterhaltung zwischen Apollo und Bacchus im 22. Buch „Seltsame Ungleichheit dreier Söhne der Liebesgöttin" nahe, in dem Apollo Amors Brüder erwähnt: „Wer sollte wohl glauben, Dionysus, daß Amor, Hermaphrodit und Priap liebliche Brüder von ebenderselben Mutter sein könnten? Sie, die an Gestalt, Sinnesart und Lebensweise einander so sehr ungleich sind! Denn der erste ist alles, was man schön nennen kann, und weiß den Bogen zu führen und ist mit einer Macht bekleidet, wodurch er Herr der ganzen Welt ist; der andere ist weibisch, nur ein halber Mann und sieht so zweideutig aus, daß man auf den ersten Blick nicht entscheiden kann, ob er ein Jüngling oder ein Mädchen sei; Priap hingegen, der ist sogar mehr Mannes, als sich geziemet." (Lukian: „Werke in drei Bänden". Aus dem Griechischen übersetzt von Christoph Martin Wieland. Herausgegeben von Jürgen Werner und Herbert Greiner-Mai. 2. Auflage. Berlin, Weimar 1981, Bd. 1, S. 314 f.)
Bei Amors wildem Reigentanz] in H „Amor" nach gestichenem „all u".
Blocksberg] Blocksberg, im Volksmund Name des Brockens als der Versammlungsstätte der Hexen in der Walpurgisnacht. Die erste Mainacht (Walpurgis) war der Hauptfeier gewidmet, und nach Sage und Märchen treiben die Besessenen alle dort ihr Wesen. Storm scheint hier von Goethes Faustdichtung angeregt worden zu sein, den antiken Amor mit dem nordischen Hexentanz der Szene „Walpurgisnacht" zu verbinden, so wie ja auch Goethe beide Mythenkomplexe miteinander in Beziehung setzt. Zwar behauptete Storm im Alter mehrfach („Ferdi-

nand Röse“, LL 4, S. 442 und „Entwürfe einer Tischrede“, LL 4, S. 491), er habe Goethes Dichtung erst während seiner Zeit am Lübecker Katharineum kennen gelernt, dies scheint aber eine ähnliche literarische Stilisierung seines Bildungserlebnisses zu sein, wie seine Schilderung der ersten Begegnung mit Heines „Buch der Lieder“. (Vergl. Regina Fasold: Bildungsmuster – Theodor Storms Jugendfreundschaft mit Ferdinand Röse. In: Storm-Blätter aus Heiligenstadt. 11. 2005, S. 33–63.)

Charade (S. 153)
H: MG, S. 18 als Nr. 32 1834 eingetragen. E: Husumer Königlich privelegirtes Wochenblatt. 20. Jg. 1835, vom 22. Februar mit dem Namenskürzel „St –“, S. 63. Hier nach E.
Lösung: Gewissensbiß (Husumer Wochenblatt, S. 70).
Charade] in H: „Viersylbige Charade“ mit zwei eingeklammerten Zeilen: „Soll dir der ersten Ruhe nicht entweichen,/ So laß die dritte niemals sie erreichen;“

Charade (S. 153)
Keine Handschrift bekannt. E: Husumer Königlich privilegirtes Wochenblatt. 20. Jg. 1835, vom 26. Juli, S. 238. Hier nach E.
Lösung: Herzhaft (Husumer Wochenblatt, S. 246).
Die Zuschreibung dieses Rätselgedichts stützt sich auf Untersuchungen zu Storms frühen Schreibversuchen; vergl. Eversberg 2005.
An Auguste] Vermutlich handelte es sich um Auguste von Krogh, die Tochter des Husumer Amtmanns, Hans Ernst Godsche von Krogh (1778–1852), der seit 1826 Amtmann der Ämter Husum und Bredstedt mit Sitz in Husum sowie Oberstaller von Eiderstedt war. Ihn hat Storm ausführlich in seiner autobiographischen Skizze „Aus der Jugendzeit“ porträtiert; vergl. LL 4, S. 430 f. Aus seiner Ehe mit Agnes von Warnstedt – sie starb 1829 – waren vier Kinder hervorgegangen. Ferdinand Christian Hermann von Krogh (geboren 1815) war Mitschüler Storms an der Gelehrtenschule; Auguste (geboren 1811) war die älteste von drei Schwestern (Louise, geb. 1819 und Charlotte, geb. 1827).

An Klander (S. 153)

H: MG, S. 18 f. als Nr. 33 1834 eingetragen. E: LL 1, S. 144 f. Hier nach H.

Klander] Christian Albrecht Klander (1817–1874) stammt aus Husum; sein Vater war Gerber; die Husumer Gelehrtenschule besuchte er von Michaelis 1826 bis Ostern 1834, dann das Christianeum in Altona, seit Herbst 1835 studierte er in Kiel, gehörte dort zur „Clique“ um Storm und Mommsen und wurde anschließend Lehrer an der Gelehrtenschule in Plön (1841–1874).

Schwager] Bezeichnung des Postillions, der seine Ankunft mit Hornsignalen ankündigte.

Brief] Klander muss einen Brief in Form einer Versepistel an Storm geschickt haben, also ein Briefgedicht, wie es auch Storm gelegentlich machte (vergl. den Kommentar zu „Epistel an Freund Koopmann“). Diese Korrespondenz aus der Schulzeit ist nicht erhalten.

Homerus] In Storms Bibliothek hat sich eine Ausgabe der „Odyssee“ erhalten, die sein Freund Klander bis 1834 benutzt hat: „Homeri Odyssea. Nova Editio Stereotypa“. Leipzig 1828. Auf dem teilweise ausgerissenen Vorsatzblatt lässt sich noch entziffern: „Altona/ Christianeum/ Cl. III Ord. III“ Die Ausgabe enthält viele Anmerkungen mit Bleistift und Tinte; sie scheint von mehreren Schülern benutzt worden zu sein. Exemplar in Theodor Storms Bibliothek (StA).

In der Husumer Gelehrtenschule wurde in den 1830er Jahren folgende Ausgabe benutzt: Friedrich August Wolf (Hg.): „Homeri Ilias [...] in usum scholarum“. 2 Bd., Leipzig 1817. („Homeri et Homeridarum Opera et Reliquiae“.) Eines der beiden heute noch vorhandenen Exemplare stammt aus dem Besitz von Storms Klassenkameraden Christian Hermann von Krogh (Bibliothek der Husumer Gelehrtenschule). Storm besaß auch die Versübertragungen von „Ilias“ und „Odyssee“ von Johann Heinrich Voss: „Homer's Werke von Johann Heinrich Voß.“ 2 Bd. Stuttgart 1839; die Bücher enthalten die „Ilias“ und die „Odyssee“. Außerdem: „Homers Odyssee übersetzt von Joh. Heinr. Voß.“ Erste Übersetzung, neuer Abdruck, vermehrt mit erläuternden Anmerkungen aus den hinterlassenen Papieren des Übersetzers. Hg. von Abraham Voss. Leipzig 1837 (StA). In der Husumer Ge-

lehrtenschule unterrichtete Konrektor Kuhlmann Griechisch in Prima und las im Schuljahr 1833/34 die Bücher IV bis VIII der „Ilias" (Schulprogramm 1834, S. 35).
homerischen Schuh] H: homerisch. Homer verwendet den Hexameter, einen aus sechs Metren bestehenden Vers, der vor allem in Heldenepen in Gebrauch war; er wird deshalb auch epischer oder heroischer Vers genannt und wurde im Deutschen durch Klopstock, Voss, Goethe u. a. nachgeahmt.
Flügelroß] Pegasos, lat. Pegasus, in der griech. Sage geflügeltes Wunderpferd, das mit seinem Bruder Chrysaor aus dem Rumpf der Medusa hervorsprang, als ihr Perseus das Haupt abschlug. Der Hufschlag des Pegasos eröffnete auf dem Musenberg Helikon die Hippokrene (Rossquelle), daher wurde Pegasos später zum Dichterross.
Ich versle nur wenig] Storms Gedicht ist im Kontrast zu den Hexametern Klanders in vierfüßigen Daktylen abgefasst.
Ich zähme durch Streicheln sein mutiges Toben] Im altsprachlichen Unterricht wurde zu Storms Zeiten nicht nur übersetzt, sondern es wurden Stilübungen aufgegeben, bei denen die Metrik in den Originalsprachen analysiert und nachgeahmt wurde.

Beim Scheiden des Jahres 1834 (S. 154)
H: MG, S. 19 f. als Nr. 34 Ende 1834 eingetragen. E: LL 1, S. 145 f. Hier nach H.
Sprößling des Kronos] Die allegorische Darstellung des Jahres konnte Storm der zweibändigen Mythologie Ramlers entnehmen, die er bereits als Schüler besessen hat: „Saturnus [...] wird für einen Gott der Zeit gehalten, welcher im Griechischen Chronos heißt, [...]." (Ramler 1790, S. 1). Kronos, jüngster, gewaltigster Sohn des Uranos und der Gaia, ein Titan, stürzte den Uranos. Seine Kinder waren Hestia, Demeter, Hera, Hades, Poseidon und Zeus. Er verschlang sie sogleich, als Rhea sie ihm geboren hatte, um sich die Herrschaft über die Götter zu erhalten. Anstelle des zuletzt geborenen Zeus gab ihm Rhea einen in Windeln gewickelten Stein. Zeus besiegte Kronos später, übernahm die Herrschaft und verbannte ihn in den Tartaros. Die Herrschaftszeit des Kronos galt als glückselige Zeit, als Goldenes Zeitalter. Der Begriff

„Sprößling des Kronos“ kommt mehrfach in Homers „Ilias“ vor, so im Sechsten Gesang, in dem beschrieben wird, wie die Griechen den Troern schwere Verluste zufügten, und im Siebenten Gesang, der berichtet, wie sich Hektor und Aias im Zweikampf miteinander maßen. Beide Gesänge waren in dieser Zeit Unterrichtsgegenstand im Griechischunterricht von Konrektor Kuhlmann (vgl. den Kommentar zu „An Klander“).
Woge der Lethe] Lethe (griech. = Vergessen), Fluss im Orkus, der Unterwelt. „Hier floß der Fluß der Vergessenheit, Lethe, aus welchem die Seelen tranken, ihr auf Erden gehabtes Leid zu vergessen.“ (Ramler 1790, S. 452).
das Geschick] Im Orkus herrscht auch Tyche, die griechische Göttin des Schicksals, des glücklichen Zufalls, der guten und bösen Fügung, die erhöht und erniedrigt und launenhaft und unberechenbar den Wechsel der Geschicke herbeiführt (röm. Fortuna). Sie wurde meist mit Füllhorn, Flügeln und Steuerruder, zum Zeichen ihrer Wandelbarkeit und Unsicherheit ihrer Gaben auch auf rollender Kugel oder mit Rad dargestellt. Storm nennt sie das „Geschick“ und verbindet sie mit der Waage, dem Attribut der Gerechtigkeit. Themis (griech., „Satzung“, „Recht“), wurde als Göttin der Rechtsordnung und der Gerechtigkeit in Griechenland kultisch verehrt.
Gräcia's Banner erstand] Der Freiheitskampf der Griechen gegen die Türken, deren Souveränität 1830 internationale Anerkennung fand, bewegte die europäische Öffentlichkeit. Nachdem der Staatsvertrag vom 7. Mai 1832 die Verhältnisse des neuen Königreichs geordnet hatte, wurde die Nationalversammlung nach Nauplia einberufen und erkannte den Prinzen Otto von Bayern als König Otto I. von Griechenland an. Noch im Jahre 1834 wurden bayrische Truppen gegen Aufständische im Norden eingesetzt, dann aber abgezogen und durch ein griechisches Heer ersetzt.
es sanken Polonia's Adler] Im Gegensatz zum Erfolg der Griechen auf dem Wege zum Nationalstaat entschied sich Polens Schicksal in anderer Weise; der 1830 begonnene Aufstand gegen die russische Vorherrschaft scheiterte im Folgejahr durch den Sieg zaristischer Truppen, die den Weg zur nationalen Selbständigkeit Polens stoppten.
Fittich] Flügel, Schwinge.

der Vater der Zeit] Kronos
ein Bild der entschwindenden Seele] „Als eine allegorische Person bedeutet Psyche Seele, und wird alsdann mit Schmetterlingsflügeln abgebildet; weil ein Schmetterling, (der im Griechischen Psyche heißt,) wenn er seinen Wurmbalg, seinen ersten Leib, abgelegt hat, ein Sinnbild der Seele ist, die ihren Körper verlassen hat, und die im Griechischen ebenfalls Psyche heißt." (Ramler 1790, S. 354 f.)
Engelgemüt] Dieses Wort ist ebenso wie „Menschenverkappung" nicht im Grimm'schen Wörterbuch belegt.
der finstere Herrscher des Orkus] der dem griechischen Hades entsprechende römische Gott der Unterwelt und Herr der Toten, der das Leben dahinraffende, verderbende Gott.
Hoffen auf Jenseit] seit dem 16. Jahrhundert setzt sich immer mehr die Schreibung „jenseits" durch; Storm bleibt aber in seinen Manuskripten bei der Verwendung des Worts als Substantiv, Adverb und Präposition bei der alten Schreibung, so auch im Titel der Novelle „Von Jenseit des Meeres" (1864); vergl. auch das Gedicht „Lustig gelebt und fröhlich gestorben".

Für einen Ungeliebten (S. 155)
H: MG, S. 20 als Nr. 35 1835 eingetragen. E: Bäte 1923. Hier nach H.
Echo] lat. Echo, Nymphe, die vor Kummer bis auf ihre Stimme dahinschwand, als der schöne Narkissos ihre Liebe verschmähte. Ihre Gebeine verwandelten sich in Felsen. Nach anderer Version wurde sie, als sie Pans Liebe nicht erwiderte, von wahnsinnigen Hirten zerrissen; ihre Stimme blieb als Echo erhalten. Storm lernte sie in Aristophanes' Komödie „Die Thesmoforien" als die „antwortende Nachkukukerin" (S. 80) kennen (er las sie in dem Band: „Aristofanes" von Johann Heinrich Voss. Dritter Band. Braunschweig 1821 aus seiner Bibliothek (StA). Außerdem enthält Ramlers Mythologie einen Artikel über Echo (Ramler 1790, S. 333 f.)

Freiheitsjubel (S. 155)
H: MG, S. 21 als Nr. 36 1835 eingetragen. E: Bäte 1923. Hier nach H.
Eiche der Freiheit] In der Romantik war die Eiche Symbol der unerschütterlichen Kraft; als Sinnbild der Freiheit ist sie nicht belegt.
Freiheit – ein Nebelgebild] eine Wortschöpfung Storms.

Rätsel (S. 155)
H: MG, S. 21 als Nr. 37 1835 eingetragen. E: Bäte 1923. Hier nach H.
Lösung: Dreieck
Geck] Narr

An Friedrich (S. 155)
H: MG, S. 21 f. als Nr. 38 1835 eingetragen. E: LL 1, S. 147. Hier nach H.
Friedrich] gemeint ist Storms Klassenkamerad Karl Friedrich Emil Krebs (1815–1897) aus Bredstedt; vergl. den Kommentar zu „Grabschrift auf Krebs, den Wuchrer".
Sprichwort] Geld borgen macht Sorgen
Fröhlich lebe] H: nach gestrichenem „Mäßig".
Ungarweine] In Ungarn und seinen ehemaligen Nebenländern erzeugte Weine; der edelste Ungarwein war der Tokajer.
Phryne] die Freundin und spätere Frau des Perikles war eine Hetäre (griech. = Gefährtin), ein Freudenmädchen.

Beitrag zur chronique scandaleuse von Husum (S. 156)
H: MG, S. 22–27 als Nr. 39 1835 eingetragen. E: LL 1, S. 147–151. Hier nach H.
Da in Storms Handschrift die Namen Sophie, Bärbchen und Balster gestrichen sind, handelt es sich wahrscheinlich nicht um fiktive Personen, sondern um Ereignisse, die zu Storms Schulzeit Gesprächsstoff in Husum lieferten.
scandaleuse] H: in lateinischen Buchstaben; franz. faire scandale = Krach machen, Staub aufwirbeln.
Gar mancher kannte ihren Scherz] H: nach gestrichenem „Wohl"
Wiesenrohr] Der im Grimm'schen Wörterbuch nicht belegte Ausdruck könnte von Storm als Synonym für die Sumpfpflanze (arundo phragmites) gebraucht worden sein. Eine Menge nebeneinander wachsender Rohrpflanzen heißen das Röhricht.
Doch in den Brautstand brachte sie] H: statt gestrichenem „ein"
Ellenreuter] Reiter auf der Elle; abschätzige Bezeichnung eines Schneiders oder Stoffhändlers.

Hymen] griechischer Gott der Hochzeit, Sohn des Dionysos und der Aphrodite oder des Apollon und einer Muse, als schöner Jüngling mit Fackel und Kranz dargestellt.
machten ihr die Cour] franz. cour = Hof; jemandem den Hof machen.
Gott Amor] römischer Gott der Liebe (griechisch: Eros).
Nach seines Liebchens Kammer] Diese Formulierung erinnert ebenso wie die Szene des Bruders, der sich um die Ehre seiner Schwester sorgt, an Goethes Faustdichtung, die Storm entgegen seinen späteren Bekundungen wohl doch schon während der Husumer Schulzeit kennengelernt hat. (vergl. den Kommenatr zu „An Liseli").
vom Leder ziehen] das Schwert aus der Scheide ziehen; hier Genugtuung wegen einer Beleidigung fordern.
Pistolentod] Storm meint die mögliche Folge eines Duells.
Erkiest] bis ins 18. Jahrhundert verwendete Formulierung für „erwählen".
Kandidatus] lat. = „der weiß Gekleidete"; jemand, der sich um ein Amt bewirbt oder Student höheren Semesters, der sich auf sein Examen vorbereitet.

Der Entfernten (S. 160)
H: MG, S. 28 als Nr. 40 mit der Überschrift „An die Entfernte M...." 1835 eingetragen. E: Husumer Königlich privilegirtes Wochenblatt. 21. Jg. 1836, vom 6. November, S. 367 mit dem Kürzel „St...." und mehreren sinnentstellenden Druckfehlern.
Literatur: Eversberg 1992.
Töne der Lust an ihr lauschendes Ohr.] H: lauschendes Ohr!
Strauß;] Nach H, aber mit den Kommata von E; E enthält einen verderbten Reim: Kranz;
Scherzen,] nach H; E enthält einen Druckfehler: Schmerzen,
Scheuchet den nagenden Kummer hinaus.] H: Bannet den trübenden Kummer hinaus.
Himmlischer Höhen mir Freude und Lust] H: Himmlischer Höhen ihr Freude u<nd> Lust,
Leuchtet mir] H: „Leuchtet" über gestrichenem „Strahltet"; E mit dem Druckfehler „ihr".
der trauernden Brust.] H: d<er> liebender Brust.

Wo lebt ein Weib, das nicht mit Buhlerkusse (S. 161)
H: MG, S. 28 als Nr. 41 1835 eingetragen. E: LL 1, S. 152. Hier nach H.
Buhlerkusse] Kuss von einem unehrenhaften Weib
Drum, Freunde] H: „Freunde“ nach gestrichenem „auf“.
was euch die Stunde beut] alte Form von „bieten“
Schlangenhirn] Wortschöpfung Storms; das ungetreue Weib wird als „Schlange“ bezeichnet, weil die Schlange, das Symbol des Gegenspielers Gottes im Alten Testament, Eva dazu angestiftet hat, Adam zum Verzehr des verbotenen Apfels zu verführen.

An die Nacht (S. 161)
H: MG, S. 29 als Nr. 42 1835 eingetragen. E: LL 1, S. 152. Hier nach H.
Storm hat dieses und eine Reihe weiterer Gedichte im Jahre 1839 daraufhin durchgesehen, welche seiner frühen Texte für eine mögliche Veröffentlichung taugen und mit der Notiz „vidi 39“ versehen. Über seine Bemühungen, bis 1840 Gedichte in Zeitschriften unterzubekommen, vergl. Müller 1992.
Tröstend in ein Freudenreich.] H: in Klammern folgende Alternative: In dein helles Wunderland
Friede weht und Lunas Fackel] ursprünglich lautete die Zeile in H: Friede weht in deinen Stunden. In Ramlers Mythologie konnte Storm folgende Informationen über die griechische Bilderwelt der Nacht lesen: „Oft wird die Nacht durch die Göttin des Mondes, die Luna oder Diana, angedeutet, welche einen gehörnten Mond auf dem Haupte trägt und auf einem zweyspännigen Wagen fährt.“ (Ramler 1791, S. 24) „Diana […] ist am Himmel die Göttin des Mondes, und auf der Erde eine Göttin der Jacht (sic!).“ (S. 148). Sie hat „sich auch eine Fackel bey den Blitzen Jupiters angezündet […] (welches Einige auf den Schein des Mondes deuten)“ (Ramler 1790, S. 150).
Hymens Kerzenglühn] Die Darstellung dieser Personen erfolgt genau nach den Beschreibungen, die Ramler in seiner Mythologie gibt. „Hymen [Hymenäus,] der Gott der Ehen, wird wie ein Jüngling abgebildet, der allezeit in der einen Hand eine Fackel trägt.“ (Ramler 1790, S. 356).

In dieses Bild der Erquickung passt die Rolle der Diana als Helferin der Gebärenden nicht, so dass Storm Hymen, den Gott der Ehe, einführt und ein Hochzeitsfest unter dem Licht von Lunas Fackel beschreibt.
Was die Erde nie geboren,] H: in Klammern folgende Alternative: der Erde angehörte
dein bunter Sohn, o Nacht] „Der Schlaf wird von den Mythologen ein Sohn der Nacht genannt." (Ramler 1791, S. 25). „Die Träume werden unter dem Bilde des Morpheûs, des Gottes der Träume, vorgestellt." (Ramler 1791, S. 26) „Auch pflegt man ihn, eben so wohl wie seinen Vater, den Gott des Schlafes, mit Mohn zu krönen." (Ramler 1791, S. 26)

Der Fuchs und die Traube (S. 162)
H: MG, S. 29 f. als Nr. 43 1835 eingetragen. E: LL 1, S. 153. Hier nach H.
Der Fuchs und die Traube] Storm paraphrasiert hier die bekannte Fabel des Äsop, die ihm aus dem Lateinunterricht in der Fassung des Phädrus bekannt war. Auch diese Anregung verdankt Storm dem Konrektor Kuhlmann, der in Tertia (Schuljahr 1829/30) folgende Texte im Lateinunterricht las: „Phädrus Aesopische Fabeln." (Schulprogramm 1830, S. 27). In der Husumer Schulbibliothek hat sich ein Exemplar folgender Ausgabe erhalten, von dem aber nicht nachgewiesen werden kann, dass Storm es benutzt hat: „Phaedri, Augusti Caesaris liberti, Fabularum Aesopiarum libri quinque;[...] In lucem editi a Johanne Laurentio. Amstelodami 1667". Die Fabel wurde aber auch in Übungsbüchern wie Wencks „Lateinische Sprachlehre" abgedruckt (Helfried Bernhard Wenck: Lateinische Sprachlehre. Frankfurt am Main, 2. Aufl. 1774, im Anhang als Beispiel im Abschnitt „Fabeln und Erzählungen", S. 252). Der folgende Abdruck folgt dieser Schülerausgabe (Exemplar in der Husumer Schulbibliothek); Übersetzung von G.E.

De Vulpe et Uva
Fame coacta vulpes alta in vinea
Uvam appetebat, summis saliens viribus,
Quam tangere ut non potuit, discedens ait:
Nondum matura est; nolo acerbam sumere.

Qui, facere quae non possunt, verbis elevant,
Adscribere hoc debebunt exemplum sibi.

Der Fuchs und die Traube
Der Hunger trieb den Fuchs hoch in den Weinstock,
eine Traube zu erreichen, indem er aus allen Kräften hochsprang.
Er konnte sie aber nicht bekommen und sprach im Fortgehen:
„Sie ist noch nicht reif; ich will keine saure haben."
Wer das, was er nicht kann, in Worten aufhebt,
Ist verpflichtet, dieses Beispiel auf sich zu beziehen.

Dreisilbige Charade (S. 162)
H: MG, S. 30 als Nr. 44 1835 eingetragen. E: Eversberg 1995b, S. 45. Hier nach H.
Lösung: Halseisen.
Charade] franz. *charade* von altfranz. charaie = Scharade, Zauberspruch; Silbenrätsel, bei dem das zu erratene Wort in mehrere, für sich selbständige sinnvolle Silben zerlegt wird, deren Sinn wie auch der des Ganzen durch Umschreibung angedeutet wird.

Elegie (S. 162)
H: MG, S. 30 f. als Nr. 45 im Herbst 1835 eingetragen. E: LL 1, S. 153. Hier nach H.
Dieses Gedicht ist der letzte der in Husum entstandenen Texte; es ist stark vom Griechischunterricht beeinflusst und verarbeitet einen Text aus: „Hesiodi ascraei quae exstant [...]". Leipzig 1778. Der Band enthält die „Theogonia" in griechischer Sprache und eine Übersetzung ins Lateinische „Deorum generatio" mit lateinischem Kommentar. (Exemplar in der Husumer Schulbibliothek) Eine deutsche Nachdichtung von Johann Heinrich Voss erschien 1806. Vergl. dazu die Ausführungen S. 48 ff. im Abschnitt „Frühe Gedichte" im Kapitel „Theodor Storms Schulzeit".
Im zweiten Teil von Ramlers „kurzgefaßte(r) Mythologie" konnte Storm eine ausführliche Darstellung über die Göttin Diana lesen (S. 148–162), die auf eigenen Wunsch aus Abneigung vor dem Gebären

Jungfrau blieb und als eine Göttin der Wöchnerinnen angerufen wurde: „Unter dem Nahmen Hékate wird Diana mit der Prosérpina verwechselt, und für eine Göttin der Hölle gehalten, und die dreyförmige oder die dreyfache Göttinn genannt, weil sie in der Hölle, am Himmel, und auf Erden regiert." (Zweyter Theil, S. 160). Zu diesem Satz, in dem er das Wort „dreyförmige" unterstrich, notierte Storm am Rande: „Hor. Carm. Lib III Od. 22." Diese Notiz belegt, dass Storm sich während seiner Lektüre an das Horaz-Gedicht „An Diana" erinnert hat, das im Kontext der Römeroden ebenfalls im Unterricht gelesen wurde.

Ad Dianam
Montium custos nemorumque, Virgo,
Quae laborantes utero puellas
Ter vocata audis, adimisque leto,
Diva triformis:

Inminens villae tua pinus esto,
Quam per exactos ego laetus annos
Verris obliquum meditantis ictum
Sanguine donem.

An Diana
Hüterin der Berge und Wälder, Jungfrau, die du hörst, wenn Mädchen in den Wehen dreimal dich rufen, und sie vorm Tod bewahrst, dreigestaltige Göttin, dein sei die Pinie, die über meinem Landgut ragt, ich will ihr dankbar jedes Jahr von einem Eber, der einen seitlichen Stoß tun will, Blut opfern.
(Q. Horatii Flacci Opera Omnia recensuit et illustravit Friedericus Guil. Doering. Editi tertia, Tomus Primus. Lipsiae 1824, S. 291 f. Liber III, Carmen 22; Übersetzung von G. E.)

Dieser zweistrophige Weihespruch könnte für eine Inschrift auf einer Tafel gedacht sein, die man am Baum befestigt. Anders als in seiner Nachdichtung des dritten Carmen von Horaz hat Storm sich in diesem Fall ganz vom Vorbild gelöst und das Gedicht nur als Anregung und Stoffsammlung benutzt. Storm verarbeitet weitere Motive, die er aus Ramlers Mythologie und einem Anhang: „Allegorische Personen zum Gebrauche der bildenden Künstler. Als ein Anhang zu K.W. Ramlers kurzgefassten Mythologie". Berlin 1791. (Exemplar in Storms Bibliothek im StA Husum) übernommen hat. Dieses Gedicht verdankt also seine Entstehung nicht nur schulischer, sondern auch privater Lektüre, da die im altsprachlichen Unterricht erworbenen Kenntnisse durch private Studien ergänzt wurden. Bei Ramler konnte Storm folgende Informationen über die griechische Bilderwelt der Nacht lesen:

„Oft wird die Nacht durch die Göttin des Mondes, die Luna oder Diana, angedeutet, welche einen gehörnten Mond auf dem Haupte trägt und auf einem zweyspännigen Wagen fährt." (Anhang, S. 24)

„Diana [...] ist am Himmel die Göttin des Mondes, und auf der Erde eine Göttin der Jacht (sic!)." (S. 148). Sie hat „sich auch eine Fackel bey den Blitzen Jupiters angezündet [...] (welches Einige auf den Schein des Mondes deuten)" (Zweyter Theil, S. 150).

„Der Schlaf wird von den Mythologen ein Sohn der Nacht genannt." (Anhang, S. 25)

„Die Träume werden unter dem Bilde des Morpheûs, des Gottes der Träume, vorgestellt." (Anhang, S. 26)

„Auch pflegt man ihn, eben so wohl wie seinen Vater, den Gott des Schlafes, mit Mohn zu krönen." (Anhang, S. 26)

„Hymen [Hymenäus,] der Gott der Ehen, wird wie ein Jüngling abgebildet, der allezeit in der einen Hand eine Fackel trägt." (Zweyter Theil, S. 356).

Elegie] griech. elegos = Klagelied; klassisches Gedicht aus Distichen (Hexametern und Pentametern); bereits im 16. und 17. Jahrhundert wurde versucht, die Form der griechischen Verse im Deutschen in gereimter Form nachzuahmen; in der Mitte des 18. Jahrhunderts verfassten Gottsched und Klopstock reimlose Nachbildungen. Um 1800 entstand dann die klassische deutsche Elegiendichtung von Goethe, Schiller und Hölderlin, die auch vom jungen Storm gelesen wurde.
Kalliope, liebliche Muse] Den Inhalt für das Gedicht fand Storm in Ramlers Mythologie. Dort wird im Stichwort „Musen" (Ramler 1790, S. 192 f.) „Töchter Jupiters und der Gedächtnisgöttin Mnemósyne" ausgeführt: „Kalliópe, die Muse der heroischen Gedichte, die vornehmste unter ihren Schwestern. Ihr Kennzeichen ist die Tuba oder Trompete, die man mit einem Lorbeerzweig zu umwinden pflegt." (S. 194)
In die Arme Apollos] Obwohl die Musen „beständig Jungfrauen geblieben" (Ramler 1790, S. 198) sind, so soll ihr Vorsteher, Apollo, „mit der Muse Kalliópe den Orpheûs erzeugt" (S. 185) haben. Aus diesem Material formt der junge Poet eine Dichterklage, die deutlich in der Tradition der Klassik verwurzelt ist.

Beim Scheiden des Jahrs 1835 (S. 163)
H: MG, S. 31 f. als Nr. 46 zum Jahreswechsel 1835/36 eingetragen. E: LL 1, S. 153 f. Hier nach H.
Ampel] Lampe, Leuchte.

Pfühl] im eigentlichen Sinne, ein größeres mit Federn gefülltes Ruhekissen, besonders als Bettunterkissen, auch das Bett, das Lager (DWb).

Was dort an krummen Krücken (S. 163)
H: MG, S. 32 als Nr. 47 mit dem Hinweis „14. Apr<i>l. 36" eingetragen. E: LL 1, S. 154. Hier nach H.
Schleicht mit dem krummen Leib,] H: nach gestrichenem „Mit krummen Waden"
Ist einst ein Mensch gewesen] H: „einst" über der Zeile nachgetragen

Des Knaben Grab (S. 164)
H: MG, S. 32–34 als Nr. 48 im Frühjahr 1836 eingetragen. E: LL 1, S. 154 f. Hier nach H.
Zu diesem Gedicht wurde Storm von seiner Heine-Lektüre angeregt; das Motiv des Knaben im Kahn könnte er aus dem Zyklus „Die Heimkehr" entnommen haben; dort folgt der berühmten Nr. 2 „Ich weiß nicht, was soll es bedeuten" das Gedicht „Mein Herz, mein Herz ist traurig" mit der Zeile „Ein Knabe fährt im Kahne"; die Nr. 7 ist „Wir saßen am Fischerhause"; vergl. die Ausführungen über Heinrich Heine im Kapitel „Theodor Storms Schulzeit".
Er löst den Kahn, die Wogen] Ursprünglich lautet die von Storm eingeklammerte Strophe in H:

Er löst d<en> Kahn, er theilet
Mit Ruderschlag d<en> Fluch,
Da kommt der Sturm geeilet
U<nd> bricht des Knaben Muth.

Die letzte Zeile über gestrichenem: „U<nd> s<eine> Kraft läßt nach"
Doch laut und lauter schallet] H: „Doch" über gestrichenem „Und"
Die Fluten dumpf hinab,] H: am Zeilenende gestrichenes „wo"

Holsatia (S. 165)
H: MG, S. 34 f. als Nr. 49 im Frühjahr 1836 eingetragen. E: LL 1, S. 155 f. Hier nach H.
Wie „Des Knaben Grab" wurde auch dieses Gedicht von Heines Lyrik angeregt.

Holsatia] Die Kieler studentische Verbindung Holsatia wurde 1833 als Slesvico-Holsatia neu gegründet, aber meist noch mit ihrem alten Namen genannt; sie führte seitdem offiziell die Farben Rot-Weiß-Blau. Daß Storm diese noch während seiner Schulzeit bedichtet, erklärt sich vermutlich daher, daß sie schon im Zeichen der beginnenden nationalen Auseinandersetzungen mit Dänemark (in deren Zusammenhang wohl auch die Neugründung der Verbindung gehört) als schleswig-holsteinische „Landesfarben“ verstanden wurden. Seit 1844 wurden sie dann in der Anordnung Blau-Weiß-Rot zum Zeichen der schleswig-holsteinischen Unabhängigkeitsbestrebungen. (Lohmeier 1987b).
Dirne] Jungfrau, Mädchen. Der ursprüngliche Gegensatz war Knecht in der Bedeutung von Jüngling (DWb).
Mit lilienfarbnem Band.] H: „lilien“ über gestrichenem „rosen“
Und Blau des Himmels zierte] H: nach „des Himmels“ gestrichen: „d. Freude“
Als zweite Farb' sein Band.] H: „zweite“ über gestrichenem „dritte“
Und reckte baß die Glieder] H: am Zeilenende gestrichenes „u“
baß] altertümlicher Ausdruck für eher, leichter, mehr

Nachtgemälde (S. 166)
H: MG, S. 35 f. als Nr. 50 mit der Notiz „13 August 36.“ eingetragen. E: LL 1, S. 156 f. Hier nach H.
Stimmung und Motive könnten ebenfalls von Storms Heine-Lektüre angeregt worden sein; möglicherweise von „Das Liedchen von der Reue“ aus den „Romanzen“, das unmittelbar auf „Die Grenadiere“ folgt, das Storm in seiner Skizze „Ferdinand Röse“ erwähnt. Dort reimt Heine:

> Herr Ulrich reitet weiter im Wald,
> Die Blätter rauschen schaurig.
> Da sieht er von fern eine zweite Gestalt,
> Die ist so bleich, so traurig.

Die drängen sich wirr an des Herzens Grund] H: „wirr“ über der Zeile nachgetragen
Und siehe, da strömte der Morgen herein,] H: „da“ aus „die“

In Emmas Stammbuch (S. 166)

H: MG, S. 36 f. als Nr. 51 mit der Notiz „28 Sept. 35.“ eingetragen. E: LL 1, S. 157. Hier nach H.

Am 11. Juni 1844 schrieb Storm an seine Braut Constanze Esmarch (Br. Constanze, 11. 6. –12. 6. 1844):

Dieses Mädchen besaß neben einer guten Bildung einem geistreichen Wesen und einer natürliche<n> fast unwiderstehliche<n> Liebenswürdigkeit eine übermäßige Koquetterie. Dabei war sie schön und von gutem Herzen. Wir nannten uns Du; trotz dem ging die Galanterie herüber hinüber; gleicherweise die Eifersucht; Verdruß, Thränen fehlten bei ihrem Character natürlich zwischen uns nicht; war ich schon als Junge in sie verliebt gewesen, so wurde es jetzt alle Tage toller – mein Tagebuch, was ich damals geführt liegt vor mir: morgens am dritten Octob. [1837] versprach ich mich förmlich mit ihr – schon denselben Nachmittag fühlte ich heftige Reue über diesen Schritt und beschloß alles wieder aufzuheben; der Grund, den ich jetzt klar sehe, war allein der, ich war zu jung; ein Mann wenn er leben soll, kann so früh überhaupt noch nicht lieben. Das Gefühl selbst war gewiß ein richtiges gesundes; in dem, was mich zu ihr geführt, lag der Irrthum. Ich wagte nicht, das Verhältniß ohne Weitres zu zerreißen, weil ich Eclat fürchtete; die Sache selbst blieb geheim. Als ich nach Kiel sie nach Föhr reiste, schrieb ich ihr nicht; sie hatte mich vor der Abreise auch nicht darum gebeten, sie merkte wohl, wie die Sache stand. Sie wurde sehr krank; danach erhielt ich unterm 28 Febr. in Kiel den ersten einzigen Brief von ihr, worin sie, wie sie schrieb und wie es wahr ist, mit dem Rechte einer Schwergekränkten ihr Wort zurücknahm.

Vergl. den Kommentar zu „An Emma“.

Die Zeit verharscht] H: diese und die nächste Zeile unter dem Gedicht nachgetragen.

Trauerzähre] Zähre ist eine veraltete Nebenform von Träne; das Kompositum stammt aus der Barockzeit.

fleuch] fleuchen ist eine alte Form von flüchten.

Ich dacht an Liebchens Bette (S. 167)

H: MG, S. 37 f. als Nr. 52 im Frühjahr 1836 eingetragen, mit der späteren Notiz „vidi 39“. E: LL 1, S. 157 f. Hier nach H.

Ich sang so zart, so trüb,] H zunächst: Ich sang ein schönes Lied;

Doch gleich stand unser Hoffen,] H: Die letzte Strophe ist eingeklammert.

Der Räuberhauptmann (S. 167)
H1: MG, S. 38 als Nr. 53 ohne Überschrift mit der Notiz „20 Juni 1836" eingetragen, mit der späteren Notiz „vidi 39"; H2: Doppelblatt im Nachlass Bertha von Buchan (StA) gemeinsam mit „Möwe und Herz", „Es glänzt im dunkeln Laube" und „Noch einmal, liebe Sonne" („Der Kranke") eingetragen; Storm gibt als Absender an: „Adr. Herrn Giffhorn, Balauerfohr in Lübeck." Das Doppelblatt muss also in den ersten Monaten 1837 noch in Lübeck geschrieben worden sein. E: Meyer 1930, S. 14. Hier nach H2.
Räuber den schäumenden Fluß] H1: Hauptmann den schäumenden Fluß,
grasigten] mit Gras bewachsen, grasähnlich. Mit dem Adjektivsuffix -icht gebildete, vom 16. bis 18. Jhd. häufig bezeugte Nebenform zu gleichbedeutendem grasig. (DWb)
eiligst] H1: schleunigst
Und Sie stehen] H1: „und" gestrichen
Und harren ängstlich] H1: zweiter Versteil in Gedankenstrichen
Da ruft er plötzlich –] H1: Kommata statt Gedankenstriche
„Gesellen,] nach H1

Der Kranke (S. 168)
H1: MG, S. 38 als Nr. 54 mit der Notiz „20 Juni 1836" eingetragen, mit der späteren Notiz „vidi 39"; H2: ohne Überschrift auf einem Doppelblatt im Nachlass Bertha von Buchan (StA) gemeinsam mit „Der Räuberhauptmann", „Möwe und Herz" und „Es glänzt im dunkeln Laube" eingetragen; vergl. den Kommentar zu „Der Räuberhauptmann". E: Meyer 1930, S. 15. Hier mit der Überschrift von H1 nach H2.

Die Flöhe und die Läuse (S. 168)
H: MG, S. 39 als Nr. 55 in der zweiten Hälfte 1836 eingetragen. E: Bäte 1921, S. 60 f. Hier nach H.

Du liebe Sonne, wie strahlst du so mild (S. 168)
H: MG, S. 39 als Nr. 56 in der zweiten Hälfte 1836 eingetragen. E: LL 1, S. 159. Hier nach H.

In der Brust des Liedes Klänge (S. 169)
H: MG, S. 39 f. als Nr. 57 mit dem Hinweis „29 Apr<i>l 1836." eingetragen. E: LL 1, S. 159 f. Hier nach H.

Ich ging zu meiner Rebe (S. 169)
H: MG, S. 40–42 als Nr. 58 mit dem Hinweis „13. April nach Ostern 1836." eingetragen. E: LL 1, S. 160 f. Hier nach H.
So mußt ich mirs entschlagen,] los, frei geben, mit Genitiv der Sache; sich eines entschlagen, entäußern, überheben, es meiden (DWb).
Quit] frei, bar, los, ledig, befreit, entledigt (verlustig), ausgeglichen (DWb).

Wichtelmännchen (S. 171)
H: MG, S. 42 als Nr. 59 mit dem Hinweis „April 1836." eingetragen, mit der späteren Notiz „vidi 39". E: LdF, S. 70. Hier nach E.
Wichtelmännchen] H: mit der Überschrift „Das alte Schloß" und darüber in Klammern die neue Überschrift. Zwergensagen werden an vielen Orten erzählt. Im Herzogtum Schleswig heißen sie die „Unnererschen" oder – als Einzelerscheinung – Niß Puk. Dieses Gedicht belegt, dass Storm sich bereits als Schüler für Sagen seiner Heimat interessiert hat. Später hat er solche Texte gesammelt und mit den Studienfreunden in Kiel eine umfangreiche Sammlung angelegt, die von Karl Müllenhoff 1845 veröffentlicht wurde. Vergl. Theodor Storm: Anekdoten, Märchen, Sagen, Sprichwörter und Reime aus Schleswig-Holstein. Hrsg. von Gerd Eversberg. Heide 2005.

Die Möwe und mein Herz (S. 171)
H1: MG, S. 42 als Nr. 60 im Frühjahr 1836 eingetragen, mit der späteren Notiz „vidi 39"; H2: Mit der Überschrift „Möve u. Herz" auf einem Doppelblatt im Nachlass Bertha von Buchan (StA) gemeinsam mit „Der Räuberhauptmann", „Es glänzt im dunkeln Laube" und „Noch einmal, liebe Sonne" („Der Kranke") eingetragen; vergl. den Kommentar zu „Der Räuberhauptmann". E: Album der Boudoirs. Publication der Zeitschrift: Europa 1839, S. 70, mit der Unterschrift „Kiel." Hier nach E.

gen Norden] H1 und H2: in beiden Zeilen „nach Westen"
Fliegen beide aus] H1: fliegend eilend aus; H2: fliegen eilend aus
Ruhig Herz, du bist zur Stelle;] H1 und H2 mit abweichender Zeichensetzung.
Flog'st gar rasch die weite Bahn –] H1 und H2: Flogst gar rasch die weite Bahn.

Teufels error in calculo (S. 172)
H: MG, S. 43 f. als Nr. 61 mit dem Hinweis „16 Apr<i>l 1836." eingetragen. E: LL 1, S. 162 f. Hier nach H.
Dieses Gedicht könnte wie „Armer junger Professor" und „Walpurgisnacht" durch Storms Faust-Lektüre in Lübeck angeregt worden sein. Vergl. den Kommentar zu „Walpurgisnacht".
error in calculo] (lat.) Rechenfehler
auf zwölf Prozente] H: auf 12 Prozente
blanke Spiessen] In der Studentensprache „Sechspfennigstücke" und allgemein „Geld" (Lohmeier 1987b).
scharfer Manichäer] Von studentischen Hörern der Kirchengeschichte unter witziger Anlehnung an das deutsche Mahnen auf einen hartherzigen Schuldforderer und Wucherer übertragen (DWb)
Hieber] In der Studentensprache Hiebwaffe, Schläger (DWb)
Leg ich mir zwei rote Backen] Der Teufel verkleidet sich als Frau; hier als Bild der Verführung zur Unzucht.
Holt die Seele eines Juden] antisemitischer Gemeinplatz wie in den Sprichwörtern „Den Polen hintergeht der Deutsche, den Deutschen der Welsche, den Welschen der Spanier, den Spanier der Jude, den Juden aber blos – der Teufel." oder „Juden und Krämersleut' sind des Teufels seine Freud'." (Wander)
zum Studiosen] zum Studenten, aus lat. studiosus
verkeilt] in der Studentensprache: verkauft (DWb)

Es glänzt' im dunkeln Laube (S. 173)
H1: MG, S. 44 f. als Nr. 62 im Frühjahr 1836 eingetragen, mit der späteren Notiz „vidi 39" und „conf. Pag 81"; dort auf S. 81 ein Nachtrag vom Herbst 1837; H2: Doppelblatt im Nachlass Bertha von Buchan

(StA) gemeinsam mit „Der Räuberhauptmann“, „Die Möwe und mein Herz“ und „Noch einmal, liebe Sonne“ („Der Kranke“) eingetragen; vergl. den Kommentar zu „Der Räuberhauptmann“. E: Meyer 1930, S. 15 f. Hier Strophen 1 bis 5 nach H2; die letzte Strophe nach H1 (Nachtrag).

Sie gingen ernst und schweigend] H1: nach gestrichenem „Sie“: Und gingen ernst und schweigend

„Stoßt an! dem toten Zecher] H1 und H2: „Sie hatten ihrem Freunde/ Das letzte Glas gebracht,/ Und standen stumm und weinten –/ Und stille war die Nacht.“ In H1 auf S. 81 folgender Nachtrag, im Herbst 1837 eingetragen: „Variante 62. letzte Strophe/ „Stoßt an! dem toten Zecher/ Das letzte Glas gebracht!“/ (Sie) Und klangen an und tranken –/ Und stille war die Nacht“

Heimat (S. 174)

H: MG, S. 45 f. als Nr. 63 unter der Überschrift „In die Heimath.“ mit dem Hinweis „12 Apr<i>l 1836.“ eingetragen. E: Neue Pariser Modeblätter, 12 (1838), Nr. 21, Sp. 327 f. mit der Unterschrift „H. W. Storm.“ Hier nach E.

Ist wohl schön in dieser Fremde] H: am Rande statt „in dieser“: „d. weite“; in der Handschrift hat Storm die ersten zwölf Zeilen gestrichen und über die beiden letzten Strophen erneut die Überschrift „In die Heimath“ gesetzt.

Wo so frei die Stürme hausen,] H: Wo d<ie> Wogen hoch erbrausen,

Hab' an Freud' nicht Lust,] H: Hab nicht Freud, nicht Lust,

In mein Vaterland?] H: mein Heimathland?

Schwing' den Fittig, freie Möwe,] H: Schwing den Fittich, weisse Möwe,

Sag ihr, Sonne sei hier wärmer,] H: Sag ihr, daß d<ie> Sonne wärmer,

Doch die Herzen kalt! –] H: Daß d<ie> Herzen kalt.

Körner (S. 174)

H: MG, S. 46 f. als Nr. 64 in der zweiten Hälfte 1836 eingetragen. E: LL 1, S. 164 f. Hier nach H.

Körner] Theodor Körner (23. 9. 1791 – 26. 8. 1813), Lyriker und Theaterdichter; 1813 Eintritt in Lützows Freischar, April 1813 Leutnant und Adjutant Lützows, fiel am 26. 8. 1813 bei Rosenberg an der Straße von Gadebusch und Schwerin. Dichter patriotischer Zeit- und Kriegslieder aus dem unmittelbaren Erlebnis der Befreiungskriege.
Knab'] früher hieß Knabe auch der Jüngling, der junge Mann, dem noch geltenden Mädchen gleich Jungfrau entsprechend. (DWb)
Wie wogt's in tapfrer Brust.] H: über „in tapfrer Brust" als Alternative in Klammern nachgetragen: „ihm in der".
Von Schwerterklang und Liebe] „Begreift die treue Richtung meines Strebens,/ So in dem Liede wie im Schwerterklang!" Körner: „Abschied von Wien. 1813". In: „Leyer und Schwerdt". Berlin 1814, S. 31.
Die Lieder leben fort.] Durch seinen frühen „Heldentod" verklärt zum Gemeingut nationalistischer und patriotischer Kreise des 19. Jhds.

Des Alten Traum (S. 175)
H1: MG, S. 47 f. als Nr. 65 in der zweiten Hälfte 1836 eingetragen; H2: G 1836. E: Böhme 1936, Bd. 1, S. 5 f. Hier nach H2.
Hoch über uns] H1: Und über uns

Mein schönes Wunderland (S. 176)
H1: MG, S. 48 f. als Nr. 66 ohne Überschrift in der zweiten Hälfte 1836 eingetragen; H2: G 1836. E: Böhme 1936, Bd. 1, S. 6 f. Hier nach H2.
Märchenbilder] H1: Märchen-Bilder
Waldesnacht,] H1: aus „Waldesluft"
In tausendfarbger Pracht.] H1: In bunter Zauberpracht.

Ständchen (S. 177)
H1: MG, S. 49 f. als Nr. 67 in der zweiten Hälfte 1836 eingetragen; H2: G 1836 als Nr. 1 „Es zog ein Sänger durch Städte und Land" von zwei Gedichten. E: LL 1, S. 167. Hier nach H2.
Da kamen die Bursche und Mägdlein] H1: Mädchen
Bursche] Das Wort war zunächst Kollektivbegriff für eine Gemeinschaft und wurde dann als Plural für Studenten oder wandernde Handwerkergesellen verwendet. (DWb)

Den Burschen kredenzte er funkelnden Wein,] H1: Den Burschen kredenzt' er d<en> funkelnden Wein,
sein Lied so fein:] H1: s<ein> Liedchen so fein;
So eilte ich jubelnd durch Städte und Land;] H1: Durcheilte ich jubelnd viel Städte Land,
Doch seit dein Auge ans Herz mir gedrungen,] H 1: aus „Doch seit mir dein Auge" korrigiert
Die fröhlichen Bursche, sie freuen mich nicht,] H1: Die fröhlichen Bursche erfreuen mich nicht,

Ständchen (S. 177)
H1: MG, S. 50 als Nr. 68 in der zweiten Hälfte 1836 eingetragen; H2: G 1836 als Nr. 2 „Hörst du die Zither klingen" von zwei Gedichten. E: Böhme 1936, Bd. 1, S. 7. Hier nach H2.
Schlumm're mein Liebchen, schlummre] H1: Liebchen mein Liebchen schlummre

Lustig blühts in meinem Garten (S. 178)
H: MG, S. 50 f. als Nr. 69 in der zweiten Hälfte 1836 eingetragen. E: LL 1, S. 168. Hier nach H.

Träumerei (S. 178)
H1: MG, S. 51–53 als Nr. 70 in der zweiten Hälfte 1836 eingetragen, mit der späteren Notiz „vidi 39"; H2: G 1836. E: Böhme 1936, Bd. 1, S. 7–9. Hier nach H2.
Das Gedicht weist eine Reihe gemeinsamer Motive mit der wohl zur gleichen Zeit entstandenen Erzählung „Celeste" auf.
Auf weichem Moose] H1: Auf dunklem Moose
Mein herzig] H1: über gestrichenem „herzig": „schönes"
Die ewig alt,] H1: „alt" nach gestrichenem „jung"
Sonnen] H1: in dieser und in der folgende Zeile „Sterne" über gestrichene „Sonnen"
Und weiter geht's mit Scherz und Kuß und Tränen,] H1: „in" über gestrichenem „mit"

Mit süßer Lust und nie gestilltem Sehnen.] H1: „stiller“ über gestrichenem „süßer“
Da teilt ein Eiland die besonnten Küsten,] H1: Da plötzlich theilt sich das besonnte Ufer,
Geschmückte Tempel, reichbekränzte Hütten,] H1: Geschmückte Wimpel, reichbekränzte Küsten,
Mein Lieb verblühet,] H1: Mein Lieb verwelket,
Lautenklang] H1: Vogelsang
Freu' dich, mein Herz,] H1: Freu dich, mein Herz!

In Röses Stammbuch (S. 180)
H1: MG, S. 54 als Nr. 71 mit Auslassungszeichen über der ersten Zeile, die das Gedicht als Fragment ausweisen, in der zweiten Hälfte 1836 eingetragen; H2: G 1836 mit der Überschrift „In R.s Stammbuch (Ferdinand Röse)“. E: Gertrud Storm, Bd. 1, S. 114. Hier nach H2.
Storms Schulfreund Ferdinand Röse verließ das Lübecker Katharineum zu Michaelis und begann im Wintersemester 1836/37 sein Studium in Berlin. Stammbücher, in die sich Freunde und Bekannte mit einem Denkspruch eintrugen, waren damals bei Studenten in Mode.
flohen] H1: schwanden
Welt und Herz] H1: Flur u<nd> Wald
erfreut] H2: aus „gefreut“

Im Golde, im Herzen (S. 180)
H1: MG, S. 55 als Nr. 72 mit der Überschrift „Mein Ring u<nd> mein Herz.“, einer Variante auf S. 63 und der späteren Notiz „vidi 39“ in der zweiten Hälfte 1836 eingetragen; H2: G 1836 mit der Überschrift „Ring und Herz“. E: Album der Boudoirs. Publication der Zeitschrift: Europa 1839, S. 69 f. Hier nach E.
Ein Mädchen liebt' ich so holde,] H1: gestrichen „Ich lie“
Ein Ringlein hatt' ich] H1: Zunächst „Einen Ring den hatt' ich“, dann wie E; H2: „Einen Ring den hatt' ich“
ein.] H1 und H2: „hinein. –“; in H2 kein „Und“ am Zeilenanfang, in H1 nachträglich ergänzt
schnell] H1: „schnell“ über gestrichenem „bald“; H2: „schnell“

roten] H1 und H2: „leuchtenden“
das Ringlein] H1: „das“ über gestrichenem „mein“; H2: „mein“; in H2 Doppelpunkt am Zeilenende
Denn ringsum, wie ich ihn besah,] statt dieser und der nächsten Zeile in H1 zunächst „Er war so voll rings in die Rund,/ Kein Tittelchen mehr drauf stehen kunnt'.“ Von Storm eingeklammert und unten die beiden neuen Zeilen nachgetragen. H2: wie ursprünglich H1. Also folgt E H1 und Storm hat die Korrekturen 1839 aus Anlass der Veröffentlichung vorgenommen.
beginnen!] H1 und H2: beginnen?
Schwer muß't ich denken und sinnen.] H1: „Kein Nam ging darauf noch darinnen! –“ sowie eine „Variante zu N. 72. v 14.“ auf S. 65: „Schwer mußt ich denken u<nd> sinnen,/ Und schrieb d<en> Namen der Liebsten mein“
Da schrieb ich] H2: Und schrieb
In's] H1 und H2: „Ins“

Der Bau der Marienkirche zu Lübeck (S. 181)
H1: MG, S. 56–59 mit der Überschrift „Der Bau der Kirche zu St Marien in Lübeck.“ und dem Hinweis „4 Nov. 1836.“; H2: G 1836 mit veränderter Überschrift. E: 1845 hat Storm eine veränderte Fassung für das „Volksbuch 1846“ hergestellt und die Ballade dort auf S. 111–113 mit der Datierung „Lübeck 1837“ veröffentlicht. Die Fassung des Erstdrucks ist abgedruckt in LL1, S. 171–173. Hier nach H2, da die Umarbeitung weit nach Storms Schulzeit datiert.
Die Sage hat Storm in einem Buch von Heinrich Asmus gefunden. Es handelt sich um eine Sammlung, die 1841 unter dem Titel: „Lübecks Volkssagen und Legenden. Nach Chroniken und Tradition bearbeitet“, ebenfalls in Lübeck in 2. Auflage erschien, in der Asmus die Sagen zu novellistischen Texten ausgebaut hat. Der Text lautet in der ersten Auflage:

> **Die Erbauung der Marienkirche. (Legende.)**
> „Gesellen frisch! Mit raschen Händen
> Laßt uns das hohe Werk vollenden.
> Ein stattlich Gebäu soll hier entstehn,
> Wie's noch kein Menschenkind gesehn;
> Hoch und räumig und reich geziert

Mit Allem, wie sich's ziemt und gebührt!"
Und als der Meister die Worte geendet,
Hat jegliche Hand sich zur Arbeit gewendet. –
Aber der Teufel stand in der Näh'
Und sprach bei sich: „Wenn ich recht versteh,
So wird ein Weinhaus hier angelegt,
Und solches ist mir eben recht.
Und daß die Mauern sich schneller heben
Will ich, ungesehn, selber mit Hand anlegen."
Und wundersam der Bau gedeiht
Durch Teufelskunst und Reustigkeit;
Die Gesellen sehen einander an,
Und wundern sich, daß sie so viel gethan.
Immer schneller nun steigt die Mauer hoch,
Doch blieb für jegliches Fenster ein Loch;
Spricht der Teufel: „Die Fenster werden schier
So groß, wie eine Hausthür.
Sind die Menschen trunken? Was fällt ihnen ein?
Doch still! 's wird im neuen Style sein."
Und am andern Tag, nach wenig Stunden,
Sieht er das Dach zur Kuppel sich runden.
Da ruft er ergrimmt: „Ich hab' mich geirrt!
Draus nun und nimmer ein Weinhaus wird.
Nun ist mir Schweiß und Arbeit verlor'n,
Und muß mich schämen, das macht mir Zorn.
Doch sollt Ihr meiner Mühe Früchte nicht haben,
Denn ich will Euch sammt dem Machwerk begraben."
Und fleugt davon in großer Eil',
Kehrt wieder schneller denn ein Pfeil,
Bringt einen Fels in den Fäusten getragen.
Damit will er den Bau zerschlagen;
Und als er noch hoch ist in der Luft,
Er zu den Bauleuten niederruft:
„Nun will ich Eure Mühe Euch lohnen,
Und sollt mir den Teufel hinfort nicht verhohnen!"
Da standen fast All' wie getroffen vom Schlag –
Als ein junges Bürschlein kecklich sprach:
„Herr Düvel, will he dat blieben la'n,
Dieweil wir enen annern Utweg ha'n;
's wär beter, he verglich sich met uns in Güte,
Als daß he sick erst mit dem Wurf bemühte!"
„Wohlan!" – ruft der Teufel – „Ihr Lumpenpack!
Ich will mit Euch eingehn einen Vertrag.
Baut mir daneben ein Weinhaus an,
So wird der Kirche kein Leid gethan.
Nur schnell! Und besinnt Euch nicht hin und her,

Dauert's lange, so wird mir der Stein zu schwer." –
Sie gelobten zu thun nach seinem Begehr.
„Und daß Ihr" – sprach der Teufel – „fein an mich denkt,
Sei der Fels Euch zum Gedächtnis geschenkt!"
Stürzt ihn hinab mit gewaltigem Schlag
Hart neben der Kirch! – Noch manchen Tag
Sah man die Höhlungen, so die Hand
Des bösen Feindes eingebrannt. –
Drauf ward der Keller unter dem Rathhaus erbaut,
Wie man ihn noch heut zu Tage erschaut."

Heinrich Asmus: Leitfaden zur Lübeckischen Geschichte. Nebst einer Sammlung Legenden, Volkssagen, Mährchen und kurzer Beschreibungen einiger Merkwürdigkeiten der freien Hansestadt Lübeck. Lübeck 1834, S. 100–102. Als Quelle gibt Asmus an: „S. Unterhaltungs-Blatt, 1818, Nr. 3." Storm hat die Ereignisse, die in seiner Vorlage erzählt werden, in allen Einzelheiten genau übernommen, aber in eine deutlich bessere Form gebracht; seine Fassung der Sage fügt sich auch sprachlich in die Tradition der damaligen Balladendichtung gut ein. Sein Versuch, diese Ballade mit anderen Gedichten in dem von Adelbert von Chamisso herausgegebenen „Deutschen Musenalmanach" zu veröffentlichen, scheiterte (Brief Storms vom 23.1.1837; vgl. S. 206).

Zu Lübeck, der mächtigen heiligen Hanse] H1: „Zu Lübeck , der (mächtigen Hanse,) (heiligen Städte)"; H2: „lies: mächtigen." unten nachgetragen; Lübeck stand im 14. Jahrhundert an der Spitze des Hanse-Bundes, einem mächtigen Städtebund.

Da ward eine Kirch' erbaut] Die 1163–70 gegründete Marienkirche, der jetzige Bau stammt aus den Jahren 1276–1310, gilt als eine der schönsten frühgotischen Kirchen Deutschlands.

Zu Ehren der heiligen Jungfrau] H1: Der heiligen Jungfrau Mariä,

Und als man den Bau begonnen,] H1: Und als nun der Bau begonnen,

Daß in so] H1: „Wie" neben gestrichenem „Daß"

Und als sich] H1: „Doch" über gestrichenem „Und"

durchschaut,] H1: „erschaut," nach gestrichenem „d"

Fels] H1: „Fels"; H2: unten nachgetragen „lies: Fels;" ursprünglich „Stein" in H2

männiglich] von Jeglichem, von Jedermann
Ein Weinhaus nebenan] Unter dem der Kirche benachbarten Rathaus befindet sich der schon im 13. Jhd. angelegte Ratsweinkeller.
laßt] H1: „so laßt"
die Arme] H1: den Arm
Nicht schier umsonst getan. –] H1: hier der Hinweis: „Siehe p. 81." Im Herbst 1837 auf S. 81 nachgetragen „Einzuschieben in 73. D<er> weise Rath von Lübeck/ (Die hohe) Klerisei," gestrichen: „sie fanden" weiter: „(Mitsammt der)/ Sie fanden, daß des Rathens/ Die Stunde jetzt nicht sei."
daran] H1: „sein"
Gemauert, bis die Kirche] H1: „Gewerkt," über gestrichenem „baut" und „bis zu St. Mariä"
Der Jungfrau fertig war.] H1: die Kirch vollendet war.
Und drauf dem Teufel zu Willen] H1: Drauf hat man dem Teufel zu Willen
heut zu Tage] H1: heuzutage
bis die Kirche] H1: Kirch'
Und hat mich die Kirche erbauet,] Strophe in H1 mit der abweichenden letzten Zeile „Sammt seinem Götterwein!" unten auf S. 59 nachgetragen.

An meine Künftige (S. 183)
H1: MG, S. 59 als Nr. 74 November/Dezember 1836 eingetragen; H2: G 1836. E: Bäte 1923. Hier nach H2.
gut.] H1: gut!
Lankasters Methode] H1: „Lankasters Lehre" mit der Fußnote in H2: „Bekanntlich der wechselseitige Unterricht." Joseph Lancaster, Begründer des nach ihm benannten Unterrichtssystems, geb. 25. Nov. 1778 in London, gest. 24. Okt. 1838 in New York, eröffnete 1798 in einer der ärmsten Vorstädte Londons eine Elementarschule nach der Methode des gegenseitigen Unterrichts. (Meyer 1905–09)

Auf den sich reckenden Pl – (S. 184)
H1: MG, S. 60 als Nr. 75 November/Dezember 1836 eingetragen; H2: G 1836. E: LL 1, S. 174. Hier nach H2.
Auf den sich reckenden Pl –] Das Epigramm zielt vermutlich auf einen von Storms Lübecker Mitschülern in der Prima: Otto oder Hugo von Plessen (1816–1897; 1818–1904) oder Heinrich Gustav Plitt (1817–1879).
Impromptu] franz. von lat. in promptu = in Bereitschaft, etwas ohne Vorbereitung, aus dem Stegreif Gemachtes, besonders ein Gedicht, eine Rede u. dgl. (Meyer 1905–09); in H1: „Impromtu".
du reckest dich nimmer] H1: du reckst dich doch nimmer

Der Sänger beim Mahle (S. 184)
H1: MG, S. 60 f. als Nr. 76 mit der Überschrift „Der alte Sänger b<eim> Mahle" November/Dezember 1836 eingetragen; H2: G 1836. E: Böhme 1936, S. 14 f. Hier nach H2.
Storm hatte Goethes Gedichte und vielleicht auch die Faust-Dichtung bereits in Husum kennen gelernt; in Lübeck erschloss sich ihm die zeitgenössische Literatur darüber hinaus durch Heines „Buch der Lieder" und Eichendorffs Novelle „Dichter und ihre Gesellen". Wie intensiv die Beschäftigung mit Goethes Gedichten nun war, zeigt Storms Gedicht „Der Sänger beim Mahle". Ganz deutlich klingt die Grundsituation von Goethes Ballade „Der Sänger" an, die Storm in folgender Ausgabe gelesen hatte: Goethe's Werke. Vollständige Ausgabe letzter Hand. Erster Band, Stuttgart und Tübingen 1827, S. 164 f. Storm hat aber nur die Erzählsituation der Ballade und ihre Atmosphäre übernommen; den Inhalt gestaltet er anders als sein Vorbild. Um aber die deutlichen Parallelen zu beseitigen, hat er wohl bei der Zusammenstellung des Weihnachtsgeschenks für seine Eltern im Dezember 1836 die vier letzten Zeilen der ersten Strophe gestrichen und sie durch neue Verse ersetzt. Außerdem änderte er die Stropheneinteilung, da seine erste Fassung mit vier siebenzeiligen Strophen auch formal Goethes Ballade ähnelt. Die folgende Parallelanordnung zeigt Storms Bemühen, sich von seinem Vorbild Goethe sprachlich abzusetzen:

Goethe: Der Sänger
„Was hör' ich draußen vor dem Thor,
Was auf der Brücke schallen?
Laß den Gesang vor unserm Ohr
Im Saale widerhallen!"
Der König sprach's, der Page lief;
Der Knabe kam, der König rief:
„Laßt mir herein den Alten!"

Der alte Sänger b<eim> Mahle
Es schwelgt der Sohn im Ahnensaal
Bei blitzendem Kerzenschein.
„Wer lärmt da draußen an d<em> Thor
Geh' Bursch, wer mag es sein! –"
Der Bursche eilt, der Sänger tritt
Ein hoher Greis, herein. –
„Auf Harfner, [...]

Storm, erste Fassung

Der Sänger beim Mahle
Es schwelgt der Sohn im Ahnensaal
Bei lautem Becherklang:
„Zum alten Hafner schick ich aus;
„Was bleibt er mir so lang!"
Der Ritter leert den Goldpokal,
Der Sänger tritt herein. –
„Auf Harfner, stimme uns ein Lied
Zu Becherklang u<nd> Wein!"

Storm, zweite Fassung

Bei lautem Becherklang:] H1: „Bei blitzendem Kerzenschein." „blitzendem" über gestrichenem „hellem" korrigiert
„Zum alten Harfner schickt ich aus;] H1: Wer lärmt da draußen an d<em> Thor
„Was bleibt er mir so lang!"] H1: „Geh' Bursch, wer mag es sein! –" ; zu diesen beiden Zeilen hat Storm „Varianten zu N. 76 v. 3." auf S. 65 eingetragen: „Zum alten Sänger schickt ich aus,/ Was bleibt er nur so lang."
Der Ritter leert den Goldpokal,] H1: Der Bursche eilt, der Sänger tritt
Der Sänger tritt herein. –] H1: Ein hoher Greis, herein. –
Der Harfner rührt das Saitenspiel,] H1: „den" aus „das" korrigert und „goldnen Klang" über gestrichenem „Saitenspiel"
Der Sänger singt aus grauer Zeit] In H1 lautet die Stophe: „Der Sänger singt aus grauer Zeit/"; „grauer" über gestrichenem „alter"; „Der Ahnen tapfern Stahl,/ Er singt d<er> Väter schweren Kampf,/ Der Söhne prunkend Mahl." Storm hat auf Seite 66 als Variante nachgetragen: „u<nd> 5te Stophe./ Der Sänger singt <au>s grauer Zeit/ D<er> Väter Sieg u<nd> Tod,/ Und klagt b<ei> leisem Harfenton/ Des Vaterlandes Noth."

Lose Mädchen (S. 185)
H1: MG, S. 61 f. als Nr. 77 ohne Überschrift November/Dezember 1836 eingetragen; H2: G 1836. E: Böhme 1936, S. 13. Hier nach H2.
Winter] H1: Sommer
Mädchen] H1: Liebchen

Neuer Frühling (S. 185)
H1: MG, S. 62 als Nr. 78 November/Dezember 1836 eingetragen; H2: G 1836. E: Böhme 1936, S. 14. Hier nach H2.

Sonett] eine strophisch gegliederte, vierzehnzeilige Gedichtform, die in der ersten Hälfte des 13. Jahrhunderts am Hof Friedrichs II. in Sizilien entstand. In seiner Grundform besteht das Sonett aus zwei Quartetten (Oktave bzw. Oktett) und zwei darauf folgenden Terzetten (Sextett). Im 18. Jahrhundert spielte es zunächst kaum noch eine Rolle; Johann Wilhelm Ludwig Gleim und Gottfried August Bürger bereiteten den neuen, am italienischen Beispiel orientierten Aufschwung der Form in der Romantik vor. Zu den Höhepunkten der Sonettdichtung im 19. Jahrhundert gehören August von Platens „Sonette aus Venedig" (1825). Storm hatte Sonette dieser drei Autoren bereits als Schüler in Husum kennen gelernt.
mit hellem Klange,] H1: mit lautem Klange,
empfangen] H2: über gestrichenem „begrüßen"; H1: begrüßen
mußt du dich erheben!] H1: wirst du dich erheben. In H2 über dieser Zeile hat Storm eine alternative Zeile nachgetragen: „Laß ruhn die Todten in den stillen Grüften"
Aus starrer Trauer] In H2 alternativ unter der Zeile nachgetragen: „Von einer"
Was willst du noch] H2: „noch" nach gestrichenem „länger"
prangen.] H2: „prangen" über gestrichenem „sprießen"
erblühen.] H1: blühen.
Der ganzen Flur] H1: Der jungen Flur
winden!] H1: winden.

Liebe (S. 186)
H1: MG, S. 63 als Nr. 79 November/Dezember 1836 eingetragen; H2: G 1836. E: Böhme 1936, S. 12. Hier nach H2.
Goldene Töne in stiller Nacht;] H1: Liebliche Perlen in Meeresnacht;

Armer junger Professor (S. 186)
H: MG, S. 63f. als Nr. 80 November/Dezember 1836 eingetragen. E: Bäte 1923. Hier nach H.
Storms prägende Lehrer am Lübecker Katharineum waren Rektor Friedrich Jacob und der junge Pädagoge Johannes Classen. Rochus Freiherr von Liliencron charakterisiert Classen als „Ein Mann von rast-

loser, sprudelnder Lebendigkeit, von feinster Geistesbildung, großer Herzensgüte“ (Liliencron 1902, S. 87). Das Rollengedicht scheint von der Schülerszene in Goethes Faust angeregt worden zu sein; mit dem „Professor“, wie die Lehrer der höheren Lehranstalten angeredet wurden, hat der „Schüler“ Theodor Storm seinen Lehrer portraitiert und durch die explizite Distanzierung in der letzten Strophe auch karikiert.
Schüler] H: gestrichen: „Professor.“

Geistesgruß (S. 187)
H1: MG, S. 64 f. als Nr. 81 November/Dezember 1836 mit der Überschrift „Nach einer Skizze v<on> Schmidt.“ und der späteren Notiz „vidi 39“ eingetragen; H2: G 1836 als erstes Gedicht mit der Überschrift „Zur Schmidt'schen Titelskizze.“, davor eine Zeichnung einer jungen Frau (vergl. Abb. 19, S. 188); H3: Einzelblatt aus dem Besitz von Storms Berliner Studienfreund Theodor Wagner mit der Überschrift „Vision“(später von Albert Köster; heute im StN). E: Neue Pariser Modeblätter 12.1838, Nr. 22, Sp. 341 mit dem Titel „Geistesgruß“ und der Unterschrift „H. W. Storm.“ nach H2. Hier nach E.
Storms Hinweis in seiner Sammelhandschrift „Meine Gedichte“ verweist auf Georg Philipp Schmidt (1766–1849), einen aus Lübeck stammenden Arzt und Bankkaufmann, der unter dem Namen „Schmidt von Lübeck“ Gedichte in der Tradition des Göttinger Hainbundes veröffentlicht hat (Lieder von Schmidt von Lübeck. Altona 1820; 2. vermehrte Auflage 1821). In dem 1827 in Altona erschienenen Band „Historische Studien von Schmidt von Lübeck“ ist unter dem Titel „Petrarca und Laura“ (S. 61–100) eine skizzenhafte Darstellung dieser berühmten Liebesbeziehung enthalten, in der Schmidt in Briefen an eine fiktive Leserin Episoden aus dem Leben des italienischen Renaissancedichters Francesco Petrarca (1304–1374) schildert, der in seiner Lyrik eine wohl nur erdichtete Beziehung zu einer Frau namens Laura besingt. Im Mittelpunkt von Schmidts Skizze steht das Sehnen der beiden Liebenden, deren Erfüllung ihnen aber versagt bleibt, nach Schmidt aufgrund der Sprödigkeit Lauras. Storm wählt die Perspektive der sehnenden Frau, die er in seiner Zeichnung in einem bieder-

meierlichen Ambiente darstellt; der nach außen gewandte Blick in die Ferne erweist sich im Kontext des Gedichts als Sehnsucht nach dem Liebsten. Das Bild illustriert eine Gedichthandschrift, die er Weihnachten 1836 seinen Eltern schenkte, und in der dieses Gedicht an erster Stelle steht. Dies erklärt auch die dortige Überschrift „Zur Schmidt'schen *Titel*skizze."

Es funkeln die Sterne durch's Blau der Nacht;] H1: Die Sterne schimmern in duftiger Nacht; H2 und H3: Die Sterne funkeln durchs Blau der Nacht,

Die Menschen schlummern, mein Lieb nur wacht!] H1 und H3: Die Eltern schlummern, m<ein> Lieb nur wacht.

auf das Meer] H1: in d<as> Meer,; H3: „übers" nach gestrichenem „auf das"

Leis flüstert] H3: Leis wehet

schwellende Träne] H1: quellende Thräne

Was schaust Du so trüb' in die freundlichen Sterne?] H1: in d<en> freundlichen Stern?

Der Mann, den Du liebst, er wacht in der Ferne,] H1, H2 und H3: Der Mann, den du liebest in weiter Fern; H2: kein Komma hinter „Mann", Komma hinter „Fern"

Und starret, wie Du, über's wogende Meer,] H1: Der blickt wie du über Land u<nd> Meer, H3: Der schauet, wie du, über Land und Meer,

von Tränen so schwer] H1, H2 und H3: von Thränen schwer. – H2: kein Gedankenstrich am Ende der Zeile

Goldne Lebensregel (S. 187)

H1: MG, S. 65 als Nr. 82 November/Dezember 1836 eingetragen; H2: G 1836. E: LL 1, S. 178. Hier nach H2.

Sich aufzuhenken ist schmählicher Tod;] H1: Sich zu erhenken ist schmählicher Tod!

Vergiftet, erschießt Euch; Es hat all' keine Not. –] H1: „Erschießt Euch; Ersauft Euch, hat all k<eine> Noth." Den beiden ersten Zeilen folgen in H1 zwei weitere, die Storm in H2 weggelassen hat: „Und stoßt Ihr Euch Messer u<nd> Dolch in d<ie> Brust,/ So reist Eure Seele mit Extrapost."

In die Heimat, in die Heimat (S. 189)
H1: MG, auf der Rückseite des Vorsatzblattes um 1836 eingetragen; H2: G 1836 als Motto vorangestellt. E: Bäte 1921, S. 56 mit dem Gedicht „Nach des Baumes goldnen Früchten“ als zweite Strophe. Hier nach H2.
Dieses und die beiden folgenden Gedichte sind in H1 deutlich voneinander durch Schnörkel abgetrennt, stellen aber dennoch eine Einheit dar (vgl. den Kommentar zu „Leichte Blüten!“).
An des Westmeers weitem Strande] Die Bezeichnung ist von Storm vermutlich als eine poetische gemeint und angelehnt an die Bezeichnung „Westsee“ für die Nordsee, die im Niederdeutschen länger lebendig geblieben ist als im Hochdeutschen. (Lohmeier 1987b)
Festcamöne] Camenae sind weissagende Quellennymphen, die von den römischen Dichtern mit den Musen (als Inspirationsquellen der Dichtung) gleichgesetzt wurden. Das Wort „Festcamöne“ dürfte Storm selbst im Hinblick auf das bevorstehende Weihnachtsfest, zu dem er seinen Eltern die Handschrift G 1836 schenken wollte, gebildet haben. (Lohmeier 1987b)

Nach des Baumes goldnen Früchten (S. 189)
H: MG, auf der Rückseite des Vorsatzblattes um 1836 eingetragen. E: Bäte 1921, S. 56 als 2. Strophe von „In die Heimat, in die Heimat“. Hier nach H.

Leichte Blüten! Wer mich liebt (S. 189)
H: MG, auf der Rückseite des Vorsatzblattes um 1836 eingetragen. E: Bäte 1921, S. 56. Hier nach H.
Die zwei Zeilen sind wie ein Ritornell geformt, es fehlt allerdings die Überschrift, der Name einer Blume. 1843 haben Theodor Storm und sein Studienfreund Theodor Mommsen eine ganze Reihe solcher italienischer Dreizeiler gedichtet und im „Liederbuch dreier Freunde“ (Kiel 1843) veröffentlicht. Hier sind die beiden vorherigen Gedichte die Objekte, auf die Storms abschließender Zweizeiler Bezug nimmt; daher bilden die drei Texte eine Sinneinheit und man kann sie auch als *ein* Gedicht lesen.

Liebesweh (S. 189)
H: MG, S. 66–68 mit dem Hinweis „Weihnachtsmorgen." (I) und „2t Jan. 1837." (IV). E: LL 1, S. 179 f. Hier nach H.
Das Weihnachtsfest 1836 verlebte Storm bei Verwandten in Altona, wo Friederike Henriette Alsen, eine Cousine seiner Mutter, mit dem Kaufmann Jonas Heinrich Scherff verheiratet war. Dort begegnete er einem kleinen Mädchen, der zehnjährigen Bertha von Buchan, die mit ihrer Pflegemutter Therese Rowohl in Hamburg wohnte und ebenfalls zum Weihnachtsfest eingeladen war. Noch am Weihnachtsmorgen begann Storm damit, Gedichte zu schreiben, zu denen ihn das Kind angeregt hatte. Storm verliebte sich in Bertha und schrieb für sie zum Weihnachtsfest 1837 das Märchen „Hans Bär". (Vergl. Eversberg 1995a)
jach] Nebenform von „jäh": schnell, stürmisch (DWb)
Himmelslicht] H: nach gestrichenem „blauer Strahl"
mir die Ruh.] H: aus „mich in Ruh." und der in Klammer nachgetragenen Alternative: „zerstörte meine Ruh."
Wenn du die Nacht verscheuchest,] H zunächst: „Wenn, Sonne, du die Nacht vertreibst,"; „Sonne" und „treibst" gestrichen
Schau's Liebchen nimmermehr.] H zunächst: „Mein Lieb kehrt nimmermehr"; „Schau's über gestrichenem „Mein" und „chen" unter gestrichenem „kehrt"

Logogryph (S. 191)
H: MG, S. 68 f. als Nr. 84 mit dem Hinweis „31 Dec 36." eingetragen. E: LL 1, S. 180 f. Hier nach H.
Lösung: Norden – Orden
Logogryph] Logogriph, griech. *logos* = Wort; *griphos* = Netz, Rätsel; Buchstabenrätsel, bei dem durch Versetzung, Auslassung oder Hinzufügung einzelner Buchstaben eines Wortes ein neues entsteht, die beide zu erraten sind. Storm schreibt auch „Logogryphe".
für B.] Adressatin ist Bertha von Buchan (1826–1903).
In meinen Regionen sprießet] Dieter Lohmeier hat auf die Parallele zu Mignons Lied aus Goethes Roman „Wilhelm Meisters Lehrjahre" hingewiesen (Lohmeier 1987b); die erste Strophe der Ballade lautet:

Kennst du das Land, wo die Citronen blühn,
Im dunkeln Laub die Gold-Orangen glühn,
Ein sanfter Wind vom blauen Himmel weht,
Die Myrte still und hoch der Lorbeer steht,
Kennst du es wohl?
    Dahin! Dahin
Möcht' ich mit dir, o mein Geliebter, ziehn.

Goethe's Werke. Vollständige Ausgabe letzter Hand, Erster Band, Stuttgart und Tübingen 1827, S. 163.

Goldfrucht] Orange

Nicht unter ewig milden Sternen] H: „Sternen" nach gestrichenen „Sonnen" und „Himmel"

der Barden Sang] Barden hießen die keltischen Berufssänger des Mittelalters, Skalden die germanischen; Bardendichtung wurde eine literarisch-patriotische Modeerscheinung um 1760/70 im Anschluss an die Ossian-Dichtung genannt, die durch das deutschtümelnde Nationalgefühl bestärkt wurde, das durch den Siebenjährigen Krieg hervorgerufen war. Bei der Rückwendung zur germanischen oder altdeutschen Vergangenheit wurde zwischen Kelten und Germanen nicht unterschieden. (Meid)

Storm hat bereits 1830 in Husum die von Bürger unter dem Titel „Proben einer Übersetzung von Ossians Gedichten" (Gottfried August Bürger's vermischte Schriften. Dritter Theil. Göttingen 1829, S. 3–58) gelesen, wie sein Namenseintrag in dem Exemplar der Husumer Schulbibliothek belegt.

Das Kind im Bette (S. 191)

H1: MG, S. 69 als Nr. 85 mit dem Hinweis „5 Jan. 37." und der späteren Notiz „vidi 39" eingetragen; H2: mit der Überschrift „Des Kindes Gebet" auf einem Blatt mit „Des Kindes Träne" aus dem Nachlass von Bertha von Buchan (StA) um 1840; H3: mit der Überschrift „Des Kindes Gebet" in G 1840; eine weitere Handschrift aus dem Besitz von Albert Köster ist heute verschollen (Köster Bd. 8, S. 184). E: Volksbuch 1846 im Kalendarium zum Monat Januar. Hier nach E.

Kindlein] H1und H2: Kindchen: H3: Kindlein

Des Kindes Träne (S. 191)
H: auf einem Blatt mit „Des Kindes Gebet“ aus dem Nachlass von Bertha von Buchan (StA) um 1840. E: LL 1, S. 181. Hier nach H.
Das nicht datierte Gedicht wurde von Storm zusammen mit dem am 5. Januar 1837 notierten Text „Das Kind im Bette“ möglicherweise erst nach seiner Revision der Gedichte in MG im Jahre 1839 geschrieben, es passt aber von seinen Motiven her zu Storms Liebesliedern aus der Schulzeit und wurde deshalb hier mit aufgenommen. Dieter Lohmeier hat darauf hingewiesen, dass Storm vielleicht unbewusst das Motiv der gebrochenen Rose in gleicher Bedeutung verwendet, wie er es in Goethes Gedicht „Heidenröslein“ gefunden hat, nämlich als erotisches Bild (vergl. Lohmeier 1987b, S. 921).

Heidenröslein
Sah ein Knab' ein Röslein stehn,
Röslein auf der Heiden,
War so jung und morgenschön,
Lief er schnell, es nah zu sehn,
Sah's mit vielen Freuden.
Röslein, Röslein, Röslein roth,
Röslein auf der Heiden.

Knabe sprach: ich breche dich,
Röslein auf der Heiden!
Röslein sprach: ich steche dich,
Daß du ewig denkst an mich,
Und ich will's nicht leiden.
Röslein, Röslein, Röslein roth,
Röslein auf der Heiden.

Und der wilde Knabe brach
's Röslein auf der Heiden;
Röslein wehrte sich und stach,
Half ihm doch kein Weh und Ach,
Mußt' es eben leiden.
Röslein, Röslein, Röslein roth,
Röslein auf der Heiden.

Goethe's Werke. Vollständige Ausgabe letzter Hand, Erster Band, Stuttgart und Tübingen 1827, S. 16.

Es blühet an Stromes Rande (S. 192)
H: MG, S. 69 f. als Nr. 86 mit dem Hinweis „19 März 1837." eingetragen. E: LL 1, S. 181 f. Hier nach H.
Des Ufers duftigen Bord. – –] H: links am Rande: „die Blume"; Storm deutet damit die alternative Zeile „Die Blume am duftigen Bord." an.

Lockenköpfchen (S. 192)
H1: MG, S. 70–72 als Nr. 87 mit dem Hinweis „1 u<nd> 7 Jan 37.", der späteren Notiz „vidi 39" nach der zweiten Strophe und einem Nachtrag auf S. 81; H 2: Einzelblatt aus dem Besitz von Storms Berliner Studienfreund Theodor Wagner (später von Albert Köster; heute im StN); H3: Gedichte 1840. E: Neue Pariser Modeblätter 12.1838, Nr. 26, Sp. 409–411 mit der Unterschrift „H. W. Storm." Ein Abdruck nach H2 in: Westermanns Monatshefte 121.1916/17, S. 39 f.; ein Abdruck nach H3 in: LL 1, S. 182 f. Hier nach E.
Den Text von H1 im Zusammenhang mit einer Interpretation der Ballade vgl. S. 119 f.
Storm lernte die damals zehnjährige Bertha von Buchan zum Weihnachtsfest 1836 bei der Familie Scherff in Altona kennen. Unmittelbar nach diesem Erlebnis hat er die erste Fassung in seine Sammelhandschrift „Meine Gedichte" eingetragen. Im Sommer 1837 hat er dort einen Nachtrag notiert. Das Gedicht gehört mit „Dahin!", „Walpurgis-Nacht" und „Geistesgruß" zu den vier Gedichten, die er Ende 1838 in der von Amalie Schoppe in Hamburg herausgegebenen Zeitschrift „Neue Pariser Modeblätter" zum Druck brachte. Es handelt sich dabei um die erste Gedichtveröffentlichung nach den Drucken im „Husumer Wochenblatt" in den Jahren 1834–36. Für diesen Abdruck hat Storm den Text noch einmal bearbeitet und um eine weitere Strophe ergänzt.
Komm zu mir und setz' Dich nieder,] H1 (Nachtrag auf S. 81): „St. Hörst ja gern die alten Lieder./ l: Alte Märchen, alte Lieder/ vorher: St. Komm zu mir u<nd> setz dich nieder/ l: Setz auf meinen Schooß dich nieder"; H2 und H3: „Setz auf meinen Schooß dich nieder!"
Und die Kleine, freundlich lächelnd,] H1 (Nachtrag auf S. 81): „2[t] Strophe:/ Freundlich lächelnd spricht die Kleine:/ Wart' ich will d<ie> Zither bringen;/ Denn da klingts noch mal so lustig!"/ Und ich fange an zu singen." H2 und H3: „Freundlich lächelnd spricht die Kleine:"

Setzt zur Seite mir sich leise,] H1: Setzt auf meinen Schooß sich leise,
Und ich nehm die goldne Zither,] H2 und H3: Wart ich will die Zither bringen; H2 danach: Denn da klingt's noch mal so lustig!"; H3: Lehnt an meine Brust das Köpfchen;
Spiel' und sing' die alte Weise:] H2 und H3: Und ich fange an zu singen:
Hinab, hinauf,] H1, H2 und H3: Hinab, hinauf!
Hat leis' die Nixe gesungen;] H1, H2 und H3: Leiß hat die Nixe gesungen. –
Und mit ihren Lilienarmen] H1, H2 und H3: „Und mit ihren zarten Armen"; in H1, H2 und H3 vor dieser Strophe noch (mit leicht variierender Zeichensetzung): „Nun was sagt mein kleines Liebchen?/ Doch du schweigst ja ganz erschrocken./ Graut dich so vor alten Mährchen,/ Daß dir Zung und Pulse stocken? –
Hält sie fester mich umschlungen:] H2: Hält sie ängstlich
Und Du singst die bleichen Lieder,] In H2 und H3 drei abweichende Zeilen: Und du singst die hellen Lieder/ Hüte dich! Die böse Nixe/ Zieht dich in die Fluthen wieder!
Und sie streckt nach Dir die Arme,] H1: Auch sie streckt nach dir die Arme; in H2 und H3 eine abweichende Strophe: Bleib, o bleib „Was willst du unten/ In dem kalten dunklen Meere –"/ Und mit thränenfeuchten Blicken (H2) Augen (H3)/ Starrt sie in des Zimmers Leere.
Drück an's Herz sie leise, leise,] H2: Nehm die Zither heimlich leise
Hält mich eben fest umschlungen,] H1, H2 und H3: Und sie hält mich fest umschlungen,
Augenbläue ist die Tiefe,] H1, H2 und H3: Und dem armen, bleichen Knaben
Darin ich ihr nachgesprungen.] H1, H2 und H3: Ist das Herze fast zersprungen."
Busenwelle ist die Welle,] Die letzten vier Zeilen fehlen in H1, H2 und H3.

Dahin! (S. 194)
H: MG, S. 72 f. als Nr. 88 mit der später hinzugefügten Überschrift „Morgensonne." Anfang 1837 eingetragen. E: Neue Pariser Modeblätter 12.1838, Nr. 36, Sp. 493. Hier nach E.

Heller Sonnenschein,] H: rechts in Klammern als Alternativen: „Morgensonnenschein," und „Morgens der Sonnenschein"
Mild die Lieb' herein.] H: hinein.
Schatten brechen herein,] H: Schatten brechen herein! –

An – (S. 194)
H: MG, S. 73 als Nr. 89 Anfang 1837 eingetragen. E: Paul Schütze: Theodor Storm. Berlin 1887 (1. Strophe); Köster Bd. 8, S. 185. Hier nach H. Das Gedicht ist an Bertha von Buchan gerichtet.
Gib mir zum Pfände in Leid und Lust,] H: „Leid" über gestrichenem „Schmerz"

Heimwärts? (S. 195)
H: MG, S. 75 als Nr. 91 mit dem Hinweis „Lübeck. Ost. 37." eingetragen. E: LL 1, S. 184 f. Hier nach H.

Blüten rauschen Lieder klingen (S. 195)
H: MG, S. 73 f. als Nr. 90 mit dem Hinweis „Husum Ost<er>ferien 1837." eingetragen. E: LL 1, S. 185 f. Hier nach H.
Von Gott Amors Bogenschuß] Der griechische Gott der Liebe (Eros, griech. = Liebe, röm. Amor, Cupido), wird als geflügelter Bogenschütze dargestellt, der mit seinen Pfeilen die Liebe zwischen Mann und Frau sowie zwischen Männern erregt.
Linder Hauch strömt durch die Lüfte,] H: „durchströmt" aus „strömt durch"

Walpurgis-Nacht (S. 196)
H1: MG, S. 79 f. als Nr. 92 mit dem Hinweis „19 Juni 1837." und dem späteren Vermerk „vidi 39". H2: Einzelblatt aus dem Besitz von Storms Berliner Studienfreund Theodor Wagner (später von Albert Köster; heute im StN), H3: G 1840. E: Neue Pariser Modeblätter 12.1838, Nr. 20, Sp. 305 f. mit der Unterschrift „H. W. Storm." Hier nach E.
Das Gedicht hat Storm mit dem Vermerk „19 Juni 1837" in seine Sammelhandschrift „Meine Gedichte" eingetragen, also in Kiel als Student. Der Text gehört zu der Gruppe von in Lübeck entstandenen Gedichten, in denen Storm sich mit der Faustdichtung auseinandersetzt, des-

halb wurde es hier aufgenommen. Die Anregung hat Storm 1835 in Lübeck erhalten, wie er in einem Entwurf für „Meine Erinnerungen an Eduard Mörike“ berichtet (nach der Handschrift im StA), LL 4, S. 964:

„Durch die Retzschen Umrisse, welche mein Stubengenosse bei einem Schul-Vogelschießen im Sachsenwalde als Preis davon trug, wurde ich zu Göthes Faust geführt; und mir war, als flögen nun erst die Tore der deutschen Dichtung vor mir auf.“

Das Vogel- und Scheibenschießen gehörte zu den beliebten Vergnügungen in den Sommermonaten; in den Lübeckischen Anzeigen annonzierten die Wirte der Umgebung der Stadt für ihre Veranstaltungen.
Das erstmals 1820 erschienene Mappenwerk enthält die Graphiken des Zeichners, Malers und Radierers Moritz Retzsch (1779–1857), der besonders durch seine einstmals sehr überschätzten Umrissradierungen zu Goethes »Faust« (26 Blätter; Stuttg. 1828, vermehrte Aufl. 1834–36; neue Ausg. 1884), Schillers »Kampf mit dem Drachen«, »Lied von der Glocke« und »Gang nach dem Eisenhammer«, eine »Galerie zu Shakespeares dramatischen Werken« (Leipz. 1827–46) und »Umrisse zu Bürgers Balladen« (1840) bekannt geworden ist. (Meyer 1905-09)
Storm hat sich damals die beiden folgenden Ausgaben zugelegt, wie seine Namenseinträge auf den Titelblättern belegen (Exemplare in Storms Bibliothek, StA): Umrisse zu Goethe's Faust, Erster Theil. Gezeichnet von Moritz Retsch. Von dem Verfasser selbst retouchirt und mit einigen neuen Platten vermehrt. Stuttgart und Tübingen 1834. – Umrisse zu Goethe's Faust. Gezeichnet von Moritz Retzsch. Zweiter Theil, 11 Platten nebst Andeutungen enthaltend. Stuttgart und Augsburg 1836.
Der erste Band enthält als 22. Blatt eine Zeichnung (siehe Abb. 20, S. 197) zu folgendem Text (hier zitiert nach der Ausgabe von 1834, S. 274):

Faust.
Mephisto, siehst du dort
Ein blasses, schönes Kind allein und ferne stehen?
Sie schiebt sich langsam nur vom Ort,
Sie scheint mit geschlossnen Füßen zu gehen.
Ich muß bekennen, daß mir däucht,

Daß sie dem guten Gretchen gleicht. [...]
Fürwahr, es sind die Augen einer Todten,
Die eine liebende Hand nicht schloß.
Das ist die Brust, die Gretchen mir geboten,
Das ist der süße Leib, den ich genoß.

Storms Gedicht ist eine genaue Beschreibung einzelner Bildelemente in Versen. Dabei interpretiert er die Gretchengestalt neu, indem er sie als Teufelsbraut beschreibt, was Goethes Text nicht aussagt.

Walpurgisnacht] Die erste Mainacht (Walpurgis) galt in der Sage als Termin der Hauptfeier der Hexen, die sich zum Blocksberg begaben, um dort zu tanzen. In Goethes Faustdichtung feiern Hexen und Teufel an diesem Ort sexuelle Orgien.

Am Kreuzweg] Kreuzwege, d. h. Wegkreuzungen, werden oft mit Schnittstellen der Straßen der Lebenden und Toten in Verbindung gebracht. In magischen Beschwörungsvorschriften werden solche Wegkreuze wohl deshalb empfohlen, weil sie Geister festbannen, die unschlüssig sind, welchen Weg sie einschlagen könnten. (Biedermann)

Sie klaget den fliehenden Wolken ihr Leid,] H2: Sie klagt den fliegenden

zu Hülfe] H1: zur Hilfe H2: zu Hülfe. –; in E ein Absatz zur nächsten Zeile, der in dieser Strophe die siebenzeilige Einheit zerstört.

Die Lüfte rauschen, die Eiche kracht,] H3: die Fichte kracht; H2: Die Eiche zittert, die Fichte kracht

Es flattern] H1: „flattern“ nach gestrichenem „kra“

ein Fest] H2 und H3: sein Fest

Lockt Geister herbei von den Zweigen.] H1, H2 und H3: Und läd't viel luftige Gäste; H2 u. 3: viel'.

Die stürzen jach] H2 und H3: Die stürzen sich jach

Distel und Drachenzahn] Im christlichen Abendland erinnerte die Stachelpflanze an die Leiden Christi und der Märtyrer, ist also positiv konnotiert. Die christliche Symbolik sieht den Drachen als Verkörperung des Teuflischen oder des Satans Luzifer (Biedermann). Storm verbindet beide Begriffe wohl wegen der Alliteration.

Laut über die Heide] H2 und H3: Und über die Heide

Was zauderst Du, Hexe? spring' mit ein!] H2 und H3: Was zauderst Du, Hexchen! Komm springe mit ein! – in H2 nach „Hexchen“ ein Komma

Dirne] in der ursprünglichen Bedeutung „Mädchen“ im Gegensatz zu „Knabe“; später wird mit dem Wort eine leichtfertige, liederliche, unzüchtige, feile Frau bezeichnet.
Und küßt ihr die glühende Stirne.] H1: Und schwingt sie beim sausenden Reigen.; H2 und H3: Und schwingt sie im sausenden Reigen.
Und als gegen Morgen der Auerhahn schreit,] H2: Und wie im Zwielicht; H3: Und wie die Eule im Zwielicht schreit,
die Jungfer gefreit,] H1: „Jungfer“ über gestrichenem „Dirne“; H2 und H3: die Dirne; „Jungfer“ bezeichnet eine unverheiratete bürgerliche Frau.
verlassen.] H1, H2 und H3: gelassen.

Maskerade (S. 198)
H: MG, S. 82–84 als Nr. 96 mit dem Hinweis „Lübeck“ nach Nr. 6; Nr. 7 nachträglich darunter eingetragen. E: Nr. 3 („An eine weibliche Maske“) Franz Stuckert: Theodor Storm. Sein Leben und seine Welt. Bremen 1955, S. 175; alle übrigen Nummern in LL1, S. 188 f. Hier nach H.
Neben Johann Matthias Peter Ohlhues aus Hattstedt besuchte ein weiterer Husumer Schulkamerad Storms das Lübecker Katharineum, Lorenz Ludwig Setzer (1819–?), Sohn des Husumer Amtsverwalters Anton Wilhelm Ludwig Setzer, der früh verstorbene Bruder von Laura Setzer, der Frau von Storms Freund Hartmuth Brinkmann. Storm hat im Jahre 1870, als er seine „Zerstreuten Kapitel“ zu schreiben begann, zunächst Erinnerungen aus der Schulzeit zusammengestellt und sie unter dem Titel „Der Amtschirurgus – Heimkehr“ veröffentlicht. Über die Lübecker Schulzeit und seine Freundschaft mit Setzer schreibt er: „Wir waren gute Kameraden; hab' ich doch einst, da wir auf dem Lübecker Gymnasium unserer Schulbildung die letzte Politur geben ließen, meine goldene Uhr zum Pfandverleiher getragen, damit du in der Rolle des dottore Bartolo die Maskerade im Schauspielhause besuchen konntest! Mit dem Bambusrohr und der Pillenschachtel stapftest du wacker im Saale umher; und als der spanische Grande dich wegen der Donna Ines konsultierte, die zart und schmächtig an seinem Arme hing, da versichertest du mit großer Innigkeit, daß die Dame nur an den Würmern

leide; was dir seltsamer Weise mehr Entrüstung als Dank von dem Gemahl der hohen Patientin eintrug." (LL 4, S. 173.) Maskeraden waren zur Faschingszeit sehr beliebt; in vielen Gaststätten wurden sie veranstaltet und mehrere Geschäftsleute boten „Masken für Herren, Damen und Kinder" an. Sowohl im März 1836 als auch im Februar 1837 fand eine „Maskerade im Schauspielhause" statt. Für diesen Ball warb Theaterdirektor Schütze in den „Lübeckischen Anzeigen" am 4., 8. und 15. Februar 1837 mit dem Hinweis „Ohne Costüme kann Niemand der Eintritt in den Maskensaal gestattet werden". Maskengarderoben konnte man in entsprechenden Geschäften ausleihen. Lorenz Ludwig Setzer war seit Michaelis 1836 in Storms Klasse; den Besuch der Veranstaltung am 17. Februar 1837 im Lübecker Schauspielhaus nahm Storm zum Anlass, den Gedichtzyklus zu schreiben. Der verliebte alte Doktor Bartholo (die Dottore-Figur aus der Commedia dell'arte) ist eine Gestalt aus dem Lustspiel in vier Akten „Der Barbier von Sevilla oder Die nutzlose Vorsicht" von Pierre-Augustin Caron de Beaumarchais. Bereits ein Jahr vorher, am 10. Februar 1836, wurde die „komische Oper in 2 Acten", Musik von Rossini: „Der Barbier von Sevilla" aufgeführt (Rezension in der „Lübecker Fremden- und Schiffs-Liste" am 25.2.36). Eine Wiederaufnahme fand am 4. Januar 1837 statt. Der Name der Doña Inés stammt aus der spanischen Literatur und wird für Rollen in den viel gespielten Lustspielen des 18. und 19. Jahrhunderts verwendet; sie kommt z.B. in „Der Ritter aus Olmedo" vor, einem Drama in drei Akten von Lope de Vega.
Storm verwendet bei den Nummern 1 bis 4 und 7 die Form des Epigramms, eine in der Antike entstandene literarische Kleinform von Gebrauchstexten wie Inschriften und Grabsteinen, Gefäßen oder Weihegeschenken. Charakteristische Merkmale sind Kürze, Scharfsinnigkeit, Pointierung und Versform. Er war mit dieser Textsorte schon aus dem Unterricht her vertraut; im 18. Jh. wurde das Epigramm zum Vehikel aufklärerischer Kritik. Goethes und Schillers Epigramme (Xenien) provozierten ihrerseits epigrammatische Antworten und wirkten darüber hinaus auf die politische Epigrammatik des Vormärz. Bei den Zweizeilern wird wie beim Distichon je eine Zeile aus einem Hexameter und einem Pentameter zusammengesetzt. Storm fand in der zeitge-

nössischen Literatur Vorbilder, so in den „Gedichte(n)“ von August von Platen, die in der 2. vermehrten Auflage (Stuttgart und Tübingen 1834; es handelt sich um die Ausgabe letzter Hand) in seiner Bibliothek standen. Dort (S. 382) fand Storm unter anderen folgenden Text:

An einen Theaterschriftsteller
Weißt du, wodurch stets sinke die Kunst? Durch Schmieren und Unfleiß;
Aerger als selbst Ohnmacht schadet das Sudelgeschlecht.

Maskerade] Maskenball, allegorische oder mythische Vorstellungen mit Gesang und üppiger dekorativer Ausstattung, die besonders im 16. Jhd. an den Fürstenhöfen zur Ausführung gelangten. Sie bildeten im 17. Jhd. die Vorläufer der Oper und blieben bis ins 19. Jhd. beliebte Unterhaltungsformen des Bürgertums.
1. An die Fischerin
Nicht mehr stelle dein Netz von jetzt an zappelnden Fischen,] H: nach „Nicht mehr stelle“ gestrichenes „von jetzt“
3. An eine weibliche Maske
Zähl ich den Grazien dich, zähl ich den Musen dich bei? –] Grazien, lat. Gratiae, sind römische Göttinnen der Anmut; Musen, griech. Musai, lat. Musae sind in der Antike die Schutzgöttinnen
5. An eine Kokette
Kokette] Eine Kokette ist eine Frau, die darauf bedacht ist, auf Männer zu wirken.
6. Nähere Erklärung an einen Blumenritter
Schwäne waren so lose Schwäne,] Schwan (griech. kyknos, lat. cygnus oder olor), ein in der Antike (trotz seiner Seltenheit im Mittelmeerraum) wichtiges Symboltier, dessen biegsamer Hals und rein weißes Gefieder ihn zum Inbegriff edler Reinheit machten. Deshalb wählte Zeus diese Gestalt, um sich der arglosen Leda zu nähern. (Biedermann)

Brutus bei Sardes (S. 200)
H: MG, S. 85–87 als Nr. 98 mit dem Hinweis „Husum als Primaner.“ nach der vierten und „Lübeck.“ nach der fünften Strophe. E: LL 1, S. 190 f. Hier nach H.

Die beiden Gedichte über Brutus stellen eine thematische Einheit dar. Storm hat sie nach Beginn seines Jura-Studiums im Sommersemester 1837 in seine Sammelhandschrift eingetragen. Nach seinem Abgang vom Lübecker Katharineum verbrachte er die Osterferien in Husum und wurde am 22. April an der Kieler Universität immatrikuliert. Die Anregungen für beide Gedichte stammen aus dem Griechischunterricht an der Husumer Gelehrtenschule sowie am Lübecker Katharineum; vergl. die Ausführungen im Abschnitt „In Lübeck" im Kapitel „Theodor Storms Schulzeit"; zu Storms Quellen dort S. 81 ff. und S. 89.

Brutus] Marcus Junius Brutus, geb. 85 v. Chr., gest. im Herbst 42, schloss sich der Verschwörung an, der Cäsar am 15. März 44 erlag.

Und in Morpheus Armen lag die Welt,] Morpheus, griechischer Gott des Traumes.

Tiefe Stille] H: „Stille" nach gestrichenem „Nacht"

des großen Cäsariden] Storm nimmt ein legendäres Attribut auf, das von dem überlieferten Ausruf des sterbenden Cäsar „Auch du, mein Brutus!" (so bei Shakespeare, „Julius Cäsar") und dem griechischen Wort „Auch du, mein Kind?" (bei Sueton und Cassius Dio) abgeleitet wurde.

Cäsar] C. Iulius Caesar (100–44 v. Chr.), römischer Staatsmann und Feldherr. Der Senat verlieh ihm den Titel Imperator als erblichen Namen und den Titel Pater patriae (Vater des Vaterlandes). Die Diktatur wurde ihm auf Lebenszeit übertragen. An den Iden des März (15. 3.) 44 wurde C. von 60 Senatoren unter Führung von M. Brutus und C. Cassius im Senat ermordet.

Brutus Gespenst (S. 202)

H: MG, S. 85 als Nr. 97 mit dem Hinweis „Kiel erstes Semester" eingetragen. E: LL 1, S. 191. Hier nach H.

Zur Entstehung und über die Gründe für die Aufnahme dieses Gedichts vergl. den Kommentar zu „Brutus bei Sardes". Zu den historischen Hintergründen der von Storm verwendeten Motive vergl. die Ausführungen im Abschnitt „In Lübeck" im Kapitel „Theodor Storms Schulzeit".

III. Briefe

1. Theodor Storm an Elsabe Feddersen, Husum, 1.1.1827 (S. 203)
Eigenhändiger Brief, 3 Seiten auf geprägtem Schmuckpapier (Privatbesitz, Kopie: StA); auf der Außenseite: „Meiner lieben Äl<t>ermutter gewidmet zum neuen Jahre 1827", Text auf der linken Innenseite, rechts Widmung, Gruß und Adresse; E: Eversberg 2005, S. 38. Hier nach der Handschrift.

2. Theodor Storm an Magdalena Woldsen, Husum, 1.1.1828 (S. 203)
Eigenhändiger Brief, 1 Seite auf geprägtem Schmuckpapier (Privatbesitz, Kopie: StA); E: Eversberg 2005, S. 39. Hier nach der Handschrift.

3. Theodor Storm an Magdalena Woldsen, Husum, 28.12.1828 (S. 203)
Eigenhändiger Brief, 2 Seiten auf geprägtem Schmuckpapier (Privatbesitz, Kopie: StA); auf der Außenseite: „Meiner lieben Großmutter gewidmet zum neuen Jahre 1829", Text, Gruß auf der linken Innenseite; E: Eversberg 2005, S. 39. Hier nach der Handschrift.

4. Theodor Storm an Fritz Stuhr, Husum, 9.12.1832 (S. 204)
Eigenhändiger Brief, 2 Seiten (Privatbesitz, Kopie: StA) mit der Adresse auf dem Couvert: „Herrn Fr. Stuhr/ addr. Herrn Pastor Wegemann/ ~~Hamburg~~/ frei/Altona"; als Absender ist angegeben: „Husum 9. Dez. 33(!)/ Th. Storm". E: Karl Ernst Laage: Theodor Storm 1832 – 15 Jahre alt. Erstveröffentlichung des frühesten Storm-Briefes. In: STSG 29 (1980), S. 10. Eine zweite Edition erfolgte in dem Beitrag von Christian Gellinek: Theodor Storms Briefe an Mitglieder der Familie seines Vetters, Senator Friedrich Gustav Stuhr aus Friedrichstadt. In: STSG 40 (1991), S. 55. Hier nach E.
Kollaborator] Dr. Karl Heinrich August Wolff (1802–1851), Kollaborator von 1831–1848, unterrichtete Storm in der Sekunda in Deutsch und Dänisch.
Futjen] niederdeutsch; Schmalzgebäck in runder Form.
zur Confirmation] In den Herzogtümern Schleswig und Holstein bestand die Vorschrift, dass Knaben mit dem 16. Lebensjahr zur Konfir-

mation verpflichtet waren. Storm hatte am 14. September 1832 sein 15. Lebensjahr vollendet.
Fritz Schmidt] ein Jugendfreund Storms.
Organist Abel (oder Agel)] Georg Christian Apel (1775–1841), Organist an der Kieler St.-Nikolai-Kirche, Universitätsmusikdirektor und Seminarlehrer in Kiel, Verfasser von Choralbüchern und musikwissenschaftlichen Schriften.
Klander] Christian Albrecht Klander (1817–1874), Klassenkamerad und Freund Storms; vergl. den Kommentar zu dem Gedicht „An Klander“.
französische Stunden bei einer alten Madam] Wie auch andere Klassenkameraden nahm Storm Privatunterricht, um das Sprechen in Französisch zu üben, da der Schulunterricht nur Fertigkeit im Übersetzen aus dem Französischen ins Deutsche vermittelte.
et nous parlon …] frz.: „nous parlons toujours français, toujours, c'est, que vous pouvez croire, mon cher cousin!“
Alsen] Verwandte Storms in Altona; Friederike Henriette Alsen, eine Kusine von Storms Mutter, stammte aus Husum und war mit dem Kaufmann Jonas Heinrich Scherff in Altona verheiratet.
fodern] veraltete Form von „fordern“, von Storm auch später noch benutzt.
Tante Alsen, Ot<t>o und Friederike] Friederike Henriette Alsen, Otto Storm, der Bruder von Theodor; wer mit „Friederike“ sonst gemeint sein könnte, ist unklar.

5. Theodor Storm an Ernst Esmarch, Lübeck, 22.12.1836 (S. 205)
Eigenhändiger Brief, 1 Seite (Privatbesitz, Kopie: StA) mit der umseitigen Adresse: „Sr. Wohlgebor./ Herrn Justizrat Esmarch/ Segeberg“; Faltbrief mit rotem Siegellack mit der Petschaft: „TWS“; umseitig von Ernst Esmarchs Hand mit Bleistift notiert: „1836 Decbr. 23“; E: Walter Zimorski: Hans Theodor Woldsen Storms Gratulationsbrief vom 22. Dezember 1836 an seinen Onkel Ernst Esmarch. In: Zeitschrift für deutsche Philologie 110 (1991), H. 2, S. 203. Hier nach E.
Onkel] Johann Philipp Ernst Esmarch war von 1820 bis 1853 Bürgermeister und Stadtsekretär von Segeberg in Holstein und gerade mit dem ehrenhalber verliehenen Titel „Justizrat“ ausgezeichnet worden.

Mühmchen] das neunte Kind, Sophie Esmarch; „Mühmchen“ bedeutet: das kleine Geschwisterkind
Tante] Elsabe Esmarch, geborene Woldsen, eine Schwester von Theodor Storms Mutter Lucie Storm.
Tante Alsens Einladung] Friederike Henriette Alsen, eine Kusine von Storms Mutter, stammte aus Husum und war mit dem Kaufmann Jonas Heinrich Scherff in Altona verheiratet. Die Familien verkehrten freundschaftlich miteinander. Storm reiste zum Weihnachtsfest nach Altona und lernte dort Bertha von Buchan kennen.
Ernst und Hermann] Söhne von Ernst Esmarch, geb. 1821 bzw. 1823.
Doctor Tiburtius] Friedrich August Joachim Tiburtius (1784–1836) unterrichtete als Kollaborator an der Lübecker Bürgerschule, die zu dieser Zeit eine Klasse des Katharineums war. Er hatte 1817 eine Pensionsanstalt für auswärtige Schüler des Katharineums eröffnet. Die Einrichtung wurde nach seinem Tod geschlossen.
Aschenfeldtsche Quittung] Eine Quittung der Friedrich Aschenfeldt'schen Buchhandlung in Lübeck, in der Storm Kunde war.

6. Theodor Storm an Adelbert von Chamisso, Lübeck, 23.1.1837
(S. 206)
Eigenhändiger Brief, 1 Seite (Staatsbibliothek zu Berlin – Stiftung Preußischer Kulturbesitz, Chamisso-Nachlass, Kopie: StA) mit der Adresse: „Sr. Wohlgeb./Herrn Adelbert v. Chamisso u. Redakteur/des deutschen Musenalmanachs“; E: Hans-Erich Teitge (Hg.): Theodor Storms Briefwechsel mit Theodor Mommsen. Weimar 1966, S. 11; hier nach H.
Gutzkowsche Rezension des diesjährigen „Musenalmanachs“] Der „Deutsche Musenalmanach“ erschien von 1832 bis 1839. Storms Hinweis bezieht sich auf einen Beitrag im Kapitel „Dichter im Reime“ in Karl Gutzkows „Beiträge zur Geschichte der neuesten Literatur“ (Bd. 1, Frankfurt am Main 1836, S. 143–146), in dem es heißt: „Ärmlicher als je fiel im letzten Jahre der von Schwab und Chamisso besorgte Musenalmanach aus. Vögel genug im deutschen Dichterwalde, aber diesmal so viel Spatzen, daß man auf die Vermuthung kömmt, die zählbaren Nachtigallen suchten nach einem mittelmäßigen Hintergrund für Klänge, welche auch an ihnen diesmal wie aus der Mause gekommen sind.“

Abkürzung- und Literaturverzeichnis

Verzeichnis der Sigln und Abkürzungen

E	Erstdruck
G 1836	Gedichthandschrift, 15 Blätter, 1836 Weihnachtsgeschenk an die Eltern (StN)
G 1840	Gedichthandschrift, 12 Seiten, um 1840 für Eva Beeck in Kiel geschrieben (StA)
H	Handschrift
HTS	Husumer Gelehrtenschule, heute Hermann-Tast-Schule
LdF	Liederbuch dreier Freunde. Theodor Mommsen. Theodor Storm. Tycho Mommsen. Kiel 1843.
MG	„Meine Gedichte“. Sammelhandschrift seit 1833, 127 Seiten; StA
SHLB	Schleswig-Holsteinische Landesbibliothek, Kiel
StA	Storm-Archiv, Husum
StN	Storm-Nachlass (SHLB)
/	Zeilentrenner

Verzeichnis der verwendeten und abgekürzt zitierten Literatur

Bäte 1921 — Aus Theodor Storms Lebensgarten. Ein Bild seiner Tochter Gertrud. Mit unveröffentlichten Gedichten Theodor Storms und zwei Aufsätzen seiner Tochter, hg. von Ludwig Bäte. Rothenfelde 1921.

Bäte 1923 — Vom burschikosen Storm. Ungedruckte Jugendgedichte. Mitgeteilt von Ludwig Bäte. In: Schlesische Zeitung vom 17.1.1923, Unterhaltungsbeilage.

Biedermann	Hans Biedermann: Knaurs Lexikon der Symbole. München 1998. Directmedia Berlin 2000. (Digitale Bibliothek Band 16)
Böhme 1936:	Storms Werke. Nach der von Theodor Hertel besorgten Ausgabe neubearbeitet und ergänzt von Fritz Böhme. 9 Bde. Leipzig 1936.
Bollenbeck 1988	Georg Bollenbeck: Theodor Storm. Eine Biographie. Frankfurt am Main 1988.
Br. Constanze	Theodor Storm – Constanze Esmarch. Briefwechsel, hg. von Regina Fasold. 2 Bde, Berlin 2002.
Briefe, Bd. 1,2	Theodor Storm. Briefe, hg. von Peter Goldammer, 2. Bde. Berlin, 2. Aufl. 1984.
Classen 1855	Johannes Classen: Friedrich Jacob, Director des Catharineums in Lübeck in seinem Leben und Wirken. Jena 1855.
DWb	Deutsches Wörterbuch von Jacob und Wilhelm Grimm. Der digitale Grimm, Frankfurt am Main 2004.
Erdmann-Degenhardt 2001	Antje Erdmann-Degenhardt: Dichter und Maler auf Föhr. „Es war alles damals heiße Glut …“ Theodor Storm und seine Verlobte Emma Kühl auf Föhr. In: Schleswig-Holstein 2001, H. 9, S. 1–5.
Eversberg 1992	Gerd Eversberg: Storms erste Gedichtveröffentlichungen. In: STSG 41 (1992), S. 45–49.
Eversberg 1995a	Gerd Eversberg: Storms erste große Liebe. Theodor Storm und Bertha von Buchan in Gedichten und Dokumenten. Heide 1995. (Editionen aus dem Storm-Haus Band 8)
Eversberg 1995b	Gerd Eversberg: Rätsel und Wortspiele von Theodor Storm. Mit bisher ungedruckten Versen. In: STSG 44 (1995), S. 41–49.

Eversberg 2005	Gerd Eversberg: Neues zu Storms frühen Schreibexperimenten. Mit den frühesten Briefen Storms und einem bisher unbekannten Prosatext aus dem Jahre 1835. In: STSG 54 (2005), S. 27–63.
Fasold 2005	Regina Fasold: Bindungsmuster – Theodor Storms Jugendfreundschaft mit Ferdinand Röse. In: Storm-Blätter aus Heiligenstadt 11 (2005), S. 33–63.
Frank 2004	Horst Joachim Frank: Theodor Storm. In: H. J. F.: Literatur in Schleswig-Holstein. Bd. 3.1. Neumünster 2004. S. 517–704.
Holst. Idiotikon	Holsteinisches Idiotikon, ein Beitrag zur Volkssittengeschichte; oder Sammlung plattdeutscher, alter und neugebildeter Wörter, Wortformen, Redensarten, Volkswitzes, Sprüchwörter, Spruchreime, Wiegenlieder, Anekdoten und aus dem Sprachschatze erklärter Sitten, Gebräuche, Spiele, Feste [...] von Johann Friedrich Schütze. 4 Theile, Hamburg 1800, 1801, 1802 und 1806.
Irmscher	Lexikon der Antike. Hg. von Johannes Irmscher in Zusammenarbeit mit Renate Johne. Directmedia Berlin 2000. (Digitale Bibliothek Band 18)
Köster Bd. 8	Theodor Storms sämtliche Werke in acht Bänden, hg. von Albert Köster, Bd. 8. Leipzig 1920.
Krüger 1911	Friedrich Krüger: Theodor Storm in Lübeck. In: Zeitschrift des Vereins für Lübeckische Geschichte und Altertumskunde. 13 (1911), S. 359–383.
Laage 1980	Karl Ernst Laage: Theodor Storm 1832 – 15 Jahre alt. Erstveröffentlichung des frühesten Storm-Briefes. In: STSG 29 (1980), S. 9–16.
Laage 1987	Karl Ernst Laage: Theodor Storms Lübecker Zeit. In: Günter Spurgat: Theodor Storm im Film. Die

Kino- und Fernsehverfilmungen seiner Werke. Lübeck 1987, S. 76–82.

Liliencron 1902 — Rochus Freiherr von Liliencron: Frohe Jugendtage. Leipzig 1902.

LL 1 — Theodor Storm: Sämtliche Werke in 4 Bänden, hg. von Karl Ernst Laage und Dieter Lohmeier. Frankfurt a. M. 1987 f. Zitiert als als „LL" mit beigefügter Band- und Seitenzahl. Bd. 1 enthält die Gedichte.

Lohmeier 1981 — Dieter Lohmeier: Das Erlebnisgedicht bei Theodor Storm. In: STSG 30 (1981), S. 9–26.

Lohmeier 1987a — Dieter Lohmeier: Theodor Storms Gedichte. In: LL 1, S. 744–752.

Lohmeier 1987b — LL 1, Kommentar von Dieter Lohmeier, S. 762–1003.

Meid — Volker Meid: Sachwörterbuch zur deutschen Literatur. Stuttgart 1999; CD-ROM Stuttgart 2000.

Meyer 1930 — R. Johannes Meyer (Hg.): Bertha von Buchan und Theodor Storm. Hamburg 1930.

Meyer 1905–09 — Meyers Großes Konversations-Lexikon. Sechste Auflage 1905–1909. Directmedia Berlin 2003. (Digitale Bibliothek Band 100)

Momsen 1969 — Ingwer Ernst Momsen: Die Bevölkerung der Stadt Husum von 1769 bis 1860. Versuch einer historischen Sozialgeographie. Kiel 1969. (Schriften des Geographischen Instituts der Universität Kiel Band 31)

Müller 1992 — Lothar Müller: Neues zu den frühen Gedichtveröffentlichungen Theodor Storms. In: STSG 41 (1992), S. 31–44.

Ramler 1790 Karl Wilhelm Ramlers kurzgefaßte Mythologie. 2 Bde. Berlin 1790. (Exemplar in Storms Bibliothek)

Ramler 1791 Allegorische Personen zum Gebrauche der bildenden Künstler. Als ein Anhang zu K. W. Ramlers kurzgefaßte Mythologie. Berlin 1791. (Exemplar in Storms Bibliothek)

Gertrud Storm Gertrud Storm: Theodor Storm. Ein Bild seines Lebens. Bd. 1: Jugendzeit. Berlin 1912.

Stuckert 1955 Franz Stuckert: Theodor Storm. Sein Leben und seine Welt. Tübingen 1955.

Vinçon 1972 Hartmut Vinçon: Theodor Storm in Selbstzeugnissen und Bilddokumenten. Reinbek 1972.

Volksbuch 1846 Volksbuch auf das Jahr 1846 für die Herzogthümer Schleswig, Holstein und Lauenburg. Mit Beiträgen von [...], Theodor Storm u. a., herausgegeben von K(arl) L(eonhard) Biernatzki. Altona: im Verlage der Expedition des Altonaer Mercur's <1845>.

Wander Deutsches Sprichwörter-Lexikon. Ein Hausschatz für das deutsche Volk. Herausgegeben von Karl Friedrich Wilhelm Wander, Band 1–5, Leipzig: 1867–1870, 1873, 1876, 1880.

Wilpert Lexikon der Weltliteratur. Unter Mitarbeit zahlreicher Fachgelehrter herausgegeben von Gero von Wilpert. 2. Ausgabe, Directmedia Berlin 2000. (Digitale Bibliothek Band 13)

Zimorski 2002 Walter Zimorski: „Die Tore einer neuen Welt". Theodor Storms Bildungserlebnis in Lübeck. In: Der Wagen. Lübecker Beiträge zur Kultur und Gesellschaft, Lübeck 2002, S. 255–272.

Register

Verzeichnis der Gedichtüberschriften und Gedichtanfänge

Verzeichnis der Abbildungen

zimmer. Zeichnungen aus der Mitte des 19. Jahrhunderts (Museum für Kulturgeschichte der Hansestadt Lübeck). Seite 78.
Abb. 13: Dr. Friedrich Jacob (1792–1854), Kupferstich. In: Johannes Classen: Friedrich Jacob, Director des Catharineums in Lübeck in seinem Leben und Wirken. Jena 1855. (Frontispiz). Seite 82.
Abb. 14: Schüler vor dem Lübecker Katharineum; Zeichnung von Carl Julius Milde, 1856. (Museum für Kulturgeschichte der Hansestadt Lübeck). Seite 87.
Abb. 15: Storms „Brutus"-Gedichte in der Sammelhandschrift „Meine Gedichte" (StA Husum). Seite 91.
Abb. 16: Oben: Marienkirche und Rathaus von Lübeck, Stahlstich um 1850 (StA Husum). Unten: Vier Zeilen des 14. Gedichts in dem Zyklus „Seraphine" von Heinrich Heine (aus dem ersten Band seines „Salon" von 1834), von Emanuel Geibel für Theodor Storm geschrieben. In: Album für Constanze (StA Husum). Seite 100.
Abb. 17: Ehemaliges Haus der Familie Nölting, Lübeck, Johannisstraße 20, heute Dr.-Julius-Leber-Straße; Photographie, Ende des 19. Jahrhunderts (Museum für Kulturgeschichte der Hansestadt Lübeck). Seite 113.
Abb. 18: Oben: Bertha von Buchan. Miniatur von E. Kister (Mai 1833). Unten: Anfang von Storms Gedicht „Lockenköpfchen" (Januar 1837) aus „Meine Gedichte" (StA Husum). Seite 117.
Abb. 19: Zeichnung in der Handschrift „Gedichte. Seinen Eltern als ein Beweis seiner Liebe und Hochachtung gewidmet von ThWStorm. Zum Weihnachten 1836." Die Zeichnung illustriert das Gedicht „Geistesgruß" (Schleswig-Holsteinische Landesbibliothek Kiel). Seite 188.
Abb. 20: Moritz Retsch: Umrisse zu Goethe's Faust. Stuttgart und Tübingen 1834 (StA Husum). Der erste Band enthält die Zeichnung zur Walpurgisnacht, nach der Storm sein gleichnamiges Gedicht schrieb. Seite 197.